圖解
個體經濟學

伍忠賢 博士 著

五南圖書出版公司 印行

自序──寫一本易懂實用的企管書

　　如果我告訴你：「個體經濟很重要，因為它是公司的許多部門管理的基礎知識。」100 位上班族中，可能有 99 位會說：「我不相信，你們寫書的就是老王賣瓜。」毒舌的網友說：「你想賺我們買書的錢，所以必須老王賣瓜。」

一、本書是「個經」中的 iPhone

　　2006 年 6 月 29 日，蘋果公司推出 iPhone 智慧型手機，大賣原因之一是以觸控螢幕（2014 年語音輸入）把輸入（操作）簡化。這幾年甚至連銀髮族都把智慧型手機列為個人標準配備。用 Line、上臉書，是兩大用途。

　　蘋果公司沒有發明智慧型手機，卻因革命性創新，引發各手機公司跟進，讓智慧型手機取代大部分筆記型電腦、桌上型電腦。

　　同樣地，本書可說是「iPhone 版」的個體經濟學。

公司相關部門所需的知識 占 40%	＋	個體經濟學 占 60%	＝	企業管理相關知識 小計 100%
實際運用在公司： ・行銷部 ・生產管理部 ・產業分析部 ・策略管理部		不使用「數理經濟學」的方程式求解（例如公司生產均衡、消費者均衡）盡量少用供需圖說明，全書約 10 個簡單的供需圖。		套用「中學為體，西學為用」一詞，本書以「個體經濟」為體，以「企業管理」為用

i

　　2015 年 1 月 5 日，臺灣策略管理大師、政治大學企管系講座教授司徒達賢在《今周刊》的一篇文章「互聯網時代的教師角色」中，強調學生可上網取得資料、知識，教師的角色在於培養學生「分析」、「決策」等思考能力。本書「企管案例加個體經濟」便是想達成此目標。

二、由本書架構看本書用途

生產要素市場　　　　　　　　　　　　　　　　　　　　　商品市場

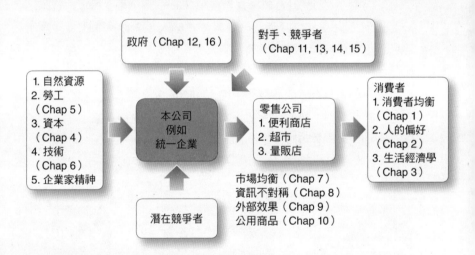

　　由圖可見，本書可供下列三個對象決策使用。

　　1. 家庭、個人（Chap 1~3）

　　包括決定支出的輕重緩急（Chap 1, 2），要理性決策（Chap 2），運用經濟學於升學、婚姻、買車與買房（Chap 3）。

　　2. 公司

　　公司有三個部門應用到個體經濟的知識：

- 生產管理（Chap 4~6）
- 行銷管理（Chap 7~10）
- 策略管理（Chap 11, 13~15）

在四種市場結構情況下，公司該採取哪種事業策略。

3. 政府（Chap 12, 16）

- 公平交易委員會（Chap 12, 16）
- 公用事業主管部會（例如：經濟部、交通部、國家通訊傳播委員會）對費率的管制（Chap 16）

三、感謝

2010~2012 年，在淡江大學旁聽中央研究院麥朝成院士的「區域經濟」課，跟其合寫《中國大陸經濟》、《貨幣銀行學》。恰如金庸「射鵰英雄傳」中的郭靖，資質駑鈍，幸得丐幫幫主洪七公傳授「降龍十八掌」，才從「武功低微」而稍有大師的影子。

2008 年 12 月 3 日，司徒達賢教授在《工商時報》上一篇文章「商管教育裡的總體經濟教育」，談及美國哈佛大學二本書《總體經濟個案集》、《總體經濟與財管政策個案集》。這篇文章啟發我以「理論＋個案分析」寫經濟學系列書的點子。

伍忠賢 2017 年 2 月
謹誌於臺灣新北市新店區

自序　　　　　　　　　　　　　　　　　　　　　　　　　　　　　　i

Chapter 1　消費者均衡─消費者的經濟決策方式

Unit 1-1　總經與個經的差別─兼論商、管理學院相關課程　　　002

Unit 1-2　為什麼必須學通個體經濟？　　　004

Unit 1-3　經濟學的切入角度？　　　006

Unit 1-4　個體經濟的範圍　　　008

Unit 1-5　社會福利的定義　　　010

Unit 1-6　個體經濟中的社會福利　　　012

Unit 1-7　消費者均衡─如何把錢花在刀口上　　　014

Unit 1-8　對風險的偏好程度　　　016

Unit 1-9　我想考公職，我是風險迴避者　　　018

Chapter 2　人的偏好

Unit 2-1　市場機制的動機─利己 vs. 自私　　　022

Unit 2-2　人不理性？　　　024

Unit 2-3　行為經濟學─康納曼的展望理論　　　026

Unit 2-4　追根究柢的神經經濟學　　　028

Unit 2-5　實驗經濟學─佛南・史密斯的貢獻　　　030

Unit 2-6　損己利他行為　　　032

Unit 2-7　實驗經濟學結果如雨後春筍　　　034

Chapter 3 生活經濟學──個體經濟在婚姻、求學決策的運用

Unit 3-1 少子女化橫跨總經、個經領域 … 038

Unit 3-2 兒童具有外部效益？還是公用商品？ … 040

Unit 3-3 從所得分配角度分析 … 042

Unit 3-4 生兒育女「錢」的考量排第三 … 044

Unit 3-5 從效用到貨幣化衡量 … 046

Unit 3-6 念什麼系學士、碩士划算？ … 048

Unit 3-7 如何提高自己的附加價值？ … 050

Unit 3-8 勞動市場的資訊不對稱 … 052

Chapter 4 公司生產函數──從總經的產業結構到企管中的生產管理

Unit 4-1 公司的生產均衡 … 056

Unit 4-2 公司損益表切入 … 058

Unit 4-3 外部、內部規模經濟──兼論外部規模經濟原因 … 060

Unit 4-4 內部規模經濟原因 … 062

Unit 4-5 個經中的生產函數 … 064

Unit 4-6 內部規模經濟效果對企業經營的涵義 … 066

Unit 4-7 生產函數的成本 … 068

Unit 4-8 公司生產成本的統計 … 070

Chapter 5 　公司的勞動決策—勞動經濟學角度

Unit 5-1　經濟學中對勞動力的分析角度—從勞動經濟學到個體經濟學 074

Unit 5-2　勞工的數量　　　　　　　　　　　　　　　　076

Unit 5-3　勞工的價　Part I：薪資水準　　　　　　　　078

Unit 5-4　勞工的價　Part II：由所得分配來看薪資　　　080

Unit 5-5　各行業缺工因素：勞工面　　　　　　　　　　082

Unit 5-6　兩波機器人取代勞工　　　　　　　　　　　　084

Chapter 6 　科技：第四種生產因素—兼論科技管理

Unit 6-1　創新的種類　　　　　　　　　　　　　　　　088

Unit 6-2　專利的用途——以宏達電為例　　　　　　　　090

Unit 6-3　研發費用　　　　　　　　　　　　　　　　　092

Unit 6-4　臺灣的附加價值低的主因——研發經費不足與研發項目侷限 094

Unit 6-5　突破性產品：蘋果公司的 iPhone　　　　　　096

Unit 6-6　南韓三星集團如何在手機、液晶電視全球第一　098

Unit 6-7　三星手機拚非洲市場—南韓三星集團　　　　　100

Chapter 7 　市場均衡

Unit 7-1　經濟效率—柏瑞圖效率　　　　　　　　　　　104

Unit 7-2　供給、需求端同時達到均衡—柏瑞圖最適境界　106

Unit 7-3　「看不見的手」市場機制—兼論總經中的經濟制度　108

Unit 7-4　個經中經濟制度　110

Unit 7-5　市場不完美的社會福利　112

Unit 7-6　四種市場結構下的—社會福利與生產效率結論　114

Unit 7-7　四種市場結構下的—社會福利與生產效率圖示　116

Unit 7-8　次佳理論　118

Unit 7-9　市場失靈的補救之道　120

Unit 7-10　政府對市場失靈的補救之道　122

Chapter 8　資訊不對稱下市場機制—兼論資訊經濟學

Unit 8-1　資訊經濟學　126

Unit 8-2　資訊對稱 vs. 資訊不對稱　128

Unit 8-3　資訊經濟學的重要觀念全貌—以公司向銀行借款為例　130

Unit 8-4　逆向選擇　132

Unit 8-5　道德風險：以保險為例　134

Unit 8-6　資訊透明—以商品市場為例　136

Unit 8-7　中古汽車交易的資訊不對稱　138

Unit 8-8　中古汽車公司如何讓買方安心　140

Unit 8-9　交易成本　142

Unit 8-10　加盟經營如何解決資訊不對稱問題　144

Chapter **9**　**外部效果**

Unit 9-1	外部效果的定義	148
Unit 9-2	總體經濟中考量外部效果	150
Unit 9-3	外部效益與外部成本	152
Unit 9-4	回歸市場機能以解決外部效果—寇斯定理	154
Unit 9-5	針對外部效益行為予以補貼	156
Unit 9-6	政府對汽車的燃料稅	158
Unit 9-7	數量管制	160

Chapter **10**　**公用商品—兼論機制設計理論**

Unit 10-1	公用商品的定義	164
Unit 10-2	公用商品的需求曲線	166
Unit 10-3	公共選擇理論	168
Unit 10-4	機制設計理論	170
Unit 10-5	機制設計理論的運用情況	172
Unit 10-6	最適配置機制	174
Unit 10-7	誘因相容原則與揭露原則	176

Chapter **11**　**市場結構—兼論產業經濟**

Unit 11-1	市場結構分類	180

Unit 11-2 各市場結構的成因   182

Unit 11-3 各市場結構的特色   184

Unit 11-4 市場結構的原因：產品生命週期   186

Unit 11-5 各市場結構下的公司成長方式   188

Unit 11-6 四種市場結構下的競爭策略與行銷組合   190

Unit 11-7 獨占力、寡占力的衡量──兼論市場占有率衡量方式   192

Chapter 12　公司成長方向與政府管制

Unit 12-1 公司成長方式與速度   196

Unit 12-2 垂直整合與產業供應鏈──威廉森的交易成本   198

Unit 12-3 政府維持市場機制的努力   200

Unit 12-4 公平交易法   202

Unit 12-5 公平交易委員會   204

Unit 12-6 市場競爭機制的門檻   206

Unit 12-7 公平法中的結合行為──企業收購與合併   208

Unit 12-8 如何提高消費者淨利──透過競爭以降低公司淨利   210

Chapter 13　完全競爭與獨占性競爭公司行為

Unit 13-1 公司的事業策略──效率導向拚成本   214

Unit 13-2 獨占性競爭武器之一：差異化產品   216

Unit 13-3 獨占性競爭時的公司「事業策略」
——產品差異化拚價值創造 218

Unit 13-4 蘋果公司第二個破壞性創新—— MP3 中的 iPod 220

Unit 13-5 美式速食餐廳的產品戰 222

Unit 13-6 獨占性競爭武器之一：廣告 224

Unit 13-7 產品廣告以塑造產品差異化
——以林書豪替富豪汽車代言為例 226

Unit 13-8 廣告不實的案例 228

Chapter **14** **寡占市場公司行為**

Unit 14-1 寡占市場時的經營環境分析 232

Unit 14-2 寡占的成因與行業 234

Unit 14-3 企業目標與對策 236

Unit 14-4 公司角色與競合關係 238

Unit 14-5 寡占市場中的公司角色 240

Unit 14-6 寡占市場的公司定價 242

Unit 14-7 19 世紀法國學者對寡占市場的數學分析 244

Chapter **15** **獨占、寡占市場中的公司競爭策略**
——以賽局理論來分析寡占市場

Unit 15-1 獨占、寡占市場中的公司競爭策略 248

Unit 15-2 賽局理論　　250

Unit 15-3 賽局理論發展進程　　252

Unit 15-4 寡占市場情況下的公司處境：囚犯困境　　254

Unit 15-5 納許均衡　　256

Unit 15-6 重複賽局的最佳解：奧曼的無名式定理　　258

Unit 15-7 寡占市場中的雙贏解：聯合行為　　260

Unit 15-8 同業公司間的聯合行為　　262

Unit 15-9 公平會反制公司間「壞的」聯合行為　　264

Unit 15-10 公平會裁罰電容器十家公司 58 億元　　266

Chapter **16** 獨占市場公司行為—產業經濟學

Unit 16-1 產業獨占的原因　　270

Unit 16-2 差別定價導論　　272

Unit 16-3 差別定價圖示　　274

Unit 16-4 政府對獨占市場的管制　　276

Unit 16-5 管制的相關經濟理論　　278

Unit 16-6 公平法對濫用獨占地位的處理　　280

Unit 16-7 政府對獨占市場的價格管制　　282

Unit 16-8 提霍勒對獨占、寡占產業的政策研究
—產業經濟學中政府的管制政策　　284

第 **1** 章
消費者均衡
──消費者的經濟決策方式

Unit 1-1　總經與個經的差別─兼論商、管理學院相關課程

Unit 1-2　為什麼必須學通個體經濟？

Unit 1-3　經濟學的切入角度？

Unit 1-4　個體經濟的範圍

Unit 1-5　社會福利的定義

Unit 1-6　個體經濟中的社會福利

Unit 1-7　消費者均衡─如何把錢花在刀口上

Unit 1-8　對風險的偏好程度

Unit 1-9　我想考公職，我是風險迴避者

總經與個經的差別
——兼論商、管理學院相關課程

Unit 1-1

經濟學是社會、商、管理學院大一的必修課，除了微積分外，可說是大學最普遍的基礎知識。尤其個體經濟可說是許多管理課程的基礎知識，套用「正確開始，成功一半」經濟俚語，可說「讀好經濟學，管理懂一大半」。

一、一般均衡的架構

1874 年法國經濟學者華爾拉斯 (Leon Walras, 1834~1910)，或譯瓦爾拉斯，提出一般均衡架構 (Walrasian General Equilibrium)，本書的架構，說明如下：

1. 市場

經濟學只考慮有市場交易的商品市場（goods market）與（生產）因素市場（production factor market，其他書稱為生產要素市場），這又衍生出兩種分析範圍。

2. 均衡的範圍

一般均衡（global equilibrium）

同時考慮商品、生產因素市場的分析方式，稱為一般均衡分析。

部分均衡（partial equilibrium）

只考慮一個市場（商品居多，生產因素較少）的情況，類似微積分的偏微分觀念，稱為部分均衡分析。

二、總經、個經只有一線之隔

2013 年 4 月，為拙著《經濟學》（全華圖書，第三版）到「經濟學範圍與本書架構」作圖時，發現總體、個體經濟的差別在於角度。向老師、中央研究院院士麥朝成求證，他認為這是正解。

1. 分析角度

由右表中可見，總體 (macro)、個體經濟 (micro economics) 皆分析公司、家庭兩個個體，只是分析角度不一樣，總經偏「大我」，個經偏「小我」。

家庭

總經偏重 870 萬家庭的消費、儲蓄，個經以 1 個典型家庭為對象，分析其如何下消費決策。

公司

總經偏重 140 萬家公司如何進行「投資」，個經以 1 家代表性公司為對象，分析其如何下生產決策。

在總經跟個經中有時多出個產業經濟 (industrial economics)，比較偏個體經濟，但只討論產業分析中的寡占、獨占時的公司間競爭與政府的管制措施。

總體與個體經濟的差別

層級	政府	生產因素市場	商品市場
一、 總體 經濟	對市場失靈之修正 主要透過兩種經濟 政策： 1. 財政政策 (F*) (1) 政府支出 (G) (2) 政府租稅 (T) 2. 貨幣政策 (M*) (1) 狹義貨幣政策 (2) 匯率政策	1. 需求端 ・140 萬家公司 ・政府：聘用軍 　公教人員 2. 供給端 2017 年 1,177 萬 位勞工，因少子 化，每年逐年少 10 萬位	1. 需求端（買方） 2017 年 2,358 萬 個人、870 萬個家 庭稱為家庭消費 2. 供給端（賣方） 140 萬家公司
二、 個體 經濟	市場結構 1. 對市場失靈之 管制，詳見 Chap8~10 2. 公平交易委員 會對公平交易之管 制，詳見 Chap 14~16	1. 供給端 　1 位典型勞工 2. 需求端 　1 家典型公司	1. 供給端 　1 家典型公司 2. 需求端 　1 個典型家庭 　1 家公司對機器 　的需求

*2016 年 9 月行政院主計總處估計

以商品市場為例　2017 年（預估值）

項目	總體經濟	個體經濟
(1) 總產值 (GDP)	17.38 兆元	(5)=(1)/(4)=73.89 萬元 人均總產值 2.31 萬美元
(2) 消費	10.09 兆元	
(3) 家庭數	870 萬戶	(6)=(2)/(3)=117.33 萬元 每戶消費金額
(4) 人口數	2,358 萬人（年度）	

為什麼必須學通個體經濟？

知道為何而學，你的學習動機才會強，再加上有方法勤學，學習效果就會更好。我所有的書對讀者的學習效益有三：工作、生活與投資。

一、工作

大部分人求學、進修的目的都是為了提高專業技能，由右表可見，學通個體經濟在三個方面皆有大助益。

1. 以生產因素市場來說

討論公司廠址、勞工與機器的僱用量等，這是管理、商學院許多系所的重要課程的基礎。

2. 以市場結構來說

在各市場結構中，公司該如何應對進退，這屬於產業經濟、策略管理和行銷管理課程範疇。

3. 商品市場：公司「了解你的顧客」

個體經濟中分析消費者的消費均衡，公司藉以「了解顧客」（know your customer,KYC）可作為商品供給者（即公司）提供商品或服務的指南。

二、生活

家庭中的勞動人口在經濟的兩個市場中扮演不同角色。

1. 生產因素中勞動市場中的賣方

在第五章中，兼從勞資雙方角度來看勞動市場的「價量質時」；「價」指的薪資、「量」指勞工人數，「質」指資歷、學歷等勞工素質，「時」指正職（加班意願）和兼職工時。

2. 消費時扮演買方

了解「消費者行為」是指消費者如何做出經濟決策，對消費者的基本假設是「理性」，透過讀個經，了解經濟學者如何分析消費者進行「資源有限，欲望無窮」的經濟決策，讓你提高決策的正確程度。

三、投資

常見的投資分為兩種。

1. 金融投資

例如買股票、債券等。

2. 實體投資

例如買房、商品（例如黃金）。

各種經濟學的功用

經濟學系列	功用	運用
國際金融	匯率預測	國際財務管理
國際貿易	出口預測	國際行銷管理
貨幣銀行學	利率預測	債券投資管理
總體經濟	景氣預測	投資管理
個體經濟	（商品）價格預測	行銷管理
		生產管理
經濟學	景氣、商品價格預測	策略管理

個體經濟學對公司、對家庭、投資人的效益

對象	個體焦點	相關課程	運用
工作（對公司）	如何在已知商品價格（即營收）下，追求勞工、資金等成本極小化，以達成盈餘目標，經濟學稱為「公司均衡」（producer equilibrium）	1. 產業分析課程 2. 行銷管理如何進行公司間行銷組合 3. 策略管理階層，如何研擬競爭策略	如何擬定消費者策略、如何擬定市場定位等
生活（對家庭）	在勞動市場中，勞工如何選對行業、職位以追求高薪	以勞工來說，最好挑獨占、寡占的行業去工作，因為公司有超額利潤，員工薪水會較高	在個人、家庭消費時，如何把錢花在刀口上，經濟學稱為「消費者均衡」（consumer equilibrium）
投資（對投資人）	預測生產因素價格、數量變動對公司營收、淨利的影響	以全球股神華倫·巴菲特為例，主要投資標的為： 1. 獨占公司 2. 寡占：例如石油、銀行、第四台	利之所在，勢之所趨，例如未來「十大明星行業」

圖解個體經濟學 Microeconomics

經濟學的切入角度？

經濟學的主要功能在於解決人類「欲望無窮，資源有限」問題，所以跟政治學、企管一樣，共同點都是問題解決程序（目標→問題→構想→決策）。依此角度來看，表中二種經濟問題切入角度就很容易了解。

一、規範經濟學

規範經濟學 (normative economics) 涉及價值判斷，最常見的「價值判斷」問題如下。

- 司法上：是否該廢除死刑？
- 醫學上：是否該開放複製人的技術研究？
- 政治上：是否該給民意代表選舉時「婦女保障名額」、「原住民保障名額」？
- 人權：性工作者的工作權是否該保障？

經濟學中常見的價值判斷問題如下。

- 租稅：富人是否該多繳點稅、健保費以扶助貧民？
- 就業：政府是否該成立國立大學並給予補貼？
- 公司與消費者誰比較重要？

二、實證經濟學

實證經濟學 (positive economics) 是分析經濟現象的方法，目的有二：解釋、預測。主要的方法是歸納法，常見的方式是計量經濟學，從一堆自變數中去找出跟因變數有相關的，與其函數型、回歸係數（俗稱參數值）。

流行一點的話，實證經濟學很像刑事學中的鑑識科學，像美國電視影集《CSI》中，針對物證、人證、事證等，去進行一些推測，予以驗證，以找出事實真相。

在個體經濟常見的有：

- 讀大學（甚至碩士）的投資報酬率划算嗎？
- 股市（房市）泡沫為何一再歷史重演？

三、目標與手段配合

如果以公司來類比，規範經濟學（或規範分析方法）比較像公司目標（例如經濟成長率 4%），至於實證經濟學比較像政策工具組合，即怎樣的政策組合最能夠達到目標？

經濟學的切入角度

分類項目	規範經濟學 (normative economics)	實證經濟學 (positive economics)
說明	簡單地說，偏重價值判斷，涉及「好與壞」	簡單地說，用科學方法去驗證一個經濟問題，偏重問題的「對與錯」
判斷類	好與壞	對與錯
類比	公司的目標	達成目標的方法
常見的經濟學領域	1. 個體經濟中的福利經濟學 2. 機制設計 　在福利經濟學的領域中，機制設計就像經濟學中的工程學，也就是把理論付諸實際應用的學問。它幫助我們建立機制，使社會中利益衝突的成員達成協議，並感到滿意又達成社會福利的目標。設定我們想要達成的經濟或社會目標，然後問怎樣的機制，可以幫我們達成這個目標。 　例如，我們想改善交通壅塞，有許多辦法可以嘗試，機制設計就是給我們一個工具，幫助決定哪些政策組合可以達到最好的結果。不同的城市可能有不同的問題，或在解決方法上有不同限制，機制設計就把這些因素都考慮進去，找出最佳的政策。 　在污染管制、公用事業管制、勞資談判、投票規則、選舉制度、稅制、股票選擇權定價、智慧財產權、政府權力分配等議題上都可以應用，像東歐等許多國家中公有資產的民營化，如何設計拍賣制度，把政府資產移轉民營，而又使這些資源達到最佳使用的社會目標。 （經濟日報，2012 年 4 月 14 日，A2 版，杜竹風）	1. 例如計量經濟學、行為經濟學（詳見 Unit 2-3~2-7） 2. 總體經濟學中常見的實證問題： ・經濟政策（短期）有效與否？ ・菲利普曲線是否存在？ ・減稅是否對經濟成長有利？（即供給面經濟學） ・失業補助期間多長最適當？ 3. 個體經濟學中常見的實證問題如下。 ・都市更新中，政府是否該以公權力介入去蓋房子？ ・燈塔、公園是否該由政府來興建？ ・寡占市場中，如何證明公司間有君子默契？ ・專利權的保障，對社會福利好還是壞？

Unit 1-4　個體經濟的範圍

　　總體經濟的涵蓋範圍大都停留在經濟學領域中，個體經濟學中則像成吉思汗一般，帶領著蒙古鐵騎，四處開疆闢土，因此個經也比總經有比較多「撈過界」的討論。

一、經濟學領域發展三階段

　　個經看似包山包海，因此有必要先了解經濟學涵蓋範圍的演進，1992 年諾貝爾經濟學獎得主貝克（G.S. Becker，詳見 Unit 3-4）認為，經濟學領域的發展由小到大，分成三個階段，詳見右表。

　　簡單地說，任何問題只要涉及「在有限資源情況的決策（即資源分配），都屬於經濟問題，都可以用經濟分析方式來處理。」如此，在經濟學發展第三階段已涵蓋人的（全部）行為」。

二、經濟學開枝散葉

　　1960 年代，經濟學到了開枝散葉階段，對經濟課題已深耕了二百年，於是把觸角往經濟領域以外延伸，套用企管中的總體環境四大成分，可見經濟學者開疆闢土的方向。這樣的發展方向是很自然的。

三、總體環境 vs. 個體環境

　　右圖中分為「總體（經營）環境」、「個體（經營）環境」，總體環境套用「總體」經濟中總體一詞，是指公司不可抗力的因素，以順時針順序依序為「政治／法律」、「經濟／人口」、「文化／社會」與「科技」四項。

　　個體環境是指公司可以影響的環境，簡單的說，即產業經濟分析的範圍，套用美國哈佛大學商學院教授麥克・波特 (Michael E. Porter, 1947~) 的五力分析，依產業鏈順序分成五項。

- 生產因素供應者，包括工會（勞動）、銀行（資金之一）、投資機構（資金之一）；
- 同業；
- 潛在競爭者；
- 替代品（主要來自右圖中的科技）；
- 買方。

經濟學涵蓋範圍三階段

階段	I	II	III
期間	1776~1909 年	1910~1949 年	1950 年起
範圍	商品的生產與消費，偏重福利經濟學	市場現象的全面，重點在於把貨幣交易包括進來，偏重貨幣銀行學	人的全部行為詳見下圖

經濟學領域在 1960 年代開枝散葉

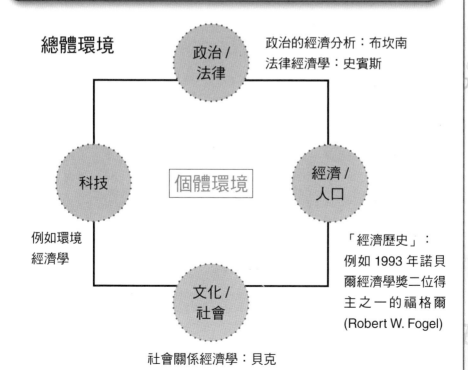

總體環境

政治的經濟分析：布坎南
法律經濟學：史賓斯

政治 / 法律

科技

個體環境

經濟 / 人口

例如環境經濟學

「經濟歷史」：例如 1993 年諾貝爾經濟學獎二位得主之一的福格爾 (Robert W. Fogel)

文化 / 社會

社會關係經濟學：貝克

Unit 1-5 社會福利的定義

社會福利(social welfare)這個字可說是「菜市場名字」，因為「社會」(social)、福利(welfare)這些是生活用詞，二個生活用詞造字並不會成為一個專有名詞，還是生活用詞。

一、社會福利的一般涵義

社會福利這名詞比較常用在衛生福利部所管的社會福利制度，用在經濟學中，由右表可見，分成總經、個經二個層級，涵義皆不同。

二、總體經濟層面

總體經濟中所指的社會福利指標有二：社會福利指標、社會福利（此主要是指「所得分配」一章中的政府移轉支出）。

社會福利指標(social welfare indication)最通俗的指標是「人民幸福指標」，不僅是國民生產毛額這種「貨幣」，還從客觀的生活指標（例如每人平均住宅坪數、犯罪率）甚至主觀感受，去綜合評估一個國家人民的社會福祉程度。

三、個體經濟面

同樣地，個經中對社會福利的定義，也是偏重社會福「祉」，社會指的是家庭（household，其福祉來自於消費）、公司（firm，古代譯為廠商）。

個經中的社會福祉衡量的是消費者、公司「盈餘」（surplus）的高低，分為消費者淨利（consumer surplus）與公司淨利（producer surplus），其定義與圖形、數字例子詳見 Unit 1-6 表。

1. surplus 的本意盈餘

一般把前面二個名詞譯為消費者「剩餘」、生產者「剩餘」，這不容易懂。此外，經濟學中的 profit 也宜稱為盈餘（即公司四大財務報表中損益表中的稅後淨利）。

· 會計實務把「盈餘」改為「淨利」

2. producer 是指公司

直譯為生產者，本意是「公司」，以生產商品。

2016 台積電損益表		你買件衣服	
	營收 9,480 億元	你認為價值 500 元	
−	成本 6,138 億元	−衣服價格 300 元	
=（稅後）淨利 3,342 億元		= 200 元	
英文	producer surplus	consumer surplus	
本書用詞	公司淨利	消費者淨利	
其他書用詞	生產者剩餘	消費者盈餘	

社會福利（social welfare）的涵義

項目	說明
字典	社會（social）：社會的、群居的 福利（welfare）：福祉、福利、幸福、繁榮
總體經濟	（一）社會福利指標（social welfare indication），除了經濟因素（主要是指總產值 GDP），還包括下列： 食：社會安全 衣：家庭支出在衣所占比重 住：生活環境、公共安全、社會參與 行：100 個家庭擁有機車、汽車數量，平均公路、鐵路公里數 育：個人及家庭、教育文化、衛生醫療保健 樂：休閒 （二）社會福利（此偏重社會系、社工系），例如衛生及社會福利部（the Ministry of Health and Welfare），即社會福利經濟學（Welfare economics, social insurance, social security） 社會福利包括下列二種： 1. 社會保險：勞（包括軍公教）保與國民年金、全民健康保險 2. 社會救助：中低收入戶補助
個體經濟	（一）古典學派 1. 廣義：從公司、家庭擴大到社會 2. 狹義：主要是公司與家庭 （二）公司 社會淨利 (social profit) ＝公司經濟淨利 (economic profit) ＋（外部利益 external benefits ―外部成本 external costs）

Unit 1-6 個體經濟中的社會福利

　　個經中討論社會福利（或社會福祉），而且又套用 19 世紀的用詞「福利經濟學」(welfare economics)，很容易令人覺得跟不上時代；我們在以下第一段「世說新語」中賦予時代意義。

　　個經中的社會福利有狹義（本單元第二段）、廣義（本單元第三段）之分，我們採取廣義定義，以跟第四章柏瑞圖效率連結。

一、世說新語

　　本書從新的角度切入，想了解商品市場消費者淨利（詳見右表第三欄），必須先了解消費者對一項商品的認知價值 (perceived value)，這是行銷研究課程的基本功，如此才可以據以進行市場定位與行銷組合規劃。如此，個體經濟的消費者均衡（即本章）可說是管理學院行銷管理系列課程的基礎。

二、狹義：市場的效用函數

　　如同市場需求是把所有消費者的需求曲線加總，同樣的，1970 年諾貝爾經濟學獎得主薩繆爾遜 (P.A. Samuelson, 1915~2009) 於 1956 年，提出社會福利函數是所有消費者效用函數的集合，例如：

SW (U_a, U_b)

SW：social welfare

U_a：A 消費者的等效用函數 (utility function);

U_b：B 消費者的等效用函數。

　　至於 A 消費者的效用函數是 X、Y 商品的組合所構成。例如 $Ua=I(X,Y)$，I 代表等效用曲線 (isoutility curve)，至於「效用」(utility)，通俗一點的說是「一個商品 / 服務帶給你『爽』的程度」。

三、廣義：消費者淨利加上公司淨利

　　個體經濟討論二個個體的二個行為，以商品市場為例。

* 家庭的消費行為（家庭是商品的需求端）；
* 公司的生產、市場競爭行為。公司是商品的供給者，為了簡化討論起見，品牌公司跟零售公司合稱「公司」，例如裕隆汽車公司自產自銷汽車。

　　我們關心公司淨利的另一個原因是家庭也是生產因素中勞動力的供給來源，公司有賺錢，勞工的薪資才會水漲船高；如此進一步支撐家庭消費，使家庭消費函數的數值節節高升。

社會福利函數的狹義與廣義定義

種類 項目	公司淨利 （producer surplus）	消費者淨利 （consumer surplus）
1. 主體	公司（即生產者，producer，即商品的生產者）	消費者
2. 淨利 （surplus）	剩餘、盈餘、淨利，因此 producer surplus 宜譯為公司「淨利」	
3. 定義	PS=π=TR-TC…〈1.1〉 淨利＝總收入 - 總成本 此處 TC 指的是經濟成本 (economic cost) 或稱總機會成本 π 指的是經濟淨利 (economic profit)，詳見 Unit 9-1	CS=PV-TC…〈1.2〉 PV(perceived value)，消費者認知的商品的價值，即消費者願支付的價值。 註：這是馬歇爾 (Alfred Marshall,1842~1924) 的需求曲線。此外，TC 是套用〈1.1〉式中的 TC
4. 圖形 例子	在完全競爭市場情況 MC=AC=S 	
5. 數字 例子	P_0EA 即公司淨利部分 60=(80*4)- (50+60+70+80)=(80*4)- (65*4) Q=1 MC_1=50 Q=2 MC_2=60 Q=3 MC_3=70 Q=4 MC_4=80 AC=$\sum$ MC/Q=26	BEP_0 即消費者淨利部分 Q=1 MU_1=300 PV_1=150 Q=2 MU_2=260 PV_2=135 Q=3 MU_3=210 PV_3=105 Q=4 MU_4=160 PV_4=80 MU(1\$)=2，每一元「值」2 效用 CS=(150+135+105+80)- (80*4)=150 元 消費者認為這 4 瓶飲料的價值 470 元，卻只花了 320 元就買到，「賺」到 150 元，此即消費者福利

消費者均衡
——如何把錢花在刀口上

「錢要花在刀口上」這句俚語傳神地說明消費者用錢的態度、行為。欲望無窮，錢與時間卻有限，消費者必須費心抉擇，才會「high 到最高點」。

一、魚與熊掌不可得兼？

《孟子‧告子上》孟子曾說：「魚與熊掌不可得兼」，用以形容針對二個喜歡的商品不知如何抉擇。經濟學者透過右表中二種方式，協助消費者拿定主意。

本處以生活中的例子來舉例。

- 狀況（目標）：你既餓又渴
- 預算限制：身上只有 25 元
- 可選方案：A 案（買 600cc 飲料）、B 案（買茶葉蛋 10 元、236cc 飲料 15 元）

二、邊際效用角度

1. 消費者行為的角度

經濟學中在討論事情時所做的假設稱為「公理」（axioms of consumer behavior），以此例來說，假設一單位（邊際）效用值 5 元。

2. 計數效用（cardinal utility）

在 19 世紀時，一些經濟學者（例如 C. Manger、W. S. Jevons、L. Walras）認為每個人可以替自己每消費多少商品，帶來多少效用打分數。

3. B 案勝出

由表中第三欄可見，B 案（茶葉蛋 + 中杯量飲料）對你的邊際效用大於 A 案，因此 B 案勝出。

三、消費者淨利角度

把邊際效用轉換為消費者（對商品）認知價值，也就是喝了 600cc 飲料（A 案）給你帶來多少好處。

由表中第四、五欄可見，B 案勝出，有二個分析方式。

1. 差額（即消費者淨利）

B 案消費者淨利 20 元，大於 A 案的 10 元；白話地說，消費者覺得「吃茶葉蛋加中杯飲料」賺最多。

2. 價值價格比

汽車、電腦公司強調「性（能）價（格）比」都是價值價格比的變形，以此例來說，B 案花 1 元有 2.33 倍的效益，比 A 案的 1.67 倍好。

四、對公司涵義

對公司來說，一直強調自己的商品多便宜，可能無法打動消費者，必須宣揚價值價格比最高，這便是「買到就賺到」的價值行銷（value marketing）的精義。

消費者如何從兩件商品下消費決策

商機\\方法	邊際效用的角度		消費者淨利的角度	
	A案	B案	A案	B案
（1）效益（benefit）	5	7	邊際效用量	
			25（即5元×5）	35（即5元×7）
			或稱認知價值 (perceived value)	
(2) 成本(cost)			15元	15元
(3) =(1)-(2) 消費者淨利			10元	20元
(4) =(1)/(2) 報酬率方式			1.67 倍	2.33 倍
			稱為「價值價格比」，或稱為「性價比」	

性價比小檔案

Performance Cost Ratio (PC 值)
· 一般縮寫為 CP 值，但如上述應寫為 PC 值。
· Cost，是你買商品所付的「價格」。

對風險的偏好程度

人的決策必須符合理性，如此才能進一步分析其各種經濟行為，在個體經濟中，此即消費者的消費行為和公司的生產行為、市場行為（尤其是跟競爭者間的互動）。其中，針對人對風險的偏好程度可分為三種情況，詳見右表中第一欄。

一、基本知識

在說明人的決策行為之前，有必要先說明客觀、主觀價值，以 250 元為例，占富人財富九牛一毛，但對大學生來說卻是一天生活費。在不確定情況下，還可細分。

1. 貨幣期望值（客觀價值）

由表中可見，甲、乙彩券的中獎期望值都是 205 元，稱為貨幣期望值。

2. 貨幣的效用值（主觀）

A 先生對「錢」的效用函數是開根號，把甲、乙彩券帶入，甲彩券的效用值 13、乙彩券 14.23。

二、人的風險偏好

「三一律」把情況分成三種，是常用方式，依據人對某一不確定情況的抉擇，可以歸類其屬於哪一類。

1. 風險愛好（risk lover）

由表中，可知甲彩券效用值（13）低於乙彩券效用值（14.23），但 A 先生仍「賭性甚堅」的選擇甲彩券，圖的便是甲彩券可能「贏很大」，即中獎金額 625 元，遠大於乙彩券的最高中獎金額 250 元。生活中，花 50 元買樂透彩的人，明知道這不是個公平遊戲 (fair game)，即總的來說，期望報酬率是負的（註：樂透彩中有二成收入提撥社會公益），但是仍有市井小民「玩一把」，圖的就是千萬、一億元富翁的夢。

2. 風險中立（risk neutral）

對風險處於中性狀態。

3. 風險迴避（risk averter）

當 A 先生選乙彩券，此舉屬於「風險迴避」，因為乙彩券比甲彩券「十拿九穩」（中獎金額 250、160 元差距不大，中獎機率也較集中）。

三、理性 vs. 不理性

在 Unit 2-2 中，我們會簡單說明「理性」，在此處，再以另一種方式說明。在表中，甲、乙彩券的貨幣期望值都是 205 元，丙彩券貨幣值 200 元、貨幣的效用函數值為 11，二種期望皆低於甲、乙彩券。要是 A 先生只挑丙彩券，那麼 A 先生大概有點「不理性」吧！

人們對風險的偏好程度

一、已知二種彩券的期望報酬率

項目	甲彩券		乙彩券	
中獎金額	100 元	625 元	250 元	160 元
中獎機率	80%	20%	50%	50%

二、期望值

甲彩券貨幣期望值，M代表貨幣值

$E(M 甲)=(20\%*625 元)+(80\%*100 元)=205 元$

乙彩券貨幣期望值

$E(M 乙)=(50\%*250 元)+(50\%*160 元)=205 元$

A 先生對貨幣的效用函數為開根號M

甲彩券的效用值為

$=（20\%*\sqrt{625}）+（80\%*\sqrt{100}）=13$

乙彩券的效用值為

$=7.906+6.324=14.23$

*已知

風險偏好

	以貨幣的邊際效用來說	決策
一、風險愛好者	呈現「遞增」	選甲彩券
二、風險中立者	呈現「固定」	
三、風險迴避者	呈現「遞減」	選乙彩券

公平賽局小檔案 (fair game)

從玩三個碗其中一個碗有一粒紅豆的賭博遊戲來說。

$2/3(-1)+(1/3 \times 2) =0$

・玩家有三分之二機率輸，輸一元。　・玩家有三分之一機率贏，贏兩元。

其結果是「預期不賺不賠」，這對玩家來說「公平」。

Unit **1-9** 　　**我想考公職，我是風險迴避者**

了解人的風險偏好有什麼用？先講「知己」吧！探索頻道有一次做個專題，其中談到人一天平均要做 13 個決策，如果「知己」，那就很容易下決策，而且做了決定不會後悔。由表可見，風險態度不同的人，在人生中的各項決策，會因情況而有可能「超大膽」，有時有可能「膽小如鼠」。

一、從最簡單的說起

以我去新北市淡水區上班為例，在右表中可見，走 64 號快速道路 48 分鐘，但缺點是 50% 機率會遇到塞車（通車時間變成 70 分鐘，期望車程 59 分鐘）。走環河快速道路需 65 分鐘，這兩條路的期望車程都一樣，即 59 分鐘。

當我有 80 分鐘時，不怕遲到，我會選擇走 64 號道路，有一半機率只需 48 分鐘，比環河道路省 15 分鐘，此時，我成為「風險愛好」。

但當我只有 70 分鐘，我會選擇走環快，因為 65 分鐘車程一定到，不會擔心遲到，此時我是「風險迴避」。

二、找工作

2008 年金融海嘯後，電子業「無薪假」、「裁員」風潮，大學生考公職蔚為時尚，鐵飯碗不太好看，但耐用，可說是風險迴避。相反的，最愛風險的人才會創業（包括當蘇活族），因為有可能「有一餐沒一餐」的，但期望值是一旦成功，所得會是同年齡上班族的四倍。

三、挑股票

風險偏好最常見的場合便是挑股票（股票型基金道理一樣），年輕人喜歡電子股，喜歡其「暴漲」的一面，中壯年喜歡績優股，喜歡其每年穩定配息，股價不至於暴跌，碰到股市重挫，也睡得著覺。

同一個人，人生各階段對風險偏好不同，年輕人有時間當本錢，比較不怕短中期套牢，因為在長期大多頭格局下，總有一天「耐心與報酬同方向」。反之，中壯年（例如45~55歲）的人，工作餘命有限，缺乏三、五年去等個股「轉虧為盈」成轉機股。

四、知己中的「知彼」

了解別人的風險偏好便可以「適才適所」，例如風險迴避偏好的人，適合在公司擔任穩重保守的工作，例如會計、稽核。喜歡冒險的人，適合當業務代表，去衝業績。

四種情況下，人對風險的態度

人生中的決策			
上班時挑開車路徑	挑工作	挑股票	擇偶

<table>
<tr><td rowspan="4">風
險
態
度</td><td>一、風險愛好者</td><td>走 64 快速道路只需 48 分鐘，但有 50％機率需 70 分鐘，即碰到塞車</td><td>去電子業，雖然有「無薪假」、「爆肝指數高」（即過勞死）等缺點，但「不入虎穴焉得虎子」</td><td>挑積極成長股，因為認為「高風險，高報酬」</td><td>女生挑俊男，男生挑美女，都自認憑自己的條件，不怕另一半會喜歡外界的誘惑</td></tr>
<tr><td>二、風險中立者</td><td>看哪邊塞車，就換路走</td><td>有工作就好</td><td>分險風散</td><td>隨喜</td></tr>
<tr><td colspan="4"> </td></tr>
<tr><td>三、風險迴避者</td><td>環河快速道路 65 分鐘</td><td>挑鐵飯碗，尤其是公職，因為「細水長流」不必怕失業</td><td>挑「績優股」，因為喜歡「小心駛得萬年船」</td><td>挑乖乖牌，尤其挑長相平凡者，比較沒人會來勾引</td></tr>
</table>

經濟學的發展歷程

一、總體經濟（1776～1850 年）

　　經濟學源自於總體，經濟學者聚焦於一些大而重要的現象，例如經濟成長、衰退及貧窮，提出一些簡單理論來解釋他們所見到的情況。最早是純文字，1838 年起逐漸轉向數學及規範化，重點在於約 1680 年逐漸發展的微積分。

二、個體經濟（約 1850 年起）

　　這些研究的共同性在於假定個人與公司都非常渺小且無足輕重，每個個體都依循一些簡單的規則，即公司追求最高淨利，消費者在花錢時會追求最高效用。把所有的個人與公司導入「市場」，於是個體經濟慢慢產生。

三、諾貝爾經濟學獎得主

　　1969 年諾貝爾經濟學獎誕生後，早期的得主多屬總體經濟學領域，到 1980 年代總體、個體各半，近年來則是個體經濟學當紅。2016 年得主哈特與霍爾姆斯特朗以他們對「契約理論」的貢獻而獲此殊榮。他們的研究屬於個體經濟學，涉及誘因、資訊不完整與長期性關係：當人與人之間不了解對方的能力與意圖時，如何來進行精巧的策略性互動。這項理論攸關許多現實世界的經濟問題，例如績效待遇、併購、銀行貸款及企業架構等。詳見本書 Unit 8-9。

第 **2** 章
人的偏好

Unit 2-1	市場機制的動機─利己 vs. 自私
Unit 2-2	人不理性？
Unit 2-3	行為經濟學─康納曼的展望理論
Unit 2-4	追根究柢的神經經濟學
Unit 2-5	實驗經濟學─佛南‧史密斯的貢獻
Unit 2-6	損己利他行為
Unit 2-7	實驗經濟學結果如雨後春筍

2-1 市場機制的動機──利己 vs. 自私

在經濟學中對人（消費者、公司經營者）的基本假設有二：利己與理性（Unit 2-2），本章討論「利己」。

一、亞當‧史密斯的原意

在亞當‧史密斯 (Adam Smith,1723~1790) 以前，經濟學還沒獨立成一個課程（更不要說擴大獨立成學門），許多大學老師都在教道德論，他也一樣。

1. 1759 年，《道德情操論》

1759 年，亞當‧史密斯《道德情操論》(The Theory of Moral Sentiments) 一書，探討如何藉由同情心、正義感、誠實與信任，建立一個充滿美德的社會。他在第六卷論及美德時說：「當個人利益跟公共利益衝突時，有智慧與美德者都願意犧牲個人利益，來成全公共利益。」這說明市場經濟要穩定發展，仍須建立在美德的基礎上。利他心是家庭、人類社會倫常關係和人際網絡的基礎。

2. 1776 年，《國家財富論》

人會被一隻看不見的手（即市場機制）引導，促成社會的最大福祉。此書使得亞當‧史密斯有「近代經濟學之父」的尊稱，其在經濟學界地位猶如牛頓在古典物理學界的地位。想過「好日子」的利己心態，督促勞工努力工作、公司努力推出消費者所需的商品，為市場、社會、國家帶來正面提升的力量，為人類帶來最大福祉。

二、圖形表示

利己 (self-interest) 跟「自私自利」(selfish) 的差別，由右圖一目了然。

1. X 軸：利己 vs. 損己

依行為的結果對自己有利或不利來二分，「利己」是人的天性，俗話說得好：「人不為己，天誅地滅」。

2. Y 軸：利他 vs. 損人

Y 軸是一個人的行為的道德程度，「利他」符合道德水準，「損人」是不道德行為。

3. 正常情況（第一象限）：利己利他

圖上第一象限「利己利他」是正常情況，至少是「利己而不損人」。

4. 第四象限：利己損人

「利己損人」最常見的「黑心」行為，做出的商品稱為「黑心商品」。

三、理性與否

利用「人類行為分類」的圖來分析。
利己是理性行為，第一、四象限；
損己是不理性行為，第二、三象限。

黑心商品

添加賀爾蒙成長激素的牛肉

1980 年代美國業者為降低成本，在餵食牛隻的飼料裡加進賀爾蒙成長激素。雖然美國聲稱沒有科學證據證明賀爾蒙有害，但歐洲共同市場（歐盟前身）所持見解不同，於 1989 年元月下令禁止美國牛肉進口。美歐之間為此在世界貿易組織（WTO）法庭纏訟十餘年，更幾度引發貿易大戰。

添加瘦肉精的牛肉

美國政府再三宣稱餵食萊克多巴胺（瘦肉精的一種）的動物所生產的肉品，在食用上安全無虞，但降低成本難道已無其他方法，非得弄到各國人心惶惶，草木皆兵？（註：此段來自經濟日報，2012 年 2 月 25 日，A2 版，社論「從美牛事件看市場經濟的警訊」）

可見的手 (visible hand)

市場機制在經濟體系中是「不可見的手」(invisible hand)，督促勞工去找肥缺、公司去賺錢，稱為「不可見的手理論」(the invisible hand theory)但在 17 世紀以前，歐洲貴族等掌握貿易、國土農田，宮廷等用「可見的手」在管理經濟。

人類行為的分類

利他 (道德行為)

損己卻利他 (看似不理性，但有可能是犧牲小我，完成大我的行為，詳見 Unit 2-6)

利己利人

利己 (self-interest)

損己，不理性行為 (irrational behavior)

理性行為 (rational behavior)

損人不利己

自私自利 (selfish)：利己損人

損人 (不道德行為)

人不理性？

行為經濟學對經濟學的最主要破壞性貢獻在於「人的不理性」，詳見右表第二欄。

一、「經濟人」的理性假設

許多人意氣用事甚至集體盲從，信手拈來都可見人的不理性。亞當·史密斯在 1776 年《國家財富論》(The Wealth of Nations) 的第十章以購買彩券（鐵定輸的）來說明人的不理性，而且也用保險業為例。

後來，為了簡化推理起見，經濟學者大都假設「經濟人」(economic person)，以個人為例，期望效用理論 (expected utility theory) 主張「凡人都可能追求最大效用」。

二、康納曼

2002 年諾貝爾經濟學獎二位得主之一的丹尼爾·康納曼 (Daniel Kahneman, 1934~)，和 1978 年得主卡內基梅隆大學心理與資訊科學教授赫伯特·西蒙 (Herbert Simon,1916~2001)，同為史上僅有的兩位榮獲這項殊榮的心理學者。但由於西蒙是政治學博士，使得康納曼成了第一位戴上諾貝爾桂冠的「純」心理學者。1969 年，康納曼跟美國加州大學柏克萊分校教授特沃斯基 (Amos Tversky, 1937~1996) 合作，兩人深信，兩個人的腦袋遠勝過一個人的聰明，因此他們協議要一起行動，所有的研究，打從構思、起草開始，必須兩人都達成共識，才能往下進行。

特沃斯基是夜貓子，康納曼是早起的人，所以兩人討論的時間都是從中午開始，然後持續一整個下午。兩人的合作無間，為他們帶來驚人的成就，也深深影響了整個心理學與經濟學界。一項研究發現，在他們兩人於 1971~1981 年的創作高峰期間，總共聯名發表二十四篇論文，其中有五篇到了 2000 年，被引用的次數超過一千次，遠遠超過他們個別發表的兩百多篇著作。

三、貢獻

諾貝爾經濟學獎由康納曼與喬治梅森大學經濟系教授佛南·史密斯 (Vernon Smith, 1927~) 共同獲得，肯定了兩人各自在「行為經濟學」(Behavioral Economics) 和「實驗經濟學」(Experimental Economics) 兩個新興領域的開創性貢獻。

2002 年瑞典皇家科學院做出了令人耳目一新的改變；這些年走向抽象理論（例如賽局理論）的經濟學獎，「今年終於回歸以人為主體」，英國《經濟學人》周刊稱讚有加。

瑞典皇家科學院推崇康納曼的貢獻：「把心理學的洞見整合入經濟科學，替新的成就奠定基礎。主要成就在於不推定情況下的決策分析，他展示人們在此情況下，如何做出系統性背離標準下，經濟理論預測的結果」行為經濟學結合經濟學與心理學兩大學門，試圖以不同角度，解析人的經濟行為。運用實驗與心理學的方法來研究經濟問題，藉此檢驗、修正各種經濟學的基本假設，有助於建構更真實的經濟行為基礎，提高經濟學對現實世界的解釋能力。

康納曼（Daniel Kahneman）小檔案

出生：1934 年，以色列的首都特拉維夫市，擁有以色列、美國國籍
現職：美國普林斯頓大學心理系教授
曾任：以色列希伯來大學心理系教授
學歷：美國加州大學柏克萊分校心理學博士（1961）、
　　　以色列希伯來大學心理、數學雙學士
著作：*Attention and Effort*
榮譽：2002 年諾貝爾經濟學獎二位得主一

人的理性程度與行為

經濟人

經濟學自亞當・史密斯以來的基本假設：每個人都是理智、冷靜、利己、會合理利用資訊預測未來變化，藉此做出決策，以得到最大效益的「經濟人」。「天下沒有白吃的午餐」這句話，在一般經濟學家眼中，是由於人的理性，掌握完整資訊並理性判斷，人類因此可以獲取最大利益。

亞當・史密斯的《國富論》中，認為每個人都有利己心態，所有的公司生產、消費行為都以此為動機，在不違法的範圍內，每個人都可以用自己的勞力和資金去追求自己的最大利益，在利己心的發揮之下，經由市場機制能達到社會資源的最佳配置。在完全自由競爭之下，市場價格可以驅使供需達成均衡，價格成為自由競爭市場的自動調節機制。亞當・史密斯自由經濟放任主義的立論對於後世的經濟政策影響巨大。

「看不見的手」考量的是消費者和公司的利己行為如何作用於市場內的合作活動，關注的是合法市場如何運作。「市場無政府狀態」背後的隱藏秩序，能滿足利己行為，讓社會中更廣大的人群受惠，以公司為例，他們追逐利潤的過程會讓我們的生活標準得以提高，因為他們會生產一些讓我們的生活變得更美好的產品。

不理性 *

用放大鏡來分析人的行為會發現人短視而不理性，且大多數的人因為不懂機率理論，所以無法像經濟學者說的，有能力自行估算機率去預測未來可能的變化。股市泡沫化，便是人類總會錯估風險的例子。

現實生活中，人們對不確定事物進行決策時，往往不理性，容易以偏概全、以小見大。大部分的人通常是在缺乏充足知識之下，依賴直覺和經驗原則來做決策；透過周遭的有限資訊，來了解世界如何運作。

芝加哥大學經濟系教授佘勒（J.H.Shera）1985 年指出，康納曼的心理學研究對於行為經濟學的啟發，主要在於提出，每個人決策時都會用自己的「參考點」（例如過去經驗等）來取捨，因為參考點不同，所以選擇結果也不同。而且人們對於同樣數量的「失」和「得」，價值感受非常不同，也就是說，失去 100 元的不愉快感受，要比賺到 100 元的愉悅感強烈得多。因此，人們對於加不加薪可能不會太在乎，但是要減薪，問題就大了。多數人進行投資時，對賠錢風險的恐懼感，也經常遠超過對賺錢潛力的興趣。「與其說人們都有『避險』的天性，不如說他們習慣『避損』」佘勒總結。因為不甘心平白損失，所以很多人反而寧願賭上一賭，希望能藉此避免損失。

* 資料來源：整理自天下雜誌，2012 年 11 月 1 日，第 69 頁。

Unit 2-3　行為經濟學──康納曼的展望理論

各種學問的存在都是為了解決生活中的一部分問題，行為經濟學中的「行為」來自行為心理學，從人的行為（做了什麼）來解釋人的經濟行為，許多是不理性的。

一、康納曼、史密斯只是實證罷了

人的不理性是普通常識，例如「一見鍾情的閃電結婚」、「衝動性購買」，康納曼與史密斯以實證科學方式予以證實，在方法論方面有許多創新。

二、主張：展望理論

康納曼與特沃斯基最重要的成就就是「展望理論」（prospect theory），他們讓我看清楚人類如何評估「得」與「失」以及如何「期待」自己的評估結果。本質上是 Unit 1-6，對人的風險偏好在股票投資的研究。

在右圖，我們以臺股多年股王宏達電為例：2010 年 4 月起，在美國的國際貿易委員會（ITC）與蘋果公司互告三次以上，要到 2013 年才終判。因此這三年內，經常會有那個案件「初判」、「終判」的報導，在第一欄「投入」中，有位投資人 2012 年 1 月 2 日以股價 600 元買進一張宏達電股票，3 月時宣判，投資人對股票的態度，跟自己的獲利狀況有關。

1. 有獲利時，先落袋為安

當宣判時，股價660元，投資人自覺「利多出盡」，賺了10%，便「見好即收」，此時投資人的行為可說是「風險趨避」，學者稱為「售盈」（把賺錢的股票賣掉）。

2. 有虧損時，硬撐下去

當宣判宏達電敗訴時，股價 540 元，投資人可能認為「利空出盡」（即最壞情況就是這樣），會選擇繼續持有股票，投資人的行為屬於「風險愛好」，學者稱為「持虧」（把虧損股票繼續持有）。

人們「售盈持虧」的行為，原因詳見表第三欄佘勒教授的解釋。

3. 知己才不會誤判

在正常情況下，當宏達電勝訴時，後勢看好，投資人理應持有股票；當宏達電敗訴時，展望不佳，投資人理應認賠了事。但有些投資人卻反其道而行，這涉及投資人的性格，可套用「性格決定命運」來形容，下列情況也是一樣。

丟銅板時，無論怎麼擲，正反兩面出現的機率都是 50%，但如果連續出現好幾次正面，很多人總認為接下來出現反面的機率會大增。股市大漲時，投資人興奮得一窩蜂買進，等股市暴跌，投資人就驚慌失措跟著大舉殺出，又是為什麼？

康納曼的展望理論案例

投入	轉換	產出
2012 年 1 月，600 元買進宏達電股票 (HTC，2498)。以宏達電在美國控告蘋果公司的案子為例： 1. 可能宏達電勝訴，股價漲到 660 元 2. 可能宏達電敗訴，股價跌到 540 元	投資人的「價值函數」： 1. 售盈 2. 持虧	1. 售盈 投資人落袋為安，可說是「風險趨避」 2. 持虧 投資人「不喜歡輸」，可說是「風險愛好」；因此不認賠了事，可能越賠越多

神經與行為經濟學的對象

一、研究人的認知

神經經濟學 (neuroeconomics) = 神經科學 (neuro) + 經濟學
主要有二：1. 神經科學；2. 認知心理學

二、研究人的行為

行為經濟學 (behavioral economics) = 行為 (behavioral) + 經濟學

三、特例 (研究方法)

實驗經濟學 (experimental economics) = 實驗 (experimental) + 經濟學
主要指行為實驗室

圖解個體經濟學 Microeconomics

Unit 2-4 追根究柢的神經經濟學

隨著醫學的進步，利用核磁共振掃描 (magnetic resonance imaging, MRI) 等，可以偵測應對外界刺激，人腦透過哪些區塊予以反應，在認知心理學跨出一大步。在經濟學領域，1990 年代起，開始有神經經濟學的發展。

一、行為經濟學「知其然」

行為經濟學者看見人們經常做出缺乏自制、短視近利的決定，而且對於損失的恐懼有過度反應。但是可說是「只知其然，不知其所以然」，人腦還是個黑盒子，連當事人受訪，受測時也說不出個所以然。

二、神經經濟學「知其所以然」

美國哈佛大學經濟系教授雷伯森（David I. Laibson, 1966~ ）說：「為了了解人類行為和選擇的真正基礎，我們需要真正深入大腦這個黑盒子。」藉由把經濟行為跟大腦活動連上關係，解釋情緒可能影響人的經濟行為，此稱「神經經濟學」(Neuroeconomics)，藉由對人性更明確的描述，提供經濟學更為穩固的理論基礎，詳見右圖。

由右圖可見，腦部斷層掃描顯示，當人們覺得他們受到不公平對待的時候，大腦中前腦島的區域會被啟動，引起如聞到臭鼬一樣的厭惡感，這會完全抵銷前額葉皮質所深思熟慮的結果。在大腦本能的影響如此強烈的情況下，經濟交易的結果經常會因此而受到扭曲。「在某些狀況下，人的經濟生活就好比猴子開車一樣漫無頭緒。」加州技術學院的經濟系教授卡麥爾（Colin F. Camerer, 1959~ ）表示。

三、跨界合作

神經經濟學這個領域還沒有重量級的研究結果問世，未來需要經濟學者跟醫學研究員共同合作，以了解人們在想什麼。

行為實驗室小檔案 (behavioral lab)

1. 經濟系
美國一些大學，例如：
· 喬治梅森大學的實驗科學中心。
· 亞利桑那大學的經濟科學實驗室。
2. 商學院
例如：政治大學商學院設立行為研究室

為什麼人們會短視近利？	人們利用主導理性的前額葉皮質（prefrontal cortex）來做決定，但是立即獎賞或是懲罰的期望會活化缺乏耐心的大腦邊緣系統（limbic system），而導致倉促的決定。

為什麼人們會忽然改變他們的行為？	大腦環狀前區（anterior cingulate）會從主導理性的前額葉皮質和邊緣系統處接收多個「建議」，然後選擇到底要遵循哪一個。而任何條件的細微改變都可能影響它選擇的決定。

為什麼人們會喜歡獎金？	動物大腦的紋狀體（striatum）能夠很快習慣新的刺激，並且只對未預期到的事情，像是意外之財有反應。

為什麼人們會懲罰說謊者？	大腦的前腦島（The anterior insula）對不公平的感覺會有強烈的反應，這有助於阻止不公平的事情發生，不過大腦的同一塊區域也可能導致過度的反應，譬如說看到他人開車技術差，就在馬路當中抓狂之類的現象，俗稱「路怒」。

為什麼金錢本身就是獎賞？	大腦中的阿肯帕氏核（The nucleus accumbens）對錢的反應和對性愛或者古柯鹼的反應相當類似。換句話說，不僅為了他能夠購買東西，錢本身就能夠為人帶來無比的快感。

Unit 2-5　實驗經濟學 —佛南・史密斯的貢獻

　　理工科系的學生會在實驗室裡做實驗，企管系（甚至管理學院）也透過行為實驗室來分析人的購買行為等，詳見右表。

一、有關於史密斯

　　2002 年諾貝爾經濟學獎二位得主之一的佛南 · 史密斯（Vernon L. Smith）大學唸加州理工學院電機系，把理工實驗視為家常便飯。再加上唸博士班時教授啟發，開啟了下列方程式。

> 實驗＋經濟學＝實驗經濟學

二、實驗經濟學的點子

　　為什麼會有實驗經濟的構想？

　　1950 年代，史密斯在哈佛大學修張伯倫教授（E. H. Chamberlin,1899~1967，有譯為錢柏林）的課，他在課堂上把學生分組，讓學生參與實驗以驗證獨占性競爭的理論，史密斯覺得很受用。1955 年，史密斯第一次在普渡大學教大一經濟學時，就把學生分組，把教室當作是一個小型市場，體驗什麼叫作交易（trading）。

三、貢獻：行為實驗室

　　2002 年 10 月，瑞典皇家科學院推崇史密斯的貢獻如下：「他就適當的實驗程序推出一系列實際可行的建議，在實驗經濟學的範疇，他為怎樣才算是好的實驗，立下了操作標準。」

　　2002 年 12 月，史密斯到臺灣的中山大學演講，並接受《商業周刊》記者採訪。在實驗室裡，用真正的錢進行實驗。買方認為某樣商品的價值比定價高，賣方認為買方出價比商品成本高，因此，史密斯可以製造出一個實驗，讓人們體驗什麼是價值：買方和賣方都不知道價格，這樣會出現一個供給和需求線，兩線交叉之處就是均衡點。所有買方心中的價值高過均衡點，買方就會購買；所有賣方心中的價值低於均衡價值，東西就會被賣掉。實驗經濟學的可貴之處就是可以在實驗室裡加入控制的變項，然後驗證各種假設。

佛南・史密斯（Vernon L. Smith）小檔案

出生：1927 年 1 月 1 日，於美國堪薩斯州
現職：喬治梅森大學經濟學和法學教授
經歷：美國賓州理工大學經濟系教授
學歷：哈佛大學經濟博士、堪薩斯大學經濟碩士、加州理工學院電機工程學士
學術成就：發表過 200 多篇論文
榮譽：2002 年諾貝爾經濟學獎二位得主之一，實驗經濟學之父

實驗經濟學的運用

在企業管理方面

IBM、惠普和加州理工學院等都利用實驗的方式去測試新概念和管理技巧。
實驗的方式也可以用在管理，因為所有公司都有資訊分散的問題，最上面的人並不知道全部的資訊，有些資訊只有員工才知道。
因此，是否有更好的管理制度或銷售商品的方式存在公司當中？你可以用實驗室的方式去提供不同誘因，指導員工去分享資訊，這在「知識管理」課程中稱為「知識分享」，可說是知識創造、知識傳播很重要的機制
史密斯協助許多公司採取新方案，先透過行為實驗的方式，以了解人們對各種方案的反應。比如說，如果一家公司要開始實施員工分紅計畫，希望員工可以表現得更好，跟單純提高薪資的方式做比較；你可以在實驗室中設計不同的條件，用真人和真正的錢做實驗，然後觀察人們不同的反應。
史密斯自認做過許多次實驗，但實驗結果往往與其事前預期不同。

在經濟方面

史密斯跟澳大利亞、紐西蘭政府一起研究如何讓公營電力公司民營化，這與自我管制（self regulate）有很大的關係，問題是規範交易的所有權（property rules）應該是什麼？分配的機制又是什麼？在 1990 年代中期做一些實驗，在實驗當中創造出這樣一個市場，然後看各個管理和分配機制如何運作。

1. 拍賣方式
在資產（例如通傳會，NCC 的廣播權、電信執照或政府資產）拍賣機制。

2. 電腦模擬
利用電腦軟體來評估分配機場使用時段的各種機制。

* 資料來源：整理自天下雜誌，2012 年 11 月 1 日，第 69 頁。

損己利他行為

實驗經濟學對經濟學的最主要破壞性貢獻在於「損己利他」行為，這個超乎「利己」本性的行為。

一、道德層次行為：損己利他

「損己利他」行為可說是道德層次的行為，看似「為善不求回報」、「為善不欲人知」。由於「不斤斤計較」、「不機關算盡」，因此往往「無心插柳柳成蔭」，人們的「損己利他」動機行為，例如：

- 捐血、匿名捐款（為善不欲人知）；
- 撿到皮夾後交回給原主，或是交給警察局，卻又不求不報（依法可依失物價值三成求回報）。

二、損己利他是人性也是後天學習來的

損己利他行為的動機研究屬於心理學領域，就跟絕大部分行為都有「遺傳」（先天）、「學習」（後天）的解釋一樣。

- 先天：9個月大的嬰兒會把玩具、食物主動分給陌生的嬰兒，看似「好東西要跟好朋友分享」，但嬰兒的慷慨行為卻是針對陌生人。
- 後天：在社會化過程中，父母等教導子女要做個有道德感的人，極端的行為包括「犧牲自己，成全他人」，偶爾的情況是以身涉險地跳到河中去救人。

三、在企業管理中的運用

「損己利他」行為在企業管理中有重要的涵義，以下列二個跟其他公司的合作來說。

1. 策略聯盟

策略聯盟（strategic alliance）是指兩家（以上）公司的重大合作，分為股權式與股權以外（例如聯合研發）。如果有一方不計毀譽地捨得，看似先「捨」（例如交出技術），有可能一段期間後換得合作夥伴的真心回報，那就是「得」。

2. 供應鏈管理

在上下游的供貨過程中，買方針對關鍵商品，跟供貨公司保持長期良好關係，甚至採取公平交易（fair trade；註：買方不剝削賣方），真心往往換真情，會得到供貨公司的友情相挺（例如買方公司周轉不靈時仍供貨）。

損己利他行為的可能原因

行為	理性行為（rational behavior）：利己（self-interest）	理性以外行為：利他（互惠）
說明	人的行為是否理性，最簡單的判斷方式是讓他二選一，前面桌子上有兩堆「錢」（或蘋果等），一堆比另一堆多很多，選擇「多的一堆」（例如20個10元硬幣）便是理性行為，選擇「少的一堆」（例如5個10元硬幣）的大概是腦袋「秀逗」！	人們會有利他的行為，在匿名的情況下進行心理實驗，史密斯發現人們為了回報對方，願意放棄較多的錢。 這個發現很令人驚奇，史密斯的解釋是，社會中互惠（reciprocal）的規範非常堅固，當然有人的考量仍然出於利己，但是有不少人是會信任別人的、他們也願意去嘗試。人做決策的過程跟周圍環境息息相關，有可能做出「損己利人」的行為。 史密斯設計一種決策遊戲（decision game），參與遊戲的人彼此不認識，各自坐在電腦螢幕之前。隨機配對後，提供不同的條件，看人會如何做決定，你永遠不知道你會跟誰配對，我們可以設計某種情況，讓某個人可以拿到錢多的那一堆錢，而不讓另一個人知道。 在實驗中看到許多人遵循利己的原則，但也有人施恩惠給對方，讓雙方都可以得利，而接受恩惠的一方也感受到對方的善意，並會馬上願意選擇錢少的一堆，把錢多的一堆留給對方，以回報對方。這個概念是：人們在進行社會交換，我們施恩惠給朋友、親戚和周遭的人，在英文中的說法是 I owe you one（我欠你一次）。所有的人類語言都有類似這樣的表示方法，德文、西班牙文、英文、法文都有，這是全人類共通的、跨文化的。 美國文化也受到這樣的影響，這種行為就像貿易和交換，就像是社會交易行為中，人們對別人好，而不管社會是不是會因為這樣的行為而給我們獎勵。

資料來源：部分整理自《商業周刊》，2003 年 12 月 22 日，第 12 頁。

助人最樂的研究

發表人：美國耶魯大學醫學院研究人員安素爾等

發表期間：2015 年 12 月

研究結果：在幫助別人時，我們的大腦會產生激乳素，帶動多巴胺 (dopamine) 及腦內啡的分泌。多巴胺是個正向的神經傳導物質，腦內啡是大腦自己產生的嗎啡，這兩者的出現，都會使我們感到快樂。我們能幫助別人，表示我們能力比人強、資源比人多，這使我們產生隱性的優越感。它是隱性，因為我們其實不自知。有研究發現，發號施令者的免疫力，比聽人差遣的受氣包強，因為心情愉快會增強免疫力，所以，助人到頭來還是對自己有利。(部分摘修自天下雜誌，2016 年 1 月 5 日，第 40 頁，洪蘭)

實驗經濟學結果如雨後春筍

2005 年來行為經濟學的出版如雨後春筍，把這門學問運用在人們對消費、投資和決策上的分析，讀來生動有趣，且結果出人意表。

一、民之所欲，常在我心

實驗經濟學跟企管中「行銷研究」課程中的實驗設計 (experimental design) 原理是一樣的，依實驗地點可分為兩種。

- 現場實驗 (field experiment)：例如全球日用品第一大公司美國寶鹼 (P&G) 設有實驗住宅，以觀察人們如何洗衣，此實驗涉及洗衣精 (Tide) 的研發。
- 實驗室實驗 (laboratory experiment)：例如在行為實驗室中，美國寶鹼設有實驗商店，以觀察消費者的消費行為。

二、艾瑞利的實驗

艾瑞利（Dan Ariely）用認知心理學的實驗來檢驗經濟學上對人行為的假設，發現許多有趣的結果。他指出：「我所做的實驗都讓人出乎預料，是因為這些實驗都違反一般人以為人是理性的假設。」其中一個例子詳見右表中第一項。

例如為什麼軍人、警察願意犧牲生命和健康？絕對不是為了薪水，而是「工作的榮譽感」，這就是社會價值而不是市場價值。

丹・艾瑞利（Dan Ariely）小檔案

出生：1968 年
現職：美國杜克大學教授
曾任：美國麻州理工大學教授
學歷：杜克大學管理博士、北卡大學教堂山分校認知心理學博士
著作：《誰說人是理性的！》（*Predictably Irrational: The Hidden Forces That Shape Our Decisions*），2008 年出版，榮登《紐約時報》、《華爾街日報》、亞馬遜網路書店的暢銷書排行榜前茅。另著有《不理性的力量》。

三、瓦德佛格的問卷調查

美國明尼蘇達大學教授喬・瓦德佛格 (Joel Waldfogel)，在《小氣鬼經濟學》一書中，以問卷調查學生：「聖誕節送禮」是不是理性的？詳見表中的第二項。

他甚至把人的聰明才智看「扁」了，例如，人這種動物根本不會去仔細思考未來，也鮮少會去儲蓄來未雨綢繆；人們根本常常記不得自己喜歡過什麼，也沒能力預測自己未來會喜歡什麼，即使只是很近的未來；人常常會低估災難發生的機率，因此買的保單保額過低。

喬‧瓦德佛格（Joel Waldfogel）小檔案

現職：美國明尼蘇達大學應用經濟系主任
著作：《小氣鬼經濟學》，三采文化出版，2010 年 11 月

‧實驗經濟學對人們不理性、理性行為的研究‧

項目	不理性行為	理性行為
一、艾瑞利的「禮券」心理實驗	有下列二個方案讓受測學生們來挑。 1. 10 美元禮券 2.「13 美元等值禮券」，但自付額 7 美元，可以購買 20 美元的商品	選擇左述第二種，因為該行為價值 13 美元，大於「10 美元禮券」，選擇 10 美元禮券的較多。這就是人的不理性面無法抗拒「免費」的誘惑。
二、瓦德佛格的「送禮」的學生調查	送禮 受訪者認為價值超越禮物售價（送禮者花費）的比例只有三分之一多一點點，但認為自用的東西物超所值者，比例卻達到半數。 美國人在 2007 年送禮花了 660 億美元，產生的滿意價值 540 億美元，之間有 120 億美元的無謂損失。 但多數人對這從天而降的禮物意興闌珊，如果要自己買，他們願意付的價錢會遠低於標價，甚至根本不會想買。根據瓦德佛格的統計，一個零售價 1 美元的商品，在場的人平均只願意付 25 分錢來買。 從經濟學理論的觀點來看，一點都不令人驚訝：別人買來送給你的東西，跟你的喜好往往牛頭不對馬嘴。 某些多數人不愛的東西，像蠟燭，會常被人用來送禮；作為一個「資源分配」的機制（把對的商品交到對的人手中），「佳節送禮」可說是徹底失職了。	現金（自行消費） 我們給自己買東西，以每塊錢所換得的滿意程度來說，要比禮物帶來的滿意高出 18% 左右。 自用的東西，產生的滿足較大，給自己買東西，他們會買像《蝙蝠俠：黑暗騎士》DVD 這樣的好東西。 2002 年，瓦德佛格開始在修正後的調查中要受訪者表明所購買禮品與自用物品的售價與價值，這樣所完成的四筆研究，都顯示相當一致的結果。 2007 年與 2008 年 1 月，瓦德佛格重做了一次這樣的調查，訪問對象是賓州大學華頓商學院的大學部學生，結果得到的結果又是幾乎一模一樣，這 18% 的差距幾乎是不動如山。禮物能帶給你的滿意程度總是低於你給自己買的東西。

第 **3** 章
生活經濟學──個體經濟在婚姻、求學決策的運用

Unit 3-1　少子女化橫跨總經、個經領域

Unit 3-2　兒童具有外部效益？還是公用商品？

Unit 3-3　從所得分配角度分析

Unit 3-4　生兒育女「錢」的考量排第三

Unit 3-5　從效用到貨幣化衡量

Unit 3-6　念什麼系學士、碩士划算？

Unit 3-7　如何提高自己的附加價值？

Unit 3-8　勞動市場的資訊不對稱

Unit 3-1　少子女化橫跨總經、個經領域

　　1992 年諾貝爾經濟學獎由貝克教授（Gary S. Becker，詳見 Unit 3-4）獲得，他可說是生活經濟學（life of economics）的開創者，運用經濟理論協助正確了解人的行為，即利用經濟計量法，把愛情、博愛、憐憫與利他行為予以量化，本章以「生兒育女」、「念大學」二個課題為主題。

　　「寓教於生活」，從生活中的例子來了解教科書的概念，一向是我們寫書的主軸。Unit 3-1~3-5，以政府的生育政策為對象，貫穿總經、個經（涵蓋家庭生育、外部效果、公用商品等。見本書第三章）。

一、現象：少子女化

　　1981 年臺灣新生兒數 41.4 萬人，2003 年降至 21 萬人，2010 年更只有 17.6 萬人，降了一半以上。依據行政院國發會人力發展處發布《2010 年至 2060 年臺灣人口推估》報告，以中推計來說，2025 年人口零成長，即這一年為人口數最高的一年，達到 2,380 萬人（2017 年 2,358 萬人），從 2026 年人口開始負成長。

二、別國的經驗，我們的抉擇

　　只有屈指可數的經濟問題只限臺灣，其餘皆有前例可援。以人口三化（少子女化、老年化、單身化）來說，日本（2011 年人口負成長）比臺灣提前發生十年以上，所以討論事情時，除了少數差異之外，日本經驗大都可以套用在臺灣。

　　這也是在研究問題發展路徑、解決問題構想時，可以「見賢思齊，見不賢內自省」的地方。

三、政府的人口政策

　　站在政府的立場，人口數一向是個重要課題，1950、1960 年代，傾向採取「兩個恰恰好」的人口限量政策。2012 年開始，採取鼓勵生育政策。由右表第三欄可見政府的考量點；表第二欄為反向的意見。

　　總體來說，鼓勵生育政策只會減輕人口三化的嚴重程度，詳見下圖。

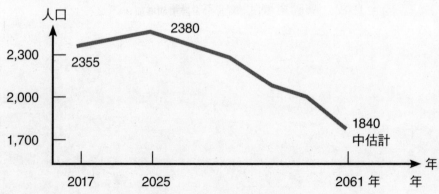

資料來源：行政院國發會，2016.8.21（每兩年更新）。

對政府生育補貼的正反意見

項目	反方	正方（贊成生育政策）
說明	一、2012 年 4 月 17 日，工商協進會進行 60 週年社會講座，邀請專家學者針對人類永續發展為題進行討論。中央研究院榮譽院長李遠哲以「亟待轉型的人類社會」為題演講；他認為，臺灣人口密度過高，必須走出自己的環保道路，讓人與自然和諧共生。 聯合國認為 21 世紀末全球人口會增加到 120 億人，人均消耗資源也會增加，像是印度、東南亞、中國大陸等消費環境改善後，肉類吃得更多，穀物生產更需加倍，但在極端氣候影響下，物種可能消失，造成的糧食危機等不可小覷。 「人類社會已過度開發」，強國、弱國都不願意接受這個議題，如果大家像美國人一樣揮霍生活，連五個地球也不夠用。但大家在談「永續發展」時，重點也只是「發展」和如何因此賺錢。永續能源需要三贏，也就是增強經濟競爭優勢、減碳及創造就業機會，因為在貧富不均的社會，大家就只會想著經濟成長，而不是對地球好。 人口密度高居全球第三，臺灣有人口「減重」的空間，以減輕對環境的壓力。 （整理自工商時報，2012 年 4 月 18 日，A13 版，陳曼儂） 二、孫克難的看法 2012 年 1 月，學者孫克難的文章中針對下列兩個問題的主張如下： 1. 勞動力問題 臺灣經濟已經脫離高度仰賴初級勞動力的階段，因此，重點並不在鼓勵生育，而是強調養育與教育；尤其是基礎教育，經由人的品質提高、知識的傳遞與分享，生產力上升，對經濟發展與國民福祉好，又何須擔心人口減少？ 許多學者認為少子女化下人口太少，消費與生產力降低，將會影響經濟發展；並以日本為例，認為日本老化速度快、人口成長率及生育率急速下滑，是造成 1990 年代以來經濟陷入停滯，甚至成為「失落的十年」、「失落的二十年」的主要原因。然而問題真是如此嗎？還是政府執行不當經濟政策的代罪羔羊？ 2. 跟李遠哲一樣的主張 臺灣面積小，人口密度高，人的壓力大，人口數量自然減少。人與地、人與資源間壓力降低，土地得以休養生息，又何須一定要人口增加？	2012 年 4 月 18 日，全國商業總會理事長張平沼在〈經濟日報〉上的一篇文章，把主張政府生育政策以減緩「少子化」（註：內政部基於性別平等，稱為「少子女化」）衝擊的理由列出： 1. 需求面：消費減少 2. 供給面：勞動人口不足，會造成生育力下滑，拖累國際競爭優勢 3. 國防上：兵源不足，會危害國家安全。少子化任其惡化，足以動搖國本。日韓把人口問題提升到國安層次。日本更在內閣中設置部會級的「少子化對策委員會」，專司其事，鼓勵生育。 （經濟日報，2012 年 4 月 18 日，A19 版，張平沼） 4. 養老的財力、人力不足：隨著嬰兒潮世代邁向老化，許多國家早已面臨預算吃緊的問題，尤其是工業國家。國際貨幣基金研究指出，人口老化是世界性的問題，且還比預期來得更為嚴重。 根據過去經驗推算，2050 年時一般人平均壽命會比 2011 年再延長 3 年，那麼整個社會每年便得增加付出相當於 1~2% 國內生產毛額的資源或以 2010 年為基礎，占工業化國家總產值 50%、新興國家 25%。 單就美國私人退休金計畫來說，壽命延長 3 年便會使年金（不含健保），負債額增加 9%，政府也應敦促公司、家庭提早因應。 以歐美為例，1970 至 2010 年間人口平均壽命便增加了 8 年，預測 2050 年該區域平均壽命還會再延長 4 年。 （工商時報，2012 年 4 月 13 日，A9 版，林佳誼） 面對歐美國家的困境，臺灣記取部分經驗與教訓，例如已開辦的國民年金制度採個人帳戶制，每個人在年輕時存錢供自己年老時用，將大幅降低少子女化對財政的衝擊。

第 **3** 章 生活經濟學—個體經濟在婚姻、求學決策的運用

兒童具有外部效益？
還是公用商品？

針對兒童是否具有外部效益或公用商品的性質，這是套用個經的觀念來討論生育獎勵政策。

一、道理越辯越明

在右表中，我們依外部效益、公用商品的定義，詳細說明生育獎勵政策是否符合定義。由具體課題來舉例說明教科書中的觀念。

二、外部效益

到第六章，我們才會詳細說明外部效益與外部成本，在表第二欄可見，有很多學者把「多子多福氣」延伸到具有外部效益。最簡化的說法如下：到了 2050 年扶老比為 1.5 比 1，即 1.5 個勞動人口（15~65 歲）要扶養 1 位老人，就照顧來說，就可能人力不足。尤其 2012 年 3 月 20 日，印尼宣布 2017 年不再輸出女傭，這對馬來西亞、新加坡、香港、沙烏地阿拉伯、臺灣都有嚴重影響。

三、公用商品

到第七章才會詳細說明公用商品 (public goods) 的性質，在表中第三欄公用商品，依公用商品的定義，兒童是私用商品 (private goods)。

四、綜合看

以「老年照顧」此社會福利面向來說，鼓勵生育政策或許站得住腳，但問題或許沒有想像的那麼嚴重，此涉及醫療水準的提高（老年也可以活得健康）、社區照護體系的建立（有點自助照護性質，再加上照顧型機器人的普及）。

服務型機器人 Pepper

時：2015 年 2 月 27 日開始販售
人：日本軟體銀行，由鴻海代工
地：日本
事：仿真人模擬的人型機器人 Pepper 上市銷售，基本款售價約 5 萬元新台幣。
　　其有人工智慧，會說話 (可與老人對談)、會行走。

從外部效益、公用商品來看鼓勵生育政策

項目	反方	正方（鼓勵生育）
一、外部性	1.各人決策 政府不宜介入家庭生活。 2.效果有限 政府的生育政策中的津貼、租稅優惠，杯水車薪。 	生小孩原本屬家庭的抉擇，卻可能使得社會上其他人得到好處，產生外部效益。政府可採取必要措施沖銷影響生育的不利因素，以期矯正或改善生育率偏低的現象。 就許多歐洲國家來說，「孩子不只是你家的」觀念普遍存在，孩子出生的分娩費、看病、讀書等費用，幾乎都由國家負責。以「兒童獨立人權」入憲的瑞典來說，主要是尊重兒童人權，例如不准父母體罰子女，跟生育政策無關。 歐洲國家面對少子女化問題，所採取的因應措施主要包括：生育獎勵、推動育嬰假津貼、發放兒童津貼或照顧津貼、健全托育與保母制度、提供教育上的優惠或輔助、購屋優利貸款或租金補貼、個人所得稅的優待或減免，以及鼓勵移民等。
二、公用商品	「公用商品」的概念是由薩繆爾遜提出，認為它需具備兩項特性： 1.沒有獨享性 獨享性是你消費，別人就不可以消費。 2.不可排他性 即在技術上也無法排除他人消費。依照上述定義來說，小孩是傾向私有商品。 把生小孩無限上綱視為公共商品，政府介入小孩生養角色發揮到淋漓盡致。此種國家利益超越個人利益之上，似可追溯至西元前 200 年古希臘斯巴達的軍國主義，把小孩視為國家所有，藉以維護國家安全；二次世界大戰時期之日本與德國，均曾大張旗鼓地來鼓勵生育，因為發動戰爭需要軍隊與人力；此種公共商品的觀點或許只是個極端，當然並不足取。	有人把小孩視為公用商品，認為小孩對國家經濟發展、老人安養、人民福利增進極具重要性。少數年輕夫妻的家庭，無法承擔生育子女沈重的開銷，而且也不公平，所以須由政府集眾人之力，共同來分擔生育成本。此種說法提供政府強力介入的立論基礎，透過財政補貼與租稅減免來「增產報國」，以享受「多子女化」的外部效益。 

3-3 從所得分配角度分析

經濟目標主要有二「效率」（所得成長）、「公平」（所得分配），針對人口老年化及其衍生的所得分配問題，涵蓋總經、個經兩層面。

一、代際間所得分配不公

總經的「家庭消費」一章中，大都會花一小節討論「代際間儲蓄」、「代際間消費」，許多父母省吃儉用，就是要留一些財產（尤其是房屋）給子女。所以家庭的效用函數中，包括自己這一代與下一代的消費。

「代際間」問題最常見的是以舉債方式擴大公共支出，常常容易出現「這一代享受，下一代買單」的「債留子孫」問題。同樣的，各國的社會福利制度（二大項目：社會保障、社會救助）中，社會保險制度的主體在於退休金，老年化將會帶來「代際中分配」(intergenerational distribution) 問題，詳見右表第三欄。

二、第一個面向：靠獎勵生育政策延緩勞保破產

戰後嬰兒潮（baby boom,1946~1965 年生）的人從 2006 年起陸續退休，到 2025 年幾乎會退休光，由於人數眾多，再加上勞保提撥不足，勞保資金大量失血。呈現「老鼠會」（非法直銷）現象，必須有更多下線會員進來繳費，否則公司將付不出上線會員的獎金。由下表可見，在沒有實施年金改革政策下，勞保 2027 年破產。

政府透過退休金帳戶可攜式制度，逐漸想引導勞退由現金會計制度到應計制，但由於銜接期間不夠長，這一代「領光」退休金約於 2027 年會出現。因此 2017 年實施年金改革，各保險可延後 25 年才出問題。

三、第二個面向：生育補貼是強迫使用者付費

政府鼓勵生育政策符合「使用者付費」原則，以 2012 年龍年生下的龍子龍女來說，有一半父母會享受到稅式支出 (tax expenditure，是指對納稅義務人從租稅優惠方式，來作移轉式支出) 等生育補貼，這會造成政府負債。2032 年，這些龍子龍女投入職場，必須以納稅方式償還 20 年前的政府債務。

唯一不公平的是，2012 年的補貼是由這一代決定。

年金改革前四項保險預估破產時間

年	2019 年	2027 年	2028 年	2030 年
保險	軍人保險 （軍保）	勞工保險 （勞保）	公立學校教職員保險 （教保）	公務人員保險 （公保）

勞保負債 8.95 兆元，軍公教 8.14 兆元
資料來源：考試院銓敘部，2016.5.14

政府獎勵生育政策的正反方意見——從所得分配角度

項目	反方	正方（政府生育政策）
一、外部效果	2018年高齡社會（老年人口占14%以上）來臨，醫療費用支出增加，造成工作人口的負擔加重，代際間分配不公的問題越來越嚴重；一旦健保費率無法調整，健保的隱藏性債務越來越大。 這一代人要自我負責，不要占後代子孫的便宜，在要求政府增加福利支出時，就應該同時考慮加稅，政治人物也應擔起責任，不應任意減稅。 要是能改善代際間負擔不公平現象，不債留子孫，更能鼓勵生育。 	套用美國波士頓大學克里寇夫(L. J. Kotlikoff)及伯恩斯(S. Burns)在《世代風暴》（左岸文化，2005)一書中所提出的「代際中分配」問題，許多國家的退休金制度採取現金基礎的「隨收隨付」（pay as you go;PAYG）方式，在提撥不足的情況，寅吃卯糧。以臺灣來說，有人預估依照退休速度發展，到2020年，公保（含軍保）將破產，除非政府財政支持或調高保費，否則之後退休的人將領不到退休金。此稱為「代際間所得分配不公平」問題。 2012年3月，希臘縮減財政支出，此問題出現，老人退休年金打對折，無法維持基本生活。
二、針對生育獎勵政策	北歐國家租稅負擔率(稅收占GDP的比率)30~40%，此比率超過經濟學者認為合理上限（25%），對公司發展、人民工作意願有負面影響，租稅負擔率如此之高，原因之一在於生育獎勵政策。以瑞典為例，包括有薪育嬰假、全方位的「家庭中心」、平價托育，以及協助女性就業等。 臺灣的租稅負擔率12.8%（2016年），要做生育獎勵政策，勢必要等財源（即提高租稅負擔率）或舉債（註：2016年，國家債務5.28兆元，平均每人負債22.4萬元）。	2011年10月25日，立法院三讀通過〈所得稅法〉第17條修正案，增訂幼兒學前特別扣除額，啟動以租稅減免工具來鼓勵生育，使得綜合所得稅在高達12項列舉扣除額及特別扣除額外再增加一項。自2012年開始實施，2013年5月納稅人報稅時即可適用，只要報稅家庭適用稅率為12%以下，即每年綜合所得淨額在113萬元以下者，家有5歲以下幼兒，無論送幼兒所或自行照顧，都可扣除每人2.5萬元。 這是全國政策，有些縣市在2010年已先採取一些津貼政策。

資料來源：部分整理自孫克難，「政府介入生育妥適嗎？」，
經濟前瞻，2012年1月，第105~109頁。

Unit 3-4 生兒育女「錢」的考量排第三

　　政府的獎勵生育政策是否有效？這個總經的課程，必須由個體經濟的方式來回答，這就涉及家庭效用函數的運用。

一、人為何生兒育女？

　　貝克把婚姻當成男女雙方自願的、理性的選擇，其目的、大部分結果是「滿足水準高於單身生活」，而且又可達到最高效用。同樣的，生兒育女也可套用「效益成本」分析，貝克，在〈生兒育女之需求中〉中，把小孩視為一種特殊的「耐久性消費品」(durable consumption goods)，即小孩可提供給父母或家庭成員效用滿足。

　　$MR \geq MC$

　　跟一般商品一樣，子女能給大人帶來滿足，但也須付出成本。

1. 直接（有形）成本

　　即養兒育女，生活費與教育費。

2. 無形成本

　　例如養小孩而犧牲工作（例如：家庭主婦、家庭煮夫）。

　　只要生育子女帶來的效益大於所付出有形及無形成本，家庭就會考慮生小孩；其中也會受所得水準、教育程度、健康狀況等因素的影響，多屬家庭或個人的理性抉擇。

二、有關貝克

　　每次寫、讀到諾貝爾經濟學得主，75% 以上是美國人，25% 是美國人以外，好像離自己很遙遠。1986 年 3 月，我在〈工商時報〉擔任專欄記者，貝克受邀來臺演講，我去圓山飯店訪問他。3 月 8 日以 2,000 字專欄刊出，邀他的〈天下雜誌〉老闆致電工商時報總編輯，大誇說訪問問了四個很棒的問題（例如政府管制油價等）。

　　美國芝加哥大學教授雷維特 (Steven Levitt,1967~)2006 年的研究發現，在頂尖學術期刊發表的實驗經濟學論文中，貝克的理論最常被引用。而且，其他經濟學者通常只開創一、兩種著名理論，但貝克憑六項爆炸性的理論，贏得 1992 年諾貝爾經濟學獎，「理性犯罪」(rational crime) 就是其中一項。

三、需求層級理論

　　我們套用馬斯洛 (Abraham Maslow, 1908~1970) 需求層級理論 (need hierarchy theory) 的五項動機，來說明人考慮是否生兒育女時的考量（效益、成本）。

　　表中有一項特別說明，2013 年起臺灣實施 12 年國民義務教育，家庭大幅減少學費支出，補習（含才藝班）費用大減。一位子女的育兒費占家庭支出 7.7%，是家庭一生第三或第四大支出，高房價才是排擠臺灣家庭其他支出的主因。

2015 年臺灣六都的購屋痛苦指數

市	房價所得比（倍）*	房貸負擔率（%）
臺北市	15.75	67.3
新北市	12.66	54.1
桃園市	7.5	33
臺中市	8.9	36.9
臺南市	6.74	28.4
高雄市	7.87	33.5
全國	8.51	-

* 資料來源：行政院主計總處，原始資料內政部營建署

貝克（G. S. Becker）小檔案

生辰：1930 ～ 2014 年，美國賓州
曾任：芝加哥大學講座教授、經濟系系主任
學歷：芝加哥大學經濟博士 (1955)
貢獻：掀起「貝克革命」
榮譽：1992 年諾貝爾經濟學獎得主、美國經濟學會會長、克拉克獎章 (1967)
著作：人類行為的經濟分析 (1976)、家庭論 (1981) 等數本

一般家庭生兒育女的考量

需求層級	(1) 效益（正效用）	(2) 成本（負效用）	(3)=(1) / (2) 效益成本分析
五、自我實現動機	有些國家的家族企業，希望生兒育女「傳宗接代」，延續香火，以持續家族企業的傳承	有可能生到「敗家子」，以致「富不過三代」，或兄弟鬩牆，以致「家不和，萬事不興」	
四、自尊動機	子女傑出，「母以子為貴」，可以光耀門楣	但有可能子女平庸，甚至不肖，以致父母臉上無光	
三、社會親和動機	子女、孫子女可以承歡膝下，對父母在晚年是個陪伴，俗稱「有子（女）萬事足。」	俚語「養兒方知父母恩」貼切說明養兒育女「勞心勞力」，對父母身心都是一種「甜蜜的負擔」。	日本人老年人占 25%，由於養寵物（貓狗）麻煩，有些人養「電子」寵物
二、安全	只有 8% 的父母覺得「養兒防老，積穀防飢」，也就是說把生兒育女當成「投資」，所以視子女是「正常品」（即隨父母所得增加多生子女）	0~22 歲（念大學），一位小孩約花 200 萬元，其中念大學 90 萬元（一學年學費 10 萬元、生活費 12.5 萬元，且外宿）。	以大學學歷父（或母）一生收入 2,753（6.2 萬元 ×12 個月 ×37 年）萬元，養育子女費用占收入 7.26%，最大項支出是購屋（約占收入 30%）
一、生存		把子女視為「劣等品」（即隨父母所得增加，不生或少生）	在法國，生育子女成本支出 434 萬元（臺幣）

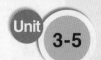
Unit 3-5　從效用到貨幣化衡量

在 Unit 1-5，我們把消費者對商品的效用轉換成「認知價值」，以算出消費者淨利。

一、親情不是錢能衡量的

經濟學者不會想把「人」貨幣化，例如像非法的人體器官買賣般，一個腎值 20 萬元等，如此便是把人「物化」了。但是碰到一些情況，必須把人訂出價值。例如發生在 2012 年 2 月 10 日的友寄隆輝、川島茉樹代（藝名 Makiyo）毆打計程車司機（林余駿）案，10 月時，雙方以 300 萬元民事和解。在法院裡，民事侵權，包括意外致人受傷、死亡，到最後法院會對賠償金額訂出金額，其中還包括精神慰撫金的精神賠償。

二、貨幣化的表達方式

「感情是無價的」，有錢買不到友情，至少只能買到「酒肉朋友」，這可見友情是無價的。有些歐美富豪把遺產留給寵物（貓狗）、管家或傭人，只給子女少量，更可見富豪把友情看得比血緣還要重。此時，也可看出一些人對感情的價值認定。

擴大來說，社會治安、學校的選擇等，往往也是「有價的」。

以社會治安來說，名人富翁住豪宅，主要功能在於治安的考量，每個月付高額社區管理費，主要是養一群保全。以學校選擇來說，臺北市寧波西街單號、雙號分屬兩個學區，一邊房屋每坪單價比另一邊多出 15 萬元，月租金也較高。

三、還是要有個數字

既然有些場合必須把人訂出價值，這個工作就落在經濟學者、精算師身上，尤其是偏重個經的學者。底下以右表來說明 2007 年時，英國二位學者對家庭的「死別」（生離死別中的死別）的價值、主觀評估。

小博士解說

臉書 (FB) 上「追蹤的只有 4 人算朋友」

時：2016 年
人：美國學者
地：美國
事：以大樣本的調查對象，上臉書宣稱因失業，需要借 300 美元以買食物，平均只有 4 位臉書上「追蹤的人」表示願意出資，朋友有通財之義，臉書上「按讚」的人 95% 只是湊熱鬧。

人們對於失去親友的損失以貨幣單位衡量

項目	法院判決	學者研究
說明 	法院會判決給予死難者家屬一定數額的賠償金，而賠償金數目的多少未必有一個科學合理的標準。舉例來說，在英國，根據規定，一個喪偶而且有一名未成年子女需要撫養的人可獲 2 萬美元。美國近年來的數據顯示，美國法院對於同類型訴訟案裁定的賠償金額相差很大，1 到 18 萬美元。	英國沃里克大學的經濟學者奧斯瓦德和倫敦大學鮑瑟維研究，希望能夠找出一個更合理賠償金裁定依據，資料來自「英國家庭調查」。 從 1996 年起，「英國家庭調查」透過提問來評估調查對象的精神健康狀況以及他們生活中經歷的大事件。從中挑選了一萬人進行追蹤調查，用金錢來衡量調查對象的幸福指數，以及親友死亡後的幸福指數落差，從而計算出死亡事件所給人帶來的經濟損失。 研究結論如下。 ・對於喪偶的人來說，他們每年需要 22 萬美元才能恢復到喪偶之前的幸福指數水準； ・如果是子女過世的話，每年需要 11.8 萬美元； ・父親或母親過世，每年需要 2.7 萬美元； ・朋友過世，每年需要 1.6 萬美元，失去兄弟姐妹，每年則需要 2,000 美元。 這對於法庭做出一個合理的賠償金裁決具有重要的參考價值。 美國喬治亞大學公布一項「暴力給社會造成的經濟損失」調查，考慮醫療成本和生產力損失在內，一宗謀殺事件給美國造成的經濟損失 100 萬美元，一宗襲擊事件造成的經濟損失為 8 萬美元，而一宗自殺未遂事件帶來的經濟損失為 1.7 萬美元。 總體來說，每年暴力事件給美國帶來的經濟負擔達到 700 億美元，相當於美國教育部全年的預算總額。

資料來源：整理自工商時報，2007 年 6 月 8 日，A8 版，王曉伯。

念什麼系學士、碩士划算？

臺灣的國中生（或稱七、八年級生）就開始職業分班，分成升學或「工藝班」，後者比較多烘焙、工廠的課。

在「學歷貶值」情況下，大學文憑不保證就業，博士、流浪教授約2萬人（正職4萬人）。2010年起，選系、是否唸碩士，變成顯學，新聞頻道花很多篇幅討論。

一、諾貝爾經濟學獎得主的主張

勞動經濟學（labor economics）中的個經部分偏重人對教育（念大學）、職業訓練的抉擇，在經濟學中較冷門，這方面的諾貝爾經濟學得主共兩次，詳見右表，其中 human capital 的本質是 human asset，所以本書意譯為「人力資產」。

二、男怕選錯行，女怕選錯男

念什麼系對一個人一輩子能夠賺多少錢，有很大的影響，全球結論差不多，以2015年的兩個美國研究為例。

1. 美國喬治城大學的研究

美國華盛頓特區喬治城大學一項研究指出，高收入系（例如石油工程、藥學研究等的畢業生），一生中所賺的錢比低收入系（例如早期兒童教育、社工等的畢業生）多34萬美元。

2. 卡尼瓦爾的研究

美國《富世比雜誌》報導，美國喬治城大學教授卡尼瓦爾(Anthony Carnevale)分析，大家早就已經知道，一個人大學念什麼系會深深影響他找工作的能力，以及事業生涯發展能否登上巔峰。從2016年12月29日〈自由時報〉報導，2016學年度，有151個系報到率0，臺灣大學博士班就占7個。可見連高中生都知道「要選對行」。

三、精準地說

1. X軸：學校排名

臺灣前500大公司往往有個內規。

篩選應徵者的門檻：只看前50名的大學。

社會新鮮人的薪資表，依照大學分四等級，詳見右頁下圖X軸中。

我們把公司徵才、給薪標準以X軸呈現。

2. Y軸：實用程度

美國認為骨幹系（理工醫）實用程度較高，連文學院教授也認為「所學跟就業關聯程度低」；日本教育部政策是「逐年減少學院」。

臺灣許多大學為了降低成本，大幅設立文學院，英文系、中文系、日文系畢業生遠供過於求，東南亞語系（越南語、印尼語）卻極少大學設立。

3. 想辦法念圖中右上角部分

「利之所在，勢之所趨」，大家都會往未來就業發展（包括薪水）轉向；餐飲、社工大都是低薪工作且供過於求，2016年教育部「減招」。

4. 念碩士？

念國立、私立大學前段班的「實用程度」高的碩士，才會值回票價；其餘大都「學非所用」、「大材小用」。

雞首勝過牛尾

人文學院（例如教育系）畢業生中，最賺錢的 25% 學生（年薪 5.9 萬美元）比工學院畢業生中最不賺錢的 25% 賺得多。

念碩士嗎？

有些（化學、生物）系念到碩士甚至博士，薪資的成長幅度比其他系（例如政治、語言學）多。（摘修自 EMBA 雜誌，2015 年 6 月，第 71 頁）

諾貝爾經濟獎得主中有關人力資產主張者

主張	人力資產	把教育視為個人投資
年	1958 年	1964、1975 年
學者	舒爾茨 (T. W. Schultz, 1902~1998)，1979 年諾貝爾經濟學獎兩位得主之一	貝克 (G. S. Becker, 1930~2014)，1992 年諾貝爾經濟獎得主
著作 （論文）	1958 年「新興經濟國家背景與高等教育」 1960 年「人力資產形成」	書 人力資產 (1964、1975) 人類行為的經濟分析 (1976)

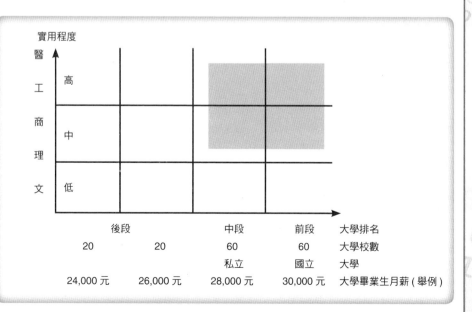

Unit 3-7　如何提高自己的附加價值？

當「大學高中化，碩士大學化」後，剩下的答案不是念博士，而是與其浪費四年念後段大學的就業困難的系所，是否考慮念有一技之長的系。至於如果念大學，是否在學時就為就業做準備，例如：取得兩、三種必備的證照。

一、念實用的系

1993 年起，開放大學設立，十位高中、高職生中有七人念大學，學生能力不足再加上許多大學基於降低成本考量，設立就業率（美國等也如此）低的人文學院，徒有大學文憑，但公司卻嘆「無才可用」，例如 IC 設計業（以色列強項）等電子業所需理工人才大缺。

2012 年 3 月 19 日，台積電董事長張忠謀到輔仁大學演講，他表示，大學畢業生比以前多，但工作機會增加沒那麼快，競爭加劇，很多大學生畢業找不到工作，都會發出疑問「怎麼會？」覺得好像被騙了，他的忠告是，不要以為念完四年大學就會有滿意的工作。

他建議大學生要依序學會三件事：謀生技能、培養邏輯、思考能力與精深學習的習慣。如果三樣不能完全得到，至少得到謀生技能，以後還有機會得到後面兩樣。

學位已經不那麼值錢了，要看得到學位的時候進步多少，不只是知識，而是思考的進步、跟別人一起做事的精神等。（摘自聯合報，2012 年 3 月 20 日，A5 版，盧禮賓）

二、大學不是職業訓練所？

張忠謀的大學生第一要務「培養謀生技能」，有一些教授會反對，主張大學不是職業訓練中心，大學的功能在於培養「完全的人」，因此強調大學宜採全人教育。

瑞士便是大學是職訓中心的典型，2011 年起，把教育局由內政部管轄歸為經濟部，各政黨一致讚揚；學界擔心教育受制於經濟政策，一味向錢看。美國則介於理想與現實兩個極端中間，認為大學是新型態經濟的關鍵，希望利用大學提升勞工能力，建立產學研究基地，發展科技產業。

三、一技之長勝過大部分大學的文憑

全球缺技師、技術工人，所以念技職體系，畢業後，製造業就業機會比許多大學的文法學院的大學畢業生多，而且起薪高。只是進工廠當「黑手」，看似社會地位較低，但美國、中國大陸許多學生 2008 年以來都變得現實起來，寧可「有裡子」，也不願在公司裡面看似「有面子」，而離高升、發財遙遙無期。

大學畢業生每年供過於求人數

學歷	(1) 需求（舉例）	(2) 供給	(3)=(2)-(1) 供過於求	結果
博士	800 教職 700 其他 100	4000	3200	流浪教授約2萬人，到各大學兼課，平均月收入30,000元
碩士	15000	60000	45000	大材小用 學非所用
大學	42000	220000	178000	1. 大材小用有 8 % 到工廠、服務業當「作業員」 2. 學非所用

你的「利用價值」呢？

時：2016 年 9 月
人：何飛鵬，城邦媒體集團執行長，《自慢》系列書作者
地：臺灣
事：當我們去找工作時，我們要很努力展現能力，彰顯自己的人格特質，希望得到主考人員慧眼相看，以得到一個工作，這就是把自己出賣給公司。

抽煙對經濟的傷害

時：2017 年 1 月 10 日
人：世界衛生組織
地：瑞士
事：吸菸之害預估一年代價 1 兆美元（註：全球一年總產值 80 兆美元）。

3-8 勞動市場的資訊不對稱

工作對大部分勞工來說是一生中數一（例如家庭）數二的事，事關收入、前途。但在勞動市場，勞方處於資訊劣勢，因此勞工宜想方設法提供給雇主「我很能幹」的訊息。

一、林書豪是勞動市場資訊不對稱的典型

2012年2月5日，林書豪在美國職籃中打紐約尼克隊，對紐澤西籃網隊一戰成名，引發林來瘋(Linsanity)風潮。2006年，高中畢業時，無法申請到史丹佛大學等籃球名校，2010年6月，哈佛大學畢業，選秀落選；敗部復活，2010年7月到2011年12月，在金州勇士隊跑龍套，2011年12月27日到2012年2月9日，當個派遣球員去尼克隊。一身好身手，被低估二次（大學、職籃），懷才不遇是勞工處於資訊劣勢的最經常困擾。

二、僱用時

在勞動市場中，公司對應徵者所知有限，在人力銀行（104、1111等）的應徵者資料千篇一律，少有特色，而且有些應徵者的自傳還盜印別人的。

從大學推甄開始，有三成高中生已經歷過一次「自吹自薦」，以求獲得面試老師的青睞。大學錄取率97%，誰都可以進大學，誰都有大學畢業證書。

此時，名校（例如臺成清交）的文憑顯得奇貨可居，在100%入學情況下，日韓臺的名校就顯得珍貴。學生透過讀名校，以說明自己的拼勁，以南韓來說，著名高中流行一句順口溜「一點進私大，三點進國立」，只讀書讀到凌晨一點才去睡，大概只能考上私立大學，讀到凌晨三點才去睡，比較有機會考上國立大學。

三、僱用後

雇用勞工後，攻守易位，公司處於「敵暗我明」狀況，員工知道自己能做到多少（100分在哪裡），因此公司針對下列二種情況運用適當方法。

1. 有獨立產出者

針對工廠作業員、業務代表，有獨立的產出，因此公司祭出「論件計酬」的誘因機制，讓員工在利己動機下，自己管自己。企管三種控制型態中屬於財務控制，俗稱「蘿蔔」。

2. 沒有獨立產出者

針對間接勞工，其產出不易衡量，公司採取監督方式，付出監督成本(monitoring cost)以避免員工摸魚。企管三種控制型態中屬於行政控制。第三種文化控制，較少成功案例，例如美國西南航空、臺灣奇美實業，透過公司跟員工搏感情，讓員工打從心裡主動為公司打拼。

勞動市場的資訊不對稱及處理方式

時序	賣方（勞方）	買方（雇主）
僱用前	勞方常藉下列方式以彰顯自己的素質。 **1. 名校畢業** 1990 年以來，全球大部分國家（德國、瑞士例外）大幅擴大大學入學人數，把大學教育當成服務商品販賣，大學成為產業。大學學歷成為高中學歷的延伸，以臺灣為例，1993 年時，就業者大專以上學歷比率為 18.96％，2010 年 43%。雇主不清楚勞工的能力，因此學習能力高的人傾向於擠入名校或取得高學歷來傳達其「值得」的訊息，因為學習能力低者要做同樣的投資，可能會比能力高者更費力，所以他們努力去爭取高學歷的意願不高。但這樣做的負面效果是，「過度教育投資」，高學歷（例如碩博士）的成效並不能完全應用到工作上，但即使名校的投資成本遠超過工作所獲得的薪水，人們還是得繼續投資，目的是作為一種身價的信號 (signal)。	公司對勞工的素質不了解，「學歷」為一個幾乎不需要任何成本就可以得知員工能力的一種指標，在 157 家大學中，有二種處理方式。 **1. 前 50 名大學** 中華微信所公布的大公司許多訂下「只招募排名前 50 名的大學畢業生。 **2. 一視同仁的給低薪** 對於選才能力較差的中小企業，有時無奈，「撿到菜籃便是菜」，對大學畢業生一視同仁給一樣薪水，而且是最低的水準（例如月薪 2.6 萬元） **3. 其他訊息** 包括應徵者的證照、得獎記錄、成績單、經歷、推薦函
僱用後	此時勞方擁有二方面資訊優勢。 **1. 工作 100 分在哪裡？** 至少是勞工能做到多少，但對主管往往藏一手，以免「能者多勞」情況下，累死自己 **2. 是否努力工作？** 有些勞工會採取「怠工」（俗稱為"摸魚"）方式，以減少付出，即出現道德風險。	企業會設法監督 (monitoring) 員工的工作品質，監督的成本愈低，愈能達到效果。例如銀行的座位安排，讓主管直接坐在臨櫃行員的後排，這是最輕鬆、成本最低的監督方式。或者美國，在卡車司機的車上放置衛星定位系統，或者在公車上放置測速器等，都是一種監督方式。

知識補充站

諾貝爾經濟學獎得主的貢獻

有關勞動市場資訊不對稱的研究，最有名的學者之一是 2001 年諾貝爾經濟學獎三位得主之一的史賓斯（A. M. Spence, 1943~）。相關著作中較重要的有二種，本表即根據其觀念延伸。

- 1973 年的論文「就業市場訊號」
- 1974 年的專書《市場訊號：在僱用和相關過程中資訊的流轉》

第 **4** 章

公司生產函數─從總經的產業結構到企管中的生產管理

Unit 4-1　公司的生產均衡

Unit 4-2　公司損益表切入

Unit 4-3　外部、內部規模經濟─兼論外部規模經濟原因

Unit 4-4　內部規模經濟原因

Unit 4-5　個經中的生產函數

Unit 4-6　內部規模經濟效果對企業經營的涵義

Unit 4-7　生產函數的成本

Unit 4-8　公司生產成本的統計

Unit 4-1　公司的生產均衡

在高雄市燕巢區，每到春節棗子產季，農家在路旁擺攤販售，一斤 80 元、成本 60 元，一斤利潤 20 元，一天賣 1,000 斤，淨賺 2 萬元。

菜市場的攤販也是「將本求利」，已知菜售「價」（由市場決定），只要批發價在零售價（例如一斤高麗菜 20 元）五成以下，便可能有賺。

當「個體戶」，可能沒讀過會計學（了解損益表），但都懂得右述式子。

一、公司目標：利潤極大化

管理學中常說「公司的目標在於追求股東財富極大化」，這並不好懂，股東「財富」指的是「股票市值」（股數乘上股價）。在個經的說法有二，以台積電為例。

1. 在已知利潤下，追求成本極小化

例如 2016 年，台積電董事會希望公司賺 3,500 億元，在預估營收 9,000 億元情況下，成本少 1 元便多賺 1 元。

2. 在已知成本下，追求淨利極大化

要是董事會強調「成本費用上限 5,500 億元」那麼總經理會帶領 4.6 萬位員工去衝刺營收，以求淨利 3,400 甚至 3,500 億元。

二、名異實同

經濟學中談到家庭的消費者均衡時，喜歡以效用函數去計算求解，以等效用曲線加上預算限制式畫出家庭在「固定支出預算」（例如臺北市一家四口典型家庭月支 7.5 萬元）下，在 X、Y 兩商品的消費數量去抉擇。

1. 微積分求解會讓很多人「倒彈」

隱或顯效用函數與預算限制式求解，常會失之「為數學計算而計算」，計算過程很制式化（拉格朗日求解），由於效用函數型有很多，由此學生會覺得「無止境」的計算。

2. 圖形示例有一些人「搞不懂」

首先，連我自己都很少去畫出自己的「等效用曲線」，因此也不會想去解釋張三李四的等效用曲線。

三、用詞

在經濟學中，商品 / 服務的提供者是公司 (firm)。

因此 producer equilibrium 意譯為公司的「生產均衡」，簡稱「公司均衡」。

Profit 在損益表指（稅後）淨利，有些經濟學者普遍使用「利潤」一詞，本書認為應「與時俱進」。

圖解個體經濟學 Microeconomics

公司目標

一件商品
A Π = P-AC
（A：平均）

→

P 稱為平均客單價，
(average sale price,ASP)
AC= 平均成本 (average cost)

乘上銷量
(Q)

→

$\Pi = PQ-(AC*Q)$
$= TR-TC$
淨利 = 總收入 - 總成本
TR =(total revenue,TR)
TC=(total cost,TC)

公司與家庭皆追求「盈餘」極大化

項目	公司「生產均衡」	家庭「消費者均衡」
1. 目標	max Π =TR-TC 公司的生產均衡 (producer equilibrium)	maxU(X,Y) 消費者均衡 (consumer equilibrium)
2. 圖形表示	等成本曲線 (iso-cost curve) 等產量曲線 (isoquant curve)	等效用曲線 (iso-utility curve) 無異曲線 (indifference curve)
3. 限制式	成本預算線 (cost budget)	預算限制式 (budget constrain)

Unit 4-2　公司損益表切入

　　公司將「本」求利，以臺灣公司在全球供應鏈中分工處於工業零組件、代工（俗稱組裝），極少有全球品牌（例如智慧型手機中的 iPhone、汽車中的日本豐田）。

　　買方每年都會向臺灣供貨公司公司砍價，臺灣公司每年都會有降低成本一成以上的壓力，逼得臺灣公司眼光都聚集在「降低成本」(cost reduction，註：cost down 是臺式英文)。本單元從損益表角度切入。

一、投入：生產因素

　　經濟學上有五種生產因素，公司使用生產因素必須支付代價，在損益表上各有對應的成本費用會計科目。

1. 自然資源

　　自然資源指一切由土地及其衍生出的原料（例如農工原料、水、電）：損益表上的營業成本中的「原料」一項便是。

2. 勞工

　　只要是領薪水的都算是勞工，從工廠作業員到總經理都是；這包括營業成本中的直接人工成本、製造費用中的間接人工成本。

3. 資金

　　經濟學中把 capital 譯為「資本」，本意是指資金，尤其只有錢才能買資產負債表上資產面「非流動資產」的最大項「固定資產」，指房地產、廠房與設備。在損益表中，營業成本中製造費用的最大項目為「固定資產」折舊。

4. 技術

　　公司損益表上的研發費用。

5. 企業家精神

　　公司損益表上的淨利，扣除勞工分紅之後的部分。

6. 跟總經的連結

　　在知識的發展，先有會計再有國民所得帳 (1950 年代才有)，由表第三欄發現 2017 年總產值 17.38 兆元，從所得分配的角度看四個項目，由三種人受益：政府（稅收）、勞工與公司股東。

二、轉換：生產函數

　　「戲法人人會變，各有巧妙不同」，這個俚語貼切說明同一行業不同公司的「投入產出」不同的眉角，也就是生產函數不同，詳見 Unit 4-6。

三、產出：公司對產出的貢獻

　　「一分耕耘，一分收穫」這句俚語貼切說明生產因素對產出的影響，「產出」(output) 指的是產品與服務，「產品」包括中間品與最終產品，最終產品包括消費品與資本品（即機臺或機器）。

生產因素對公司損益表、國民所得分配的意義

生產因素	公司損益表	國家 GDP 的分配 （2016年，預估）
	營收	
一、自然資源 ・土地，含空氣 ・農工原料 ・水電	一營業成本 ・原料	間接稅 （例如營業稅） 占 5.42%
二、勞工	・直接人工	薪資所得占 43.8%
三、資本	製造費用中的固定資產折舊 = 毛利	固定資產消耗 （折舊） 占 15.7%
四、技術	一研發費用 一行銷費用 （包括物流） 一管理費用	
五、企業家精神	= 稅前營業淨利	公司淨利占 35.08%

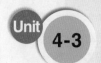

Unit 4-3　外部、內部規模經濟
——兼論外部規模經濟原因

19 世紀時，英國牛津大學的經濟系教授馬歇爾 (Alfred Marshall,1842~1924) 在 1890 年出版的《經濟學原理》中說明內部、外部規模經濟。

一、內部規模經濟

針對內部規模經濟 (internal economies of scale)，他看到的例子是英法間英吉利海峽的渡輪，當渡輪從小（乘客 20 人）到中（乘客 100 人）、到大型（200 人），造船成本、船員數沒有等比例提高，例如小船平均每位乘客船票 10 英鎊、中船 8 英鎊、大船 6 英鎊。

其結果是渡輪越造越大，唯二限制因素是需求面（顧客量）、港口水深。

二、對外部規模經濟現象的觀察

1840 年代，英國蘭開夏地區擁有良港，來自英國殖民地（主要是大印度與埃及）的棉花方便卸貨，區內曼徹斯特市成為英國第二大都市，主因是紡織工廠林立，就近取得棉花。

勞工從各地聚集，紡織工廠織布後，就近運到港口大量出口，大賺清朝等地的錢，英國成為全球第一大經濟國，直到 1890 年被美國超越。

馬歇爾長期看到蘭開夏地區幾個工業城的工業化（因）、都市化（果）的歷程，得到圖的結論，即新紡織公司為何選擇在此設廠，因為比在其他地區的成本更低。

1. 外部規模經濟原因

造成外部規模經濟 (external economies of scale) 原因有三，詳見右表。

2. 對企業的涵義

對公司來說，在哪一洲、哪一區域、哪一國、國內哪一地區設廠，僅考慮製造成本時，依序考慮下列因素。

- 外部規模經濟是否存在？
- 個人電腦、智慧型手機、汽車業有明顯的外部規模經濟，電影業（美國加州好萊塢、中國大陸浙江省橫店、印度孟買市寶萊塢）也有。
- 如果存在，夠格加入嗎？

以個人電腦組裝來說，臺灣公司約擁有全球八成的代工訂單，主要集中在中國大陸江蘇省昆山市與直轄市重慶市。

三、兩個不是規模報酬遞增的行業

1. 搜尋引擎、內容業者

人們透過雅虎、中國大陸百度等搜尋引擎、入口網站在網路上找東西（例如餐廳等），谷歌等內容業者等提供內容（例如維基百科），這背後皆須伺服器以儲存資料、超級電腦以提供網友查詢，為了避免熱門活動（例如跨年時）擠爆以致爆網，業者只好多預備電腦能量。

2. 電子商務業者

中國大陸阿里巴巴是「企業對企業」(B2B)、淘寶網是「企業對消費者」(B2C) 電子商務的龍頭，跟前述一樣，主要是靠資訊設備做生意，燒「錢」最大項目是買電腦、伺服器。

「有」、「無」外部規模經濟時的影響

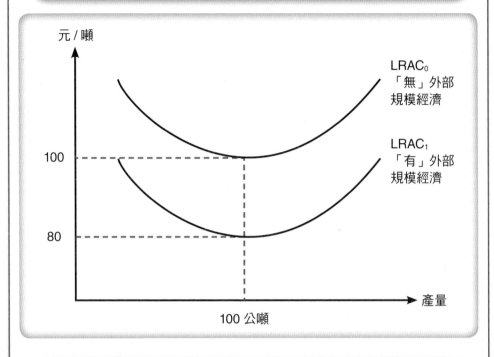

元／噸

LRAC$_0$
「無」外部
規模經濟

LRAC$_1$
「有」外部
規模經濟

100

80

產量

100 公噸

外部規模經濟的原因

損益表	馬歇爾的三項驅力
營收	
一營業成本	
原料	主要是供應鏈 (supply chain) 完整，上游（元件）、中游（模組）、下游（組裝）一氣呵成，臺灣公司稱此為「打群架」
直接人工	勞工聚集 (pooling of labor) 各公司在工業區中很容易找到各樣的人才，包括挖角等。
製造費用	（省略）
研發費用	知識外溢 (knowledge spillover) 這是在 1990 年代知識經濟時代時，踵事增華加上的。
行銷費用	（省略）
管理費用	（省略）

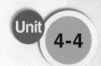

內部規模經濟原因

「規模經濟」(economies of scale) 是生活中常見的觀念,例如下列情況,怎樣才便宜划算?

騎機車時二人共騎。

坐計程車時,四人共乘;

經濟學點出製造業的單一工廠甚至單一機器隨產能由小到中到大,平均成本會越來越低,詳見右圖。這只是最單純情況,現實生活比這難太多,本書一以貫之,以損益表的成本、費用科目來分析。

一、工業中製造業規模經濟的原因:以汽車業為例

探索、國家地理頻道很喜歡報導各大汽車公司旗下一個品牌(例如寶馬 X5、富豪 XC90)的組裝過程,每次花 1 小時。

1. 汽車是資本密集產業

汽車的機構件(主要是引擎、方向機柱、傳動軸等)屬於機械業,基本特色是要開模鑄件,開模成本很高。當產量少時,分攤開模成本極高,除非是高檔汽車,以平價汽車來說,臺灣的汽車公司大都靠合資或技術合作的日本公司供應。

2. 汽車組裝廠共分三個工廠

車架(往往是機器人焊接)、塗裝與組裝,一般人只看過組裝線許多工人鎖螺絲、裝儀表板。但整個來說,人工成本(占營收比率)低。

2016 年臺灣新車銷量 44 萬輛,國產車占 60%,約 26.4 萬輛。但有 11 個車廠,和泰市占率 31.5%,為達此標,國瑞汽車每年至少需出口 10 萬輛車到中東等地,訂單來自母公司日本豐田汽車,由圖可見每年各產量日本的平均成本(舉例)。

3. 研發費用

研發須達一定規模,例如一年 5 億元(人員 120 人以上)才能達門檻值。

這也是為什麼臺灣一年研發費用約 3,400 億元,但幾個大咖(2016 年台積電663.6 億元、工研院 200 億元、鴻海 200 億元)才「玩」得起。以上市公司中的電子公司來說,九成以上研發費用極低。

二、服務業規模經濟原因:以便利商店業為例

1. 進貨的數量折扣

零售業的進貨成本約占營收 60% 以上,大量進貨價格更低(即數量折扣),約可少二個百分點;加上付現的現金折扣(約 2 個百分點),超市中的全聯、量販業中的好市多贏在起跑點。

2. 行銷費用中的廣告費

以電視廣告為例,黃金時段一檔(45 秒)約 30 萬元,須打 10 檔才會接觸到全部觀眾,至少須 300 萬元。全聯實業 1998~2004 年時認為「省掉廣告費」可省點錢,但 2005 年時,270 家店,請「全聯先生」邱彥翔大打廣告,以刺激更多來客,營收才是重點,300 萬元是小錢。便利商店業的萊爾富、OK 在電視廣告方面顯得保守。

3. 行銷費用中的物流費用

物流委外,物流費用率(占營收比重)8%;但如果要自辦,光一個物流中心(最貴的是自動倉儲、撿貨)起跳 5 億元,再加上車隊,管得好,物流費用率 6%。

規模經濟現象三階段

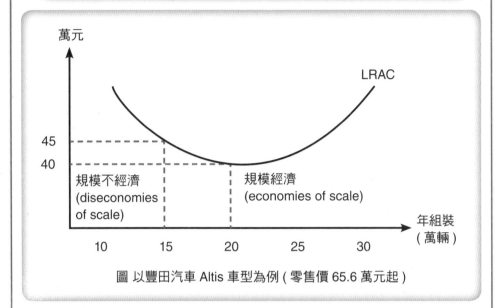

圖 以豐田汽車 Altis 車型為例 (零售價 65.6 萬元起)

工業與服務業 規模經濟的原因

損益表	工業中的製造業：汽車業	便利商店規模
營收 - 營業成本 　原料 　直接人工 　製造費用	以日本豐田汽車為例，一個標準組裝廠年產能 20 萬車輛	採購的數量折扣
= 毛利 - 研發費用 - 行銷費用 （包括運輸費用） - 管理費用		這包括物流中心（投資額 5 億元）與車輛，最低門檻 200 家以電視廣告來說，1,000 家店
= 稅前營業淨利 + 營業外收入 - 營業外支出	向銀行貸款有數量折扣，借 5 億元會比借 500 萬元，貸款利率更低	

Unit 4-5 個經中的生產函數

公司想了解在各產能規模中的產量、成本，以跟營收比較，來決定淨利最大時的產量，此即生產均衡。

一、生產函數

生產函數(production function)是經濟學上的名詞，「函數」是數學關係，〈4.2〉式是〈4.1〉式的「顯」函數，即明顯地把關係的數學式子寫出來。

對工廠來說，生產函數有三個重點：人、機、產量，人、機成本與產能。本單元詳細說明。

生產函數因為有「函數」一詞顯得比較抽象，再加上經濟學上的數學函數設定更讓有些人覺得艱深難懂。本單元從公司損益表的角度切入，即經濟學上「投入－產出」表的觀念。

二、經濟學者以數學函數表達規模經濟狀況

1750 年「左右」第一次工業革命在英法啟動，1928 年起，一些經濟學者嘗試透過數學函數來呈現公司「勞工與機器」的組合，且以等產量曲線 (isoquant) 方式呈現。

1. 柯布—道格拉斯生產函數

數學中的「三一律」是指兩個實數一定有「大於、等於、小於」的其中關係，由右表第二欄可見「柯布—道格拉斯生產函數」(Cobb-Douglas production function, C-DPF) 透過數學函數呈現規模報酬三種形式。

2. 列昂李耶夫生產函數

俄裔美人列昂李耶夫 (Wassily Leotief,1906~1999) 的生產函數看似「走回頭路」，即只考慮固定規模報酬情況（詳見 Unit 4-7 圖），且生產函數很簡單。但他得諾貝爾經濟學獎的原因是 1932 年發展出美國的「投入產出」(input-output，簡稱 I-O)，即各國國家統計局編製的「產業關聯表」。

三、一兼二顧，摸蛤兼洗褲

「總」經跟「個」經只有分析對象範圍（詳見 Unit 1-1）的差別，所以許多分析方法共用，甚至總經常需要有「個經基礎」(microeconomic foundation)，直白的說，便是要有家庭消費、公司淨利函數的設定去求解。

在表中下半部可見總體經濟學經濟成長理論（詳見拙著《圖解總體經濟》第一章）中，也是以個經中的生產函數去推論。

經濟學中常有兩人合掛的模型，有時兩人是師生、同事（常會稱為某某大學學派），以表中的「哈羅德—多瑪」模型來說，英國哈羅德在 1939 年提出第一版函數型，1946 年美國多瑪精進它，是跨國兩個學者接力賽的演出。

個經與總經常用的生產函數

項目	泛用性	特用型
一、 個體經濟	1928 年	1936、1941 年
學者	Charles W. Cobb 與 Paul H.Douglas 簡稱柯布—道格拉斯 (C-DPF) 或新古典生產函數	美國列昂李耶夫 (Wassily Leontief, 1906~1999)，1973 年諾貝爾經濟學獎得主
生產函數	$Q=F(L,K)$ $=AL^{\alpha}K^{\beta}\cdots$<4.1> 俗稱固定替代彈性 (constant elasticity of substitution,C.E.S.) 生產函數	列昂李耶夫的生產函數型式 $Y_t=\min(AK_t,BL_t)\cdots$<4.2> Y_t: 產量 A: 機器產出比 B: 勞工產出比
生產函數性質		
1. 規模遞增	$\alpha + \beta > 1$	
2. 固定規模	$\alpha + \beta = 1$ 或 $AK^{\alpha}L^{1-\alpha}$ 例如 $\alpha = 0.4$	例如 $Y_t=\min(2K_t,1L_t)$
3. 規模報酬遞減	$\alpha + \beta < 1$	
二、 總經之經濟成長模型	1956 年	1946 年
	美國梭羅 (Robert Solow,1924~)， 1987 年諾貝爾經濟學獎得主梭羅模型 (Solow model)	英國哈羅德 (Roy F. Harrod,1900~1978) 與美國多瑪 (Evsey D. Domar,1914~1997) 哈羅德—多瑪模型 (Harrod-Domar)

內部規模經濟效果對企業經營的涵義

讀經濟學的目的是為了「工作、生活與投資」（詳見 Unit 1-2），因此當我們讀了經濟學書上的觀念、現象與理論後，其中一個直覺是：「這對我工作有什麼含意（或涵義）？」或稱「對公司的涵義」。以規模經濟現象三階段來說，公司的決策如下。

一、工業中的製造業

工業中製造業占工業總產值 88%，以此來舉例。

1. 工業跟服務業最大差別

服務業是「服務人員跟顧客直接接觸」，因此必須砸錢設據點，詳見下段說明。工業可以「訂單外包」(outsourcing)，甚至不需工廠，僅扮演行銷公司角色。

2. 等到訂單夠大才設廠

以標準汽車組裝廠年產能 20 萬輛為例，公司可以等銷量快達標時才考慮設廠。詳見 Unit 4-4 圖。

二、服務業中連鎖店的規模經濟

在服務業中總產值依序為批發零售業、金融業，在右頁上表中，以零售業與餐飲業各舉「正確」、「錯誤」做法的公司為例，說明其如何達到規模經濟。

三、規模報酬遞減階段的原因與預防之道

任何企業皆會達到「大而不當」的階段，一流企業「防範未然」。

1. 規模報酬遞減階段的原因

由右表第一、二欄可見，我們依公司組織層級、功能部門，把造成規模報酬遞減的原因分類。

2. 企業預防之道

由表第三欄可見各公司針對各項規模報酬遞減的原因，預籌對策。

柯布─道格拉斯生產函數

時：1928 年

人：柯布 (Charles W. Cobb,1875~1949)、道格拉斯 (Paul H. Douglas, 1892~1976)

地：美國麻州大學阿默斯特分校

事：兩人研究 1899~1922 年的美國經濟，並以 1927~1947 年資料實證。

服務業公司成立到規模經濟規模的正確、錯誤做法

行業	錯誤做法	正確做法
一、零售業		
1. 便利商店	1980~1986 年，統一企業以事業部方式經營，因初學乍練，怕搞大而大賠，舉步謹慎，以單店計算輸贏。	統一超商，1987 年 6 月成立公司，以加盟方式，快速展店，達到經濟規模。
2. 超市	1987 年，港商在臺成立頂好惠康 (Welcome) 超市，皆穩紮穩打，求每家店都賺。	1999 年，全聯實業收購 68 家福利中心店，仿統一超商快速展店以達規模經濟，2005 年 270 店，成為超市一哥。
3. 生活雜貨業：日本無印良品 (MUJI)	2003 年以前，在海外開店，每一家店都要賺，符合此條件的地點少。	2004 年起，以一國為營業地區來考慮盈虧，展店速度快。
二、餐飲	1998 年 1 月，統一企業取得美國星巴克的臺灣授權，咖啡一杯 70 元以上，屬於城市的中所得市場。以直營方式維持品質，展店地區、店數步步為營。	2004 年 7 月開曼美食達人公司 (2723，旗下品牌 85 度 C 烘焙坊)，在新北市永和區樂華夜市旁開第一家店，9 月開放加盟，2008 年臺灣店數 324 家、營收 35.26 億元，跟統一星巴克 36 億元 (223 店) 打平，2008 年後便大幅領先。

規模報酬遞減的原因

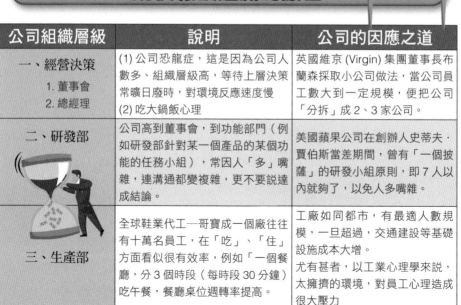

公司組織層級	說明	公司的因應之道
一、經營決策 1. 董事會 2. 總經理	(1) 公司恐龍症，這是因為公司人數多、組織層級高，等待上層決策常曠日廢時，對環境反應速度慢 (2) 吃大鍋飯心理	英國維京 (Virgin) 集團董事長布蘭森採取小公司做法，當公司員工數大到一定規模，便把公司「分拆」成 2、3 家公司。
二、研發部	公司高到董事會，到功能部門（例如研發部針對某一個產品的某個功能的任務小組），常因人「多」嘴雜，連溝通都變複雜，更不要說達成結論。	美國蘋果公司在創辦人史蒂夫·賈伯斯當差期間，曾有「一個披薩」的研發小組原則，即 7 人以內就夠了，以免人多嘴雜。
三、生產部	全球鞋業代工—哥寶成一個廠往往有十萬名員工，在「吃」、「住」方面看似很有效率，例如「一個餐廳，分 3 個時段（每時段 30 分鐘）吃午餐，餐廳桌位週轉率提高。	工廠如同都市，有最適人數規模，一旦超過，交通建設等基礎設施成本大增。 尤有甚者，以工業心理學來說，太擁擠的環境，對員工心理造成很大壓力

Unit 4-7 生產函數的成本

在個體經濟書中很喜歡談「等成本曲線」，在已知生產函數（勞工成本、機器成本）下，去計算公司的「生產均衡」，即在「一定的生產因素量、價情況下，追求生產成本極小化」，隱含已知售價、銷量（兩者相乘即為營收）。

一、產能與成本

成本跟產能息息相關，由右表中附圖可見，以隨身碟生產線為例，可分為三個階段。

1. 規模報酬遞增階段

規模報酬遞增或規模經濟 (economies of scale) 是指隨產能規模擴大，平均成本降低。假設一位技師守二臺機臺，或撐二倍機臺（每小時量產 25 個隨身碟）。

2. 規模報酬固定階段

規模報酬固定可能是一段大區間，以一位技師守三、四臺機臺來說，對產量都沒有重大改變。

3. 規模報酬遞減階段

產能變大了，但是平均成本也水漲船高，此稱為規模報酬遞減或規模不經濟 (diseconomies of scale)。

二、成本函數

成本函數以一個具體例子來說明，以一臺做隨身碟的表面黏著機器 (SMT) 為例，以一個月一「班」（一班八小時）為例。

1. 總成本

由表可見，一名技師月薪 40,000 元，換算成時薪 238 元，每月工作時間 168 小時。表面黏著機每小時折舊費用 695 元，如此可得到一個月總成本 155,064 元。

2. 平均成本

一般月產 19,200 個隨身碟（1 小時 12.5 個，乘上 168 個小時），那麼一個月隨身碟平均成本 8.076 元。這是指直接人工成本與製造費用，不包括原料（主要是 DRAM 等）。

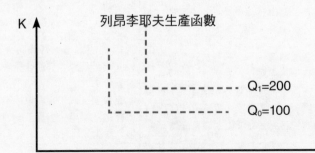

規模經濟效果圖示與舉例

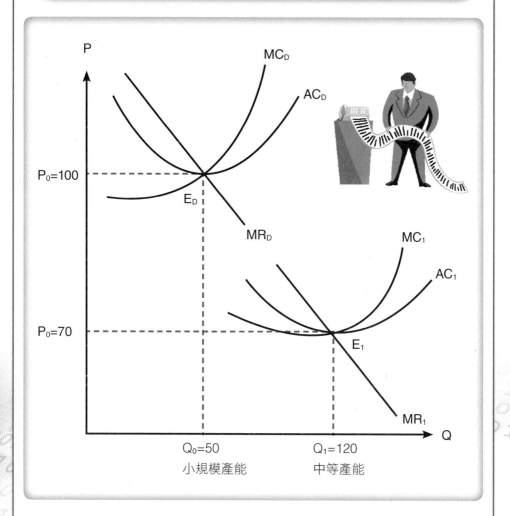

損益表	圖形		數字舉例	圖形		數字舉例
(1) 營收 (TR)	$P_0 Q_0$	$P_0=100$ $Q_0=50$	5,000 元 = 100 元 *50	$P_1 Q_1$	$P_1=70$ 元 $Q_1=120$	8,400 元 = 70 元 *120
(2) 成本 (TC)	$AC_0 \cdot Q_0$	$AC_0=90$	4,500 元 =90 元 *50	$AC_1 \cdot Q_1$	$AC_1=63$ 元	7,560 元 = 63 元 *120
(3) =(1)-(2) 淨利	$(P_0-AC_0) \cdot Q_0$		500 元	$(P_1-AC_1) \cdot Q_1$		840 元

Unit 4-8 公司生產成本的統計

每次看探索、國家地理或動物星球頻道，看著小獅子們追逐小打小鬧，好像有點殘忍，後來動物專家旁白解釋才知道從這些嬉鬧遊戲中，小獅子磨練狩獵技巧。

這個道理在大學中的課程，在會計系列課程以上市公司實際財報來出習題、考試題，會讓學生覺得「老師玩真的」。

一個在大學中各年修過下述課程。

大二修過一年「成本會計」課程；

大三修過一年「工業工程」課程；

大四修過一學期「生產管理」課程，其中重點之一是工廠的人機排程。

在食品上市公司聯華食品的工廠待過15天，跟會計部成本會計組組長閒聊中，得悉其大致工作內容。

2005～2014年擔任電子上市公司立萬利創新(3054)獨立董事，跟聯華食品一樣，會計部經理後來都調任經營分析經理。

直到2015年12月第一次修改本書（草稿在2012年完成）時，才後知後覺地體會大四時準備考碩士班，所做的個經習題，其實就是公司中成本會計、管理會計，只是以微積分或數學方程式呈現，這跟小獅子追逐互咬的作用是一樣的。

一、投入：製造部之企劃處

製造部下的企劃處的負責人機排程，比較只聚焦在「價量質時」中的「量時」即要及時生產出訂單量。

至於原料的量，依物料單(bill of material,BOM 表公司人士稱為「蹦」表)向資材部領料。

二、轉換：會計部成本會計組

由右圖第二欄可見會計部成本會計組由下列三個部掛在管理資訊系統上的資料，計算出每天每批訂單的「平均成本」。

採購部有物價的採購資料；

人資部有工廠員工的薪給表；

成會組有製造部用的資料，其中廠房與辦公空間之房租分攤、機器折舊費用分攤，是總經理跟各「事業部副總」（扮演工廠的公司內產品買主）、製造部一起討論出來的。

把每批平均成本提供給製造部，其中的量差、價差等，可讓製造部企劃處據以調整淡旺季產量、人機排程。

同樣資料提供給各個事業部。

三、產出：總經理室經營分析組

總經理室的經營分析組每週把各事業部的成本會計資料分析，提供給總經理。總經理跟各事業部副總開會，針對毛利率低於目標的討論改善之道，要是一段期間仍無法改善，則該產品予以汰除，甚至砍事業部人事。

	投入	轉換		產出
公司部門	製造部 企劃處	製造部 廠務處	會計部 成本會計組	總經理室 經營分析組
負責內容	物料單 (bill of material, BOM)	直接人工製造費用 1. 固定資產折舊費用之分攤 2. 間接人工 3. 成本 (水電費等) 4. 機器維修保養	1. 分部成本會計 2. 分批成本會計	由大到小三個層級 1. 分事業部 2. 事業部下分產品別 3. 產品別再依客戶別、型號別區分，俗稱為「分批成本」
大學的課程	生產管理	同左	成本會計	管理會計

國瑞汽車小檔案

成立：1984 年
地址：桃園市中壢區
資本額：34.6 億元；臺方 30%，日方 70%（豐田 65%，日野 5%）。
董事長：七原弘晃
總經理：李朝森
產品：豐田汽車 2,000cc 以下車型，日野汽車之貨車。
產能：轎車 20 萬輛，出口 10 萬輛
員工數：4,500 人

第 **5** 章

公司的勞動決策
——勞動經濟學角度

Unit 5-1　經濟學中對勞動力的分析角度
　　　　　　——從勞動經濟學到個體經濟學

Unit 5-2　勞工的數量

Unit 5-3　勞工的價　Part I：薪資水準

Unit 5-4　勞工的價　Part II：由所得分配來看薪資

Unit 5-5　各行業缺工因素：勞工面

Unit 5-6　兩波機器人取代勞工

經濟學中對勞動力的分析角度 —從勞動經濟學到個體經濟學

經濟學中有許多課程都會談到勞動，由於著眼的組織層級（右表中第一欄）不同，因此切入「角度」（主要是表中第一列：「價量質時」）也不同。

一、國家層級：勞動經濟學

站在全國角度來看勞動，這是經濟學、總體經濟學中的政府二大經濟目標（經濟成長、所得分配）中的主軸。

由於勞動力太重要，所以在經濟學中獨立出勞動經濟學（labour economics），以全國角度來了解勞動的「價」（例如薪資）量質時，詳見表第二列。

二、產業層級

站在產業角度來看勞動力，由經濟系到管理學院，可說由基本知識到運用。

1. 個體經濟

這分為勞動市場是完全競爭與不完全競爭市場情況，一般來說，勞工是分散的、勢單力孤的，因此偏重於完全競爭甚至有些特殊公司（例如台電對核工人才）「勞動專買」。至於工會勢力強大的德國、美國，此種「勞動力專賣」情況在其他國家較少見。

2. 科技管理課程

在科技管理課程中，分析地區創新系統 (area innovation system)、產業群聚 (industry cluster) 時，強調像新竹科學園區，由於有 400 家電子公司，因此比較容易接觸到許多「科技新貴」，要挖角比較快。

三、公司層級

站在公司角度來了解勞動力。

1. 個體經濟

在個經中，從二個角度來分析勞動力。

・投入面

了解人機組合，最簡單說法，人機比率「1 比 2,000 萬元」，即每增加 2,000 萬元的機器購入，便需增加一位員工（例如工程師）。

・產出面

分析勞動生產力，例如「人均營收」、「人均產量」。

2. 人力資源管理課程

在人力資源管理課程，則是把個體經濟中有關主題深入分析，例如針對勞動的價格，有「薪資管理」課程。

三個組織層級對勞動人口的切入角度

層面 組織層級	價 （薪資）	量	質	時
一、國家	勞動經濟學			
1. 規劃： 行政院國發會 人力發展處		奧肯係數	未來 10 年高端人才需求預測	
2. 大學： 教育部		各系、所的招生人數	大學卓越計畫	
3. 勞工： 勞動部	最低薪資	非典型就業	勞動力發展署從事勞工訓練	勞動條件
二、產業		「科技管理」課程中的產業群聚（效果）-地區創新系統	國際間人才戰（talent war）	
三、公司	「人力資源管理」課程中「薪資管理」	「管理會計」中的勞動生產力	「生產管理」課程中「勞動生產力」 「人力資源管理」中的訓練 「科技管理」中的研發人才部分	

Unit 5-2 勞工的數量

公司許多工作都是「一個蘿蔔，一個坑」，需要有「人」填進去。所以首先關心的是勞工「價量質時」中的「量」，只要「量」夠，剩下只是薪資問題，重賞之下必有勇「夫」（含女性）。

開宗明義的說，縱使只是談勞工人數，2000年起少子女化的影響，2017年起，每年勞動人口少18萬人（其中勞工10萬人）；再加上老年化趨勢，必須撥一些人力（包括中年子女離職）去照顧銀髮族。日本缺工1,000萬人，但不願大幅引進外籍勞工（75萬人，比臺灣37萬人高），主要靠延後退休、婦女與退休人士二度就業、員工加班來撐。

臺灣人口結構跟15年前日本很像，因此合理看得出臺灣勞工供不應求。

一、勞工供不應求：路易斯轉折點

以總量來說，套用路易斯轉折點（Lewisian turning point）觀念，臺灣約於2014年出現勞工供不應求情況（詳見右圖），各行各業普遍嘆「出高薪也找不到人」，撇開2015年蘇花公路「徵500人，只來3人應徵」，這種高風險（主要指隧道工程）工作不具典型。但連2014年前大學畢業生前十大想進公司的王品餐飲公司，也不容易找到足夠數量的人，薪水夠高，但工作內容單調，很難給人成就感，全球餐飲業大都有這問題。

二、求供比、缺工率參考意義低

行政院主計總處、勞動部每月會發表兩個數字，但是我很少看，因為意義不大。

1. 缺工率

公司求才1,000人，只找到9,783人，缺工率2.77%，以767萬位勞工供給來說，約缺20.7萬人，這靠兩種勞動彌補：產業外籍勞工37萬人、社會福利外勞（主要是家庭看護工）23萬人，共60萬人。

2. 求供比

公司求才100人、勞工供應70人，求供比1.43倍，但許多工作薪水低、性質差（詳見Unit5-5）「永遠」都「找嘸人」或「員工高週轉率」。

2016年起，勞動部對外國白領勞工開小門，較大限制還是「不對中國大陸」開放；著眼的還是來臺灣留學的僑生（主要是馬來西亞）、外國留學生。

臺灣勞工的工時全球第五長

時：2015年，2016年10月6日公布

人：五國勞工

地：五國

事：全球一年工作時間，臺灣排第五。新加坡2371，墨西哥2246，哥斯大黎加2230，南韓2113，臺灣2104小時；2016年12月23日，實施每週「一例一休」（一例假日，一休息日）後，此「窮忙」的情況將會改善。

路易斯（Arthur Lewis）小檔案

出生：1915~1991 年，加勒比海區的英屬
聖・路西亞島
經歷：美國普林斯頓大學等
學歷：英國倫敦經濟學院經濟博士
榮譽或貢獻：1979 年諾貝爾經濟學獎兩位得主之一

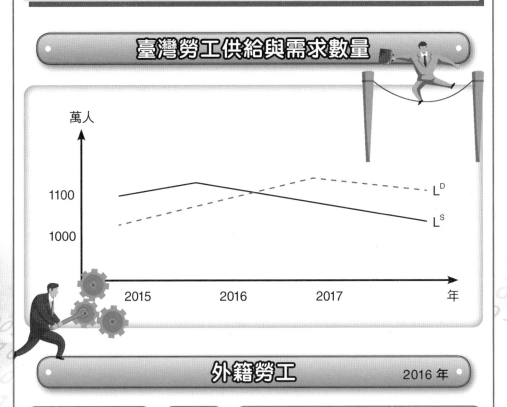

臺灣勞工供給與需求數量

外籍勞工　　2016 年

職業	萬人	說明
1. 白領	3	25%是英語老師，製造業 40%
2. 產業	37	主要是 3K 產業
3. 社會福利	23	主要是照顧兒童、老人與生活無法自理者

資料來源：勞動部，上述 2 ～ 3 合稱「藍領外勞」

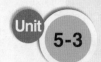

勞工的價
Part I：薪資水準

站在公司的角度，關心的是「每單位產出」（例如維格餅店每生產出一塊鳳梨酥）的成本，其他情況不變下，當然追求「成本極小化」（詳見 Unit4-7）。

可把勞工當成跟機器一樣的生產因素，在計算薪資時「將本求利」，只要不划算，小則以機器取代，大則訂單外包、工廠外移。

本單元說明臺灣約 746 萬位勞工（依勞動基準法定義，受僱者 884 萬人）的薪資。

一、名目水準

由圖可見，名目月薪水準隨經濟景氣而起伏，2011 年 45508 元。

1. 每年上漲率 0.57%

以上漲率來說，2006 至 2016 年，平均約上漲 0.57%，「原地踏步」。

2. 中國大陸薪資上漲率約 6.7%

2003 年起，中國大陸逐漸成為「世界工廠」（world factory），大量用人，沿海（珠江三角洲、長江三角洲）從 2008 年起「缺工荒」，薪資上漲率 10%。以此速度來看，大約在 2020 年沿海平均月薪趕上臺灣。2016 年經濟成長率 6.7%，薪資成長率 6.7%。

二、實質月薪

名目薪資除以 1 加物價上漲率得到「實質薪資」，即薪資的購買力，以下列兩個基期來看，皆可說「什麼都在漲，只有薪水沒漲」。

1. 以 1995 年為基期，名目薪資每年上漲 1.8%

1995 年 39506 元、2016 年 43069 元。

2. 以 1998 年為基期，原地踏步

大致停留在 1998 年 39600 元水準。

3. 美國前聯準會主席柏南奇的驚訝

2015 年美國前聯邦準備理事會主席柏南奇（Ben Bernanke，任期2008.2~2014.1）來台演講，發現臺灣的勞工平均薪資跟人均總產值相比，真低。

三、低薪對公司的負面衝擊

由於勞工追逐海外較高薪工作，2000 年起，電子、金融業勞工外移到中國大陸；2010 年起擴大到東南亞（以新加坡、馬來西亞為主）。

1. 2015 年 11 月 20 日

瑞士洛桑市的國際管理發展學院（IMD，俗稱洛桑管理學院）發布「2015 年IMD 世界人才報告」，在 61 評比國家中臺灣排名 23，比 2014 年進步 4 名。「人才外流」隱憂仍在，細項指標中該項排名維持 50 名，「管理者薪資」、「服務業薪資」排名都退步，顯示人才外流，已成為臺灣人才競爭優勢亟待克服的最大難題。

2. 蜀中無大將，廖化當前鋒

「千軍易得，一將難求」，這句俚語貼切形容將才的重要性。在人才外流的情況下，企業找不到足夠的研發人才（臺灣製造業以設計代工為主），對於維持現況還捉襟見肘，對於發展將力不從心。

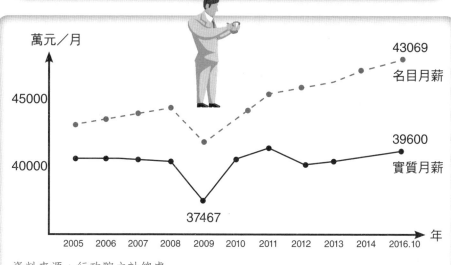

臺灣勞工名目、實質薪資

萬元／月

43069
名目月薪

45000

39600
實質月薪

40000

37467

2005　2006　2007　2008　2009　2010　2011　2012　2013　2014　2016.10　年

資料來源：行政院主計總處

臺灣人才競爭力下滑指標

人才競爭力指標	2014 年排名	2015 年排名
公共教育支出	34	42
健康環境	7	11
生活成本	37	38
攬才與留才在企業的優先順位	31	38
對外籍技術人才的吸引力	45	47
服務業薪資	29	31
管理階層薪資	22	35
技術勞工	23	30
績優管理者	28	36
學校重視科學教育	8	10
管理教育符合商業需求	24	29
語言人才符合企業需求	35	38

資料來源：瑞士洛桑市的國際管理發展學院（IMD），2015.11.20

圖解個體經濟學 Microeconomics

勞工的價
Part II：由所得分配來看薪資

　　臺北市「房價所得比 15 倍」，即「不吃不喝也要 15 年」（平均年薪 147 萬元）才可以買房子（平均價約 2200 萬元）。「高房價，低薪」是一體兩面，因為平均薪水低，所以房價顯得高不可「攀」，尤其是臺北市被「惡」稱為「天龍國」。

一、跨國比較

　　跟鄰國比較，才比較容易了解自己。

1. 相對水準

　　以薪資所得占總產值比重來說，台日韓皆下滑，由表第二項可見，日韓微幅下跌，臺灣 20 年跌 11 個百分點，可用「爽到你（公司股東、機器），艱苦到我（勞工）」這首台語歌來形容。

2. 絕對水準

　　由表中第三項可見，臺灣薪資跟四小龍其他三者差距越來越大，以跟南韓相比，1995 年還有 0.86，2014 年只剩 0.51。2005 年南韓人均總產值超越臺灣後，舉國向日本看，不再跟臺灣比較。

二、所得分配不利勞工

　　由右表可見，1995 年來受僱人員報酬比重由 55% 降到 2016 年 43.8%，固定資「產」（原文「本」）消耗、營業淨利比重明顯升高。薪資增幅遠遠不及經濟成長率，這是所得分配的問題。經濟成長的果實愈來愈多分配給公司股東和機器的折舊，分配給受僱工的比重愈來愈少。

　　受僱人員（相對於企業主與自營作業者）占就業人數的比重由 1995 年的 69.2% 升至 2014 年的 78.9%，這意味著臺灣「分餅的人」愈來愈多，但「可分的餅」（即薪資）成長慢。

三、總經中討論的「所得分配」正義

　　2009 年全球經濟衰退，全球掀起一片「要求所得、財富分配正義」的浪潮，最常引用的原則為正義原則。

- 美國哈佛大學教授、哲學家羅爾斯（John Rawls，1921~2002），《正義論》（A Theory of Justice），1971 年出版；
- 正義原則在於追求最弱勢者之最大幸福（maximin criterion）

天龍國小檔案

原出處：日本漫書《ONE PIECE》，指特權階級
衍生：臺灣的網路流行用語，「天龍國」主要指臺北市，住在臺北盆地內，自以為住在高級都市。「天龍人」有優越感，不屑跟落後地區人民相處。

臺灣勞工薪資的跨國比較

項目	1995 年		2015 年	
	淨利	薪資	淨利	薪資
一、產值				
1. 總產值	6.88 兆元		16.6 兆元	
2. 人均總產值	32.3 萬元		66.3 萬元	
二、所得分配		另外兩項固定資產折舊 17%、間接稅 5.42%		
1. 臺灣	29.8%	55%	33.78	43.8%
2. 日本		53.5%		51.6%
3. 南韓		47.6%		44.4%
三、工服產業平均月薪 （美元）	1995 年		2014 年	
1. 臺灣	1377		1557	
2. 南韓	1584		3029	
3. 香港	1204		1836	
4. 新加坡	1565		3730	

80：20 原則小檔案

1906 年，義大利經濟學者維弗雷多・柏瑞圖（V.Pareto，1848~1923）對義大利 20% 的家庭擁有 80% 的財富的觀察所得，得到「80：20 原則」。

1959 年，管理學者約瑟夫・朱蘭把它稱為柏瑞圖（Pareto principle）法則，也稱為 80：20 法則，80% 的結果取決於 20% 的原因，在很多方面廣泛應用。例如，80% 的勞動成果取決於 20% 的前期努力，一家公司 80% 營收主要由頂尖的 20% 業務代表帶進來，可看出關鍵少數的「贏」的概念。

受僱人員報酬占 GDP 比重

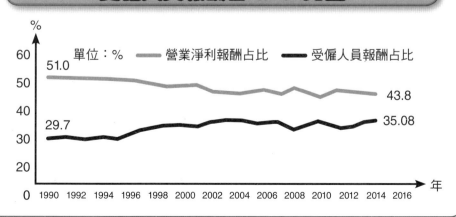

單位：% ── 營業淨利報酬占比 ── 受僱人員報酬占比

51.0 ... 43.8
29.7 ... 35.08

年：1990 1992 1994 1996 1998 2000 2002 2004 2006 2008 2010 2012 2014 2016

Unit 5-5　各行業缺工因素：勞工面

你會看到一個矛盾現象：勞工46萬人失業、公司（勞動需求端）卻大嘆缺工？用供需圖形來說，主因在於薪資太低（詳見Unit5-4），以致供給小於需求。但原因比這複雜。

一、有11萬人是可上工的

46萬失業人口中約有11萬人是可以上工的，本段說明。

1. 失業率3.9%、自然失業率3%

臺灣勞動人數約1171萬人、失業46萬人，失業率3.9%，以自然失業率3%來說，至少可擠出11萬人就業。

2. 非典型就業問題不大

1171萬人就業中有79萬人是「非典型就業」（計時與派遣），占平均月薪3萬元以下勞工327萬人中的24%。絕大部分這類勞工都是自願的，主要是學生、婦女等兼差，學生、婦女與銀髮族可工作時數有限。

二、勞工就業動機：馬斯洛需求動機

「錢不是萬能，但沒有錢萬萬不能」，經濟學者抓住「沒有錢萬萬不能」，企管學者抓住「錢不是萬能」來解釋勞工工作動機。

1. 經濟學者的假設「太簡化」

經濟學者對勞工「提供勞務」（即工作）的動機只有一個「一分耕耘，一分收獲」，工作是「辛苦的」（負效用）、放棄「休閒」（正效用）；通俗的說「付出勞力換取金錢」，用錢來買東西以享受生活。

2. 企管學者馬斯洛的需求層級理論

大一管理學書中有一章討論「如何激勵員工」，企管學者紛紛說明「員工為何而（工）作」，其中最常引用的是美國學者馬洛斯（Abraham Maslow，1908~1970）1954年提出的需求層級理論（hierarchy of needs theory），詳見右表第一欄。

三、薪水低無法滿足勞工生活動機

主計總處每個月公布就業調查結果，2016年失業率3.9%，進入「低失業率、低薪」階段。青年失業率12%如此頗高，主計總處的說法是「嫌公司起薪太低」（大學畢業生要求月薪28000元、碩士學歷30000元），2015年起薪25000元，差距3000元，於是許多年輕人「待業」，並且以「遊學」、「旅遊」等方式打發時間，全球稱為「沒就學、就業或訓練的人」（NEET，日語直譯為尼特族），臺灣稱為「啃老族」，人數至少16萬人。

各行業缺工原因

需求層級	工業	服務業
一、自我實現 （self-actualization needs）		1. 在日本，餐廳不容易找員工，因為餐廳工作大都機械化，成就感低。
二、自尊 （esteem needs）： 社會地位 藍領勞工社會地位低	1. 在美國 父母不喜歡子女當電焊工，因為社會地位低。	1. 在英國 餐廳人員（服務生、廚師）在 19 世紀以前，是貴族家中的傭人，之後社會地位低，大都外國移民做。
	2. 在臺灣 父母怕子女「苦」，有些人也不喜歡當「作業員」。	2. 在日本同左
三、社會親和 （social needs）	這些職業中等薪資，但就是「找嘸人」，公司眼睜睜看著外面一堆人低薪工作。	
四、生活 （safety needs）： 僅能養家活口	Y 世代 (1981~2000 年)、2001 年後中期後出生的 Z 世代，生於經濟富裕年代，沒工作也有父母養。	1. 長期照顧人員 在日本還缺 25 萬人，主要還是因為低薪，日本用 56~70 歲的「年輕」老人去照顧更老的老人 2. 保險公司
五、生存 （physiological needs）： 薪水極低	1. 零售業是低薪工作的大本營，只好找計時等兼職人員 2. 餐飲業 在美國，速食業等是低薪大本營，廚師缺工 70 萬人	

兩波機器人取代勞工

公司以機器人取代勞工的原因主要可塑造兩個競爭優勢。

1. 價格優勢

價：基於「價」等原因，機器人可能比勞工便宜；

量：在少子女化等引發的缺工中，機器人取代作業員是不得不的；

時：機器人可 24 小時工作，產量可達 1 位勞工的 10 倍。

2. 產品特殊優勢

質：以汽車組裝廠中車架場中的主要作業電焊來說，1000 個電焊點，機器手臂錯誤率約 3 個，勞工約 12 個。

一、人工智慧的發展是關鍵技術

在 1999 年電影「變人」（Bicentennial Man）中，男主角羅賓 · 威廉斯由家庭中服務機器人，因有高度人工智慧賦予情緒與自我思考能力，竟然變成真人，且跟另一位女機器人結婚。

真實情況在 2015 年實現，由日本軟體銀行跟臺灣鴻海研發生產的人型機器人 Pepper 上市銷售，具備蘋果公司智慧型手機的虛擬助理 Siri 的問答功能，再加上一些基本功能（行走等），一架 1610 美元另加月費，上市後供不應求。主要用途在老人家庭，日本 1.26 億人中，有 25%、3150 萬位老人，需要有「人」聊天作伴。

二、工業 4.0

2013 年，德國受少子化影響，勞工年齡逐漸變高；主要是移民帶來新、大的勞動人口。德國工業掀起「工業 4.0」的第四次工業革命，即人工智慧運用到機器手臂，升格為「工業機器人」，工作範圍大幅增加；可以大量取代勞力且低複雜度的工作，主要指石化、汽車與機械業等。

三、銀行 3.0

2014 年，歐美逐漸進入數位銀行（digital bank, Bank 3.0）階段，顧客藉由智慧型手機上銀行推出的 App，可以一貫作業，從線上開戶、存款（從其他銀行轉帳來）、轉帳（付款、匯款）、買外幣、基金，申請信用卡、消費者貸款。銀行逐漸關閉實體分行，2015 年歐美掀起銀行裁員潮。

2015 年起，中國大陸開放三張網路銀行執照，騰訊微眾銀行在廣東省深圳市前海區成立、阿里巴巴集團的螞蟻金服控股公司成立浙江網路商業銀行，小米科技的四川新網銀行，完全沒有實體銀行。

「銀行 3.0」可擴大到證券暨期貨、保險業；透過人工智慧加持，電腦可做到虛擬「理財專員」（Robo-advisor，俗譯機器人理財專員），替顧客提供股票、基金的量身定做。

四次工業革命與銀行 3.0

項目	工業 4.0	銀行 3.0
年	2013 年	2014 年
國家	德	美
主張	第四次工業革命 第一次 1760 年蒸汽機導入，取代獸力、勞力 第二次 1890 年，電力與汽車導入，取代勞力 第三次 1980 年個人電腦導入，取代人的基本工作 第四次 2013 年智慧製造影響 1. 工業 主要是石化、汽車業等 2. 服務業 主要是會計、圖書館人員、電話行銷員等	第三版銀行業務 自動化 第一版，1965 年，自動提款機（ATM） 第二版，1990 年代網路銀行業務 第三版，數位銀行 此次智慧型手機可以行動付款、轉帳、匯款，甚至線上開戶，實體分行業務大減

知識補充站

2013 年牛津研究報告

有關機器人取代勞工的報導多如過江之鯽，其中英國的「中央」銀行（英格蘭銀行）以 2013 年牛津大學「工作的未來」研究報出。作為分析基礎，進而分析 2016~2036 年間，有一半勞工被機器人取代。

・美國 8000 萬個工作；
・英國 1500 萬個工作。

2016 年，全球 74.3 億人，勞工 32.7 億人，聯合國國際勞工組織（ILC）估計約 2.2 億人失業，失業率 6.73%，主要集中在新興國家（印度、非洲、南美洲）。

隨著機器人帶來的工作破壞（job destruction），更多人會失業；至於機器人帶來少許的新工作（job creation），不說是不成比例。

臺灣製造業的附加價值率

公司附加價值率（value added to revenue）

$$= \frac{\text{營收} - \text{原料} - \text{製造費用中委外部分}}{\text{營收}}$$

國家的製造業附加價值率觀念相仿

一、趨勢分析

臺灣的製造業附加價值率　　　　　　　　　　　　　　　　　　　單位：%

年	2008	2009	2010	2011	2012	2013	2014	2015
率	22.3	25.2	23	21.9	22.5	23.7	25.7	28.5

2014 年在計算總產值把「研發費用」3,000 億元改成「投資」，此使製造業附加價值上升 2 個百分點，這是新編總產值定義造成的。

2015 年製造業創造的附加價值，電子零組件業、電腦及光學製品業合計占近五成。

二、跨國比較

以 2014 年來進行跨國比較：

・ 比上不足：美 37.2%、日 34.8%

・ 比同相近：南韓 23.6%

第 **6** 章

科技：第四種生產因素
——兼論科技管理

Unit 6-1	創新的種類
Unit 6-2	專利的用途——以宏達電為例
Unit 6-3	研發費用
Unit 6-4	臺灣的附加價值低的主因—— 研發經費不足與研發項目侷限
Unit 6-5	突破性產品：蘋果公司的 iPhone
Unit 6-6	南韓三星集團如何在手機、液晶電視全球第一
Unit 6-7	三星手機拚非洲市場—南韓三星集團

Unit 6-1　創新的種類

創新 (innovation) 這名詞已成為生活用詞，這名詞經濟學者熊彼得在 1940 年代提出，但直到 1990 年代才流行。

一、五中類

在大一經濟學中，談到經濟成長、企業家精神 (第五種生產因素) 都會引用奧地利經濟學者熊彼得 (Joseph A. Schumpeter，1883~1950) 的「創新」(innovation)。由右表第一欄可見，依美國哈佛大學商學院教授邁克 • 波特 (Michael E. Porter，1947~) 把公司活動二分法，分成核心活動 (研發→生產→行銷) 與支援活動，可見熊彼得的五大類創新集中在核心活動。

二、三大類

在表中第一欄，依波特的價值鏈，發現熊彼得的五種創新可歸屬於三項核心活動。

其中「新資源的開發」涵蓋二個核心活動，新資源可用於產品，例如太陽能可作為筆電、車、船甚至飛機的動力；太陽能可作為生產的能源；例如太陽能發電，以取代水力發電。

其中我們把「新產業組織的形成」歸為行銷類，例如 2010 年，蘋果公司推出觸控面板的筆電 iPad ，也把筆電拉出一個亞種。

三、小分類：以產品創新為例

以經濟學為例，在獨占性競爭、寡占與獨占市場 (中的潛在競爭者)，想要拉開跟對手的距離，最大的競爭武器便是產品創新 (product innovation)。

以手機來舉例，可以很清楚了解三個程度產品創新的分別。

1. 產品改進 (product improvement)

功能手機 (feature phone) 再加個人數位助理 (PDA) 便稱為「智慧型手機」(smart phone)，1980 年便有功能手機、1993 年 PDA，把二者結合便理所當然，例如 2001 年 3 月，宏達電 (HTC) 推出 PDA 手機，進軍歐洲，靠此利基性產品站穩手機市場。

2. 新產品開發 (new product development)

2004 年，流行 GPS 手機，手機可以取代車上的全球定位系統 (GPS)。

2005 年 8 月，索尼愛立信推出音樂手機，當時稱為隨身聽手機。

2006 年，諾基亞等推出 320 萬畫素的相機手機，逐漸變成標準配備。

3. 突破性產品 (breakthrough product)

2007 年 6 月 2 日，蘋果公司推出 iPhone，以觸控面板方式操作，2008 年 3 月推出搭配的應用遊戲、工具軟體線上商店。把手機提升到手持遊戲機功能。詳見 Unit10-5。

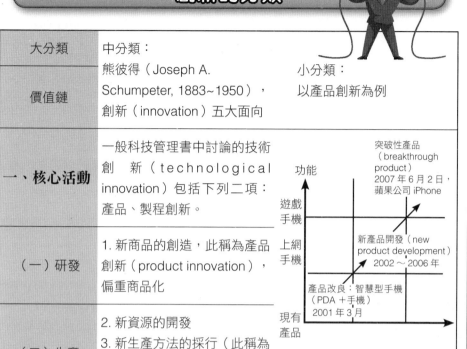

創新的分類

大分類	中分類：	
價值鏈	熊彼得（Joseph A. Schumpeter, 1883~1950），創新（innovation）五大面向	小分類：以產品創新為例
一、核心活動	一般科技管理書中討論的技術創新（technological innovation）包括下列二項：產品、製程創新。	 功能 突破性產品（breakthrough product）2007 年 6 月 2 日，蘋果公司 iPhone 遊戲手機 上網手機 新產品開發（new product development）2002～2006 年 產品改良：智慧型手機（PDA＋手機）2001 年 3 月 現有產品
（一）研發	1. 新商品的創造，此稱為產品創新（product innovation），偏重商品化	
（二）生產	2. 新資源的開發 3. 新生產方法的採行（此稱為製程創新，process innovation），詳見 Unit8-7。	
（三）行銷	4. 新市場的開闢，詳見 Unit10-7。 5. 新產業組織的形成，常見的例如產業化，以紐西蘭奇異果為例。1970 年代以前，紐西蘭因奇異果生產過剩，350 萬人吃不完，許多果農慘賠。有位小孩見狀，就大膽跟他的父親說，這麼辛苦，不值得，大家可以合作，共同成立一家奇異果公司，並讓政府適度的參與，控制好產量及辦理統一銷售，最後賺錢了。	
二、支援活動		

Unit 6-2 專利的用途──以宏達電為例

研究發展（research & development,R&D）的主要結果有二：專利（patent）與營業秘密（trade secret），後者的主要典型是可口可樂公司的祕方、晶圓代工之王台積電的生產方法。

一、技術專利的分類

專利主要有二種分類方式，由右圖可見。

1. X 軸：專利的用途

技術的主要用途有二：製程技術（process technology）、產品技術（product technology）。

美日公司偏重推出產品，因此研發重點在於產品，例如 3C、國防工業，光一隻智慧型手機約需 1.1 萬個專利。

臺灣公司以設計代工 (original design menuferturing, ODM) 為主，所以技術重點在於製程技術，即如何產出「輕薄短小」的產品。

2. Y 軸：專利的貢獻

技術的貢獻有二：自用或他用，「他用」是指公司以研發公司自居，把「專利」當成產品來賣，自己甚至不太生產。例如著名的電子公司：英國安謀（ARM）與美國的手機晶片公司高通（Qualcom）。全球每二支智慧型手機中就有一支是採用高通的射頻晶片，一支手機晶片的授權權利金額約 3.5 美元。

由圖可見，臺灣公司的專利 99% 是自用。

二、宏達電的虛擬實境穿戴裝置

2014 年起，宏達電的智慧型手機全球市占率被陸企小米等蠶食掉到 2%，只好另闢戰場，進軍虛擬實境的穿戴裝置。

1. 虛擬實境穿戴裝置

虛擬實境　＋　穿戴裝置　＝　虛擬實境穿戴裝置
2010 的電影　（2012 年谷歌的）　（常見的是眼罩式）
北極特快車　　谷哥眼鏡

2. 商機

根據 2015 年 12 月 20 日，研調機構 Business Insider Intelligence 預估，虛擬實境裝置出貨量 2020 年 2,650 萬台。市調機構 Digi-Capital 預估全球虛擬實境和擴增實境商機，2018 年 400 億美元、2020 年 1,500 億美元。

3. 宏達電的 HTC Vive

2016 年 4 月，宏達電推出「HTC Vive」，主打兩個市場；2016 年銷量約 45 萬台，2017 年有機會 75 萬台。

‧ 房地產業：例如買方到房仲處可以 3D 看房，汽車公司的新車功能展示。

‧ 網路咖啡店：提升網咖的遊戲的水準，例如中國大陸有 14.2 萬家網咖，假設有三成網咖引入虛擬實境項目，每家網咖一套設備，以每人約人民幣 50 元（下同）、一天 20 人來計算，全國每天的虛擬實境網咖收入可達 4,260 萬元，每年155 億元的市場規模。Vive 在 2016 年售價人民幣 6,888 元，2017 年人民幣 6,200 元。

技術專利的分類

用途

銷售專用
（或稱攻
擊用）

· 高通

· IBM

· 工研院

臺灣

自用
（或稱防
禦用）

· 鴻海
· 台積電

· 蘋果公司

製程		產品	用途
臺灣		美國	國家

虛擬實境（virtual reality）

主要是以頭戴式眼鏡、頭盔等設備，帶給使用者「如臨現場」的聽覺和視覺
體驗；可用於遊戲、電視（影片、新聞等）
2016 年 10 月 13 日，日本索尼公司推出 PSVR，有人稱 2016 年是「VR 元年」。

擴增實境（augmented reality）：

可讓使用者不用戴特殊眼鏡等看到真實世界，並結合互動式訊息；例如電影
「關鍵報告」。

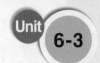

Unit 6-3 研發費用

研發拚的是公司的財力（俗稱口袋深）、能力與董事長的膽識，其中針對技術重要性的認「識」方面，南韓三星集團第二代董事長李健熙認為公司經營者應該重視技術，強調「技術經營」，華碩董事長施崇棠從研發人員出身，迄今，在董事長辦公室旁有一小間工作室，還經常組裝新主機板，全公司洋溢著工程師企業文化。

一、研發費用門檻

研發費用占營收比率稱為研發密度 (R&D intensity)，以國家來說，全國研發費用占總產值比重，美日全國約 3%，單一公司也是如此（例如 3M、IBM、蘋果公司）才能維持技術領先。

二、美日公司在中國大陸設研發中心

2012 年 1 月，美國國家科學委員會 (NSB) 指出，由於美國企業紛紛到中國大陸等亞洲國家設立研發中心，美國的高科技工作機會正快速流失。公司研發部外移原因包括看好海外的研發人才、為了讓產品更適合海外市場（即產品本土化），或是討好外國政府。2008 年亞洲理工系畢業學生占全球 56%，而美國僅占 4%，且美國大部分的學生為外國人。大部分的企業都在理工人才密集的區域成立研發部，研發人員也偏好在工廠的地點工作，因為新點子可以快速測試。在 2004 至 2009 年間，美國企業海外研發人員激增 85%。美國公司把研發部擴展重心放在海外，海外研發工作比重由 2004 年的 16%，成長至 2009 年的 27%。

以 3M 來說，擴展海外實驗室，董事長巴克利 (George Buckley)2011 年向投資人表示公司正為「製造力不再由西方主導的世界做準備，考慮到美國對科學的興趣逐漸減低，在海外設立研發中心的策略十分重要。」3M 的研發密度 5~6%。2012 年 1 月，美國重型卡車公司開拓重工（Caterpillar，陸方譯為卡特彼勒）宣布，擴大中國大陸江蘇省無錫市的研發中心，以提升在工程、燃料和水力學等領域的研發能力。開拓重工在 2010 年設立無錫研發中心，2011 年有 500 位研發和支援人員。美國通用電器公司（GE，俗稱奇異）於 2010 年宣布斥資 5 億美元，在中國大陸成立六座產品開發中心，並於 11 月在巴西成立全球第五座研發中心。

三、臺灣政府有點原地踏步

2008 年 5 月以來政府宣布，在科技方面的投入目標是「研發費用占總產值 3%」，但由於樽節財政支出再加上偏重社會福利支出（2012 年占政府支出 1.9 兆元中 20%），排擠經建支出，以致比重降至第三位，政府機構（主要是科技部預算，其次是工研院）研發費用停滯。

由圖右上可見，2011 迄 2017 年，政府的科技經費平均成長率 3.55%，略高於經濟成長率。縱使在各國中較少見的成立科技部（2014 年 3 月由行政院國科會升格），以表達對研發的重視，但是責任區只包括三個科學園區與管理 400 億元科學發展基金。媒體形容為「嚴重弱化科技部」。

至於圖右下的政府科技經費則由「行政院科技會報」（2012 年元旦由科技顧問組升格，由科技政務委員負責），負責跨部會科技預算的分配，以及國家科技研發政策的審議。媒體稱為「太上科技部」。（工商時報，2012 年 4 月 26 日，A2 版，社論）

一 美、歐、中研發支出比較

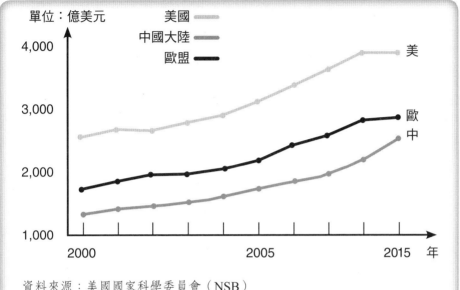

單位：億美元

美國

中國大陸

歐盟

資料來源：美國國家科學委員會（NSB）

二 2011~2017 年政府科技經費

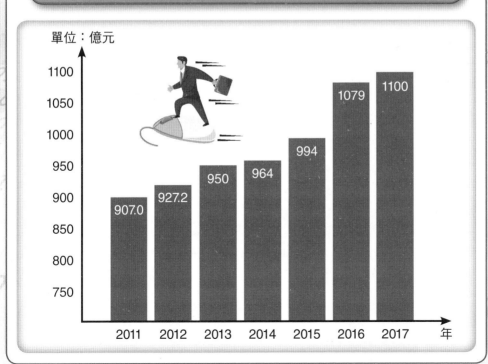

單位：億元

Unit 6-4 臺灣的附加價值低的主因——研發經費不足與研發項目侷限

在第五章章末表中，列出臺灣的附加價值率逐年增加，這對國家、公司都鬆了口氣。套句白話，臺灣公司「被（美日公司）利用價值提高了」。這是結果，原因是 Unit6-3 所說明的研發費用提高，本單元說明臺灣公司「賺微薄小利」的情況。

一、蘋果公司吃肉，三星喝湯，臺灣公司撿骨屑吃

蘋果公司 iPhone 手機市占率第二、iPad 在平板電腦市占率六成，由這二個產品的零組件成本結構可見本段標題。即臺灣公司的技術層次與「含金量」明顯低於南韓的三星集團。臺灣公司這種分食低毛利的情況，媒體形容為「蘋果奴」。

其中的代表性公司是鴻海，2015 年 4.48 兆元（2016 年 4.35 兆元）營收中，有一半來自蘋果公司。2016 年 9 月上市 iPhone 7 基本款 (32GB) 售價 777 美元，組裝費（在表中的直接人工與製造費用）占 0.95%，鴻海在中國大陸子公司富智康國際，作一支手機，收入 7.38 美元。

二、四大「慘」業源自於沒有自主技術

2011 年，電子業中有四個產業 3D1S（DRAM、TFT-LCD、LED 與 Solar）虧損累累，光 DRAM 業就破千億元（2008 年虧損 1,593 億元）。十餘年，砸下兆元設立 8 吋、12 吋晶圓廠，總的來說，2001~2011 年，共虧損 3,245 億元。由於缺乏研發，因此缺少自主技術，只能仰賴美國（美光）、日本（東芝、爾必達）技術移轉，淪為美日公司的工廠。自主研發的路難度高，賠錢機會大，走國外技術授權，獲利更快。這種賺短錢的心態，讓臺灣 DRAM 成為無根的豆芽菜。（商業周刊 1268 期，2012 年 3 月，第 76 頁）

三、電子業研發人員夠，但貢獻有限

臺灣電子業研發人員 11.9 萬人，占電子業員工 11.6%，在全球名列前茅。但由於研發偏重製程技術，縱使在產品技術部分，也是偏設計代工，是為品牌公司作嫁。以個人電腦為例，品牌公司是在「WinTel」（W 指微軟的視窗，Intel 指英特爾的中央處理器晶片）架構下運作。

追隨別人制定的產品架構，好處是有規則可循、可迅速量化生產，臺灣公司最擅長大量製造、壓低成本，長期培養出高素質的研發人才、紀律森嚴的勞工、不惜「暴肝」投入的工程師，讓臺灣成為全球最重要的電子零組件產地。但壞處是這種設計代工方式，缺乏差異化，知識與技術含金量低，容易複製，後進國家很容易追趕；加上臺灣公司「一窩蜂」的習性，最後淪為殺價競爭。許多臺灣電子公司表面風光、營收數千億元或上兆元，但毛利率只有 3%、5%，好一點也只到 7%。

iPhone7、iPad 的成本結構

iPhone 7			iPad
營收率		100%	100%
－營業成本率			
原料成本率		39.05%	
	南韓	4.7%	7%
	美國	2.4%	
	臺灣	0.5%	2%
	日本	0.5%	1%
（直接）人工成本率		0.95%	2%
製造費用率		同上	同上
＝ 毛利率		60%	30%

臺灣 DRAM 產業的發展階段

階段	導入期	成長期	衰退期
重點	自立研發 1989 年：德州儀器和宏碁合資成立臺灣第一家 DRAM 公司德碁 1990 年：政府投資 58 億元，研發 DRAM 1994 年：次微米計畫完成，世界先進成立，發展臺灣自有技術 DRAM 1998 年：美國美光控告臺灣公司傾銷 DRAM	移轉德美日技術 2001 年：世界先進退場，臺灣發展自有 DRAM 技術之路重挫；取得國外母廠技術成為主流，日本公司東芝、富士通、日立退出標準型 DRAM 市場 2002 年：政府提出兩兆雙星計畫，希望半導體、光顯示器產業產值能達 1 兆元以上	2008 年：臺灣五家 DRAM 公司共虧損 1,593 億元，創歷史新高 2009 年：政府推動臺灣創新記憶體公司計畫以整併臺灣公司，以取得爾必達技術，但整合破局 2011 年：力晶宣布淡出標準型 DRAM；茂德財報難產，面臨下櫃命運；華邦轉型 2012 年：美光成為華亞科最大股東，臺灣主導 DRAM 公司只剩南亞科 1 家 2016 年 12 月：美光以 1,300 億元收購華亞科，其股票下市

Unit 6-5 突破性產品：蘋果公司的 iPhone

指出在四種市場結構下，獨占性競爭市場把產品差異化看得最重要，以維持其局部（市場區隔）獨占地位；此外，獨占公司也要每隔一段時間推出新產品。

一、蘋果公司是革命性創新產品的同義字

蘋果公司在創辦人賈伯斯（Steve Jobs,1953~2011 年 10 月）的堅持下，以推出「不一樣的產品為己任」，例如。

1977 年，推出「蘋果 2 號」，把電腦螢幕稱為桌面；

2001 年 10 月，推出音樂播放器 (MP3)iPod；

2003 年 4 月，推出線上音樂（歌曲）商店 iTunes；

2007 年 6 月 29 日，推出 iPhone；

2008 年 7 月，蘋果應用程式商店（Apple App Store）；

2010 年 4 月 3 日，推出平板電腦 iPad。

二、堅持革命性創新產品的賈伯斯

2005 年，蘋果公司決定進軍手機市場，以成為公司第三個成長引擎。智慧型手機在產品生命週期中處於成長階段，想站穩灘頭堡，蘋果公司採取一貫的差異化策略。由右圖可見，2007 年 8 月，推出「觸控螢幕的遊戲機手機」。

1. X 軸：輸入功能

智慧型手機的主要功能在於上網（查資料、收電子郵件），鍵盤輸入的缺點是按鍵大小，採滑蓋處理又使機型變重。iPhone 採取觸控螢幕，整個螢幕（3.5 吋）就是鍵盤，方便輸入。

2. Y 軸：服務

輸入方式（或稱人機界面）不是重點，重點是手機「好不好玩」，採取 iPod 加 iTunes 方式，2008 年 7 月，推出蘋果應用程式商店 (Apple Appstore)，販售手機的線上電玩、工具軟體。

認真說起來，iPhone 根本沒有任何技術上的創新，不論是多點觸控螢幕功能，還是從網路下載各式各樣的應用程式，都是早就存在多年的技術，蘋果公司做的是把這些功能整合在一起。日本公司的技術完全可以做得到，但 iPhone 提供下載應用程式服務的經營方式，以及提供電玩開發公司等共同參與的平臺卻是日本公司完全想不到，也跟不上的。

iPhone 的創新在哪？一言以蔽之：手機加手持遊戲機（只是不用買卡匣，而是線上下載）。

2012 年美國十大最受推崇公司簡介

2012 年 3 月 1 日，美國《財星雜誌》（Fortune）公布全球最受推崇企業排行榜，蘋果公司連奪五年冠軍，谷歌連續三年排亞軍，詳見表。

《財星雜誌》整理出全球 1,400 家企業的名單，分出產業別，以九項標準邀請全球 3,855 位相關產業高層和證券分析師進行評鑑，匯整後完成總評分。蘋果公司以總分 8.42 傲視全球企業，並且在九項評鑑項目都拿第一：創新、人的管理、公司資產的運用、社會責任、管理品質、財務健全、長程投資、產品服務的品質，以及全球競爭優勢。

美國蘋果公司（Apple Inc.）小檔案

成立：1976 年 4 月 1 日
地址：美國加州庫比蒂諾市
董事長：阿瑟 · 萊文森
總裁：提姆 · 庫克
營收（2016 年度）：2,156 億美元
淨利（2016 年度）：459 億美元
員工數：90,000 人

2007 年 iPhone 手機的革命性創新

2008 年 7 月蘋果應用程式商店（Apple App Store）

服務

iPhone 2007.6

所有對手

· 行動研究公司（RIM）黑莓機
· 宏達電
· 諾基亞

鍵盤輸入　　觸控螢幕輸入　硬體（以輸入界面為例）

Unit 6-6　南韓三星集團如何在手機、液晶電視全球第一

南韓公司是臺灣公司的「死敵」，因此必須知己知彼。模仿是最有效率的學習方式，只要稍加修改，便可能「青出於藍而勝於藍」，三星電子「仿日仿美」是全球代表性公司。

一、三星集團

三星集團成立於 1938 年，一開始是做雜貨公司。1969 年集團設立三星電子生產黑白電視。技術來源關鍵在於 1963 年，南韓廣播工程師姜鎮國（音譯）到美國出差時參訪了兩大電子巨擘美國無線電公司 (RCA) 和 Ampex，期盼能拿到南韓所無法取得的技術。

加州晶片公司 Ampex 出口總值是南韓出口的兩倍，南韓只出口廢五金、假髮，以及魚乾，情況看來是毫無希望。

到了 1970 年代後期，姜鎮國成為三星電子的總裁，一位 RCA 資深主管參訪三星電視工廠。這位主管對三星生產電視的方式跟 RCA 如出一轍感到憂心忡忡，並稱之為一場美國公司的「悲劇」，到 1986 年 RCA 已經不復存在。

二、1969~1990 年技術策略：快速追隨者

姜鎮國說的這段往事，正是三星電子崛起故事的情節之一。藉由成為終極「快速追隨者」(fast follower)，三星電子吞噬了對手，並協助南韓脫離貧窮。

1.DRAM 產業花 13 年稱霸全球

由表第二欄可見，1983 年三星電子生產出 64k DRAM（Dynamic Random Access Memory，動態隨機存取記憶體）。

在當時，日本公司全球市占率七成，專利技術有六成以上掌握在日本公司手中。三星電子向日本東芝挖角，經過 1990 代長期的不景氣，日本公司承擔不起半導體巨額投資後的虧損，投資手筆不如南韓公司，產業技術持續外移，競爭優勢也逐漸降低。加上過於輕敵，21 世紀初，日本 DRAM 廠（只剩東芝，爾必達破產）地位已經跟三星電子無法相比。

2. 液晶面板在 20 年內稱霸全球

1980 年代薄膜電晶體液晶（Thin Film Transistor Liquid Crystal Display，TFT-LCD）顯示器進入導入期，LCD 被視為是日本國寶，技術絕不輕言外流。

1990 年代初期，日本公司在液晶面板全球市占率九成，不過，由於 1990 年代中期以後日本經濟成長期停滯，各電子公司在面板業與半導體的虧損嚴重，業者不再投資擴廠。

三星集團持續大膽投入，還延攬日本公司退休工程師前往南韓進行技術指導。結果，在南韓傾全國資源扶植下，日本的面板產業只剩松下 (Panasonic) 有賺錢，夏普與日本顯示器公司（JDI）在 2011 年虧損 100 億美元。2016 年 6 月，百年企業夏普以 3,888 億日圓出售給臺灣鴻海，俗稱「聯日制韓」、「拉夏普打三星」。

南韓三星集團

領域	元件	模組	組裝	產品（3C 產品）
光	三星康寧精密玻璃	1994 年進軍面板產業，2012 年 10 月設立三星顯示公司 1999 年液晶面板銷量全球第一 2015 年 26% 2016 年約 45%	手機、電視大都自行組裝，工廠主要在中國大陸	1969 年三星電子成立，做美規電視 1998 年，研發出全球第一台液晶電視 2006 年超越日本松下電器，成為全球第一大液晶電視公司，2016 年市占率約 29%
電	1983 年生產 64K DRAM 1993 年研發 64MB DRAM 1996 年全球第一推出 1GB DRAM 1999 年全球第一大快閃記憶體公司			
機			同上	1980 年三星通訊成立 2007 年全球第二大手機公司，超越美國摩托羅拉 2012 年第一季手機與智慧型手機，全球第一

南韓三星電子 (Samsung) 公司小檔案

成立：1969 年 1 月
住址：南韓首爾市瑞草區
資產：21607 億美元
董事長：李健熙　　副董事長：李在鎔
營收 (2015 年度)：17,856 億美元 (1 美元兌 1,120 韓元)
盈餘 (2015 年度)：1,704 億美元
主要產品：手機、液晶電視、半導體等
口號：2015 年起，Imagine the Possibilities
主要客戶：全球各零售公司、消費者
員工數：30.7 萬人

Unit 6-7 三星手機拼非洲市場 ——南韓三星集團

在 Unit6-1 第二欄中曾說明熊彼得的五中類創新，其中屬於行銷面的創新有二，本處說明「新市場的開闢」。

一、2008 年 4 月，三星電子通訊事業部進軍智慧型手機

由表第四欄可見，1980 年三星電子通訊事業部成立，生產功能手機，2008 年 4 月推出 iPhone 等級的手機 Galaxy，三星電子有個殺手鐧，即螢幕採用「主動有機發光二極體」(AMOLED)，色彩較鮮艷且機身較薄，惟一缺點是成本較高（因產品良率較低）。

二、4G 技術居第二

專利研究和顧問業者 iRunway 的分析顯示，智慧型手機財產權的版圖正在轉變，三星電子的勢力漸強。iRunway 共同創辦人庫瑪說，以手機和記憶體晶片製造聞名的三星電子，已投入大量資源開發 4G（即 LTE）技術，尤其是能有效使用高速寬頻、提升電力管理和可信度技術。

三星電子擁有的 4G 專利遙遙領先對手，蘋果公司擁有的 4G 專利數量排不上前十名，詳見右表。iRunway 分析「開創性專利」領域，估算一項專利的市場影響、技術創新和法律強度後，發現高通以 81 項開創性專利名列第一，三星電子以 79 項位居第二，蘋果公司 iPad 的 4G 技術是向高通取得授權。

三星電子渴望利用 4G 專利組合，取得跟蘋果公司訴訟和解協商的強大籌碼，甚至取得利潤豐厚的授權協議。

三、非洲是最後一塊市場

全球五大洲中，非洲可說是最後一塊市場，人均所得不高，54 國中有二類國家的所得較高，以撒哈拉沙漠可分為北與南非洲；以北，主要是產油，例如奈及利亞、南蘇丹等；以南，主要是工業化，例如南非等，其他則以礦業出口聞名。

非洲開發銀行 (ADB) 估計，撒哈拉沙漠以南非洲的中所得階級暴增至 3.13 億人，占總人口的三分之一以上。大企業因此積極搶進，儘管這塊黑色大陸缺水又缺電，迫使他們必須改走環保路線。

四、三星電子衝刺非洲市場

三星電子非洲區總裁朴光基說：「2012 年目標是衝到 30 億美元左右。我們在非洲由於基期低，所以成長率較高（南非除外），成長率在 2010、2011 年均逾 100%。」2015 年非洲的銷量至 100 億美元，是 2011 年的五倍。

三星電子發現，在非洲銷售的關鍵是耐用、效能和可靠。三星電子有「為非洲打造」的商品，包括全球第一台太陽能發電的筆記型電腦、有穩壓器保護的電視機，和 2012 年發表的入門款 Galaxy 手機。（經濟日報，2012 年 3 月 26 日，A6 版，季晶晶）

4G 專利持有企業排名

企業	開創性專利數	比率（%）	企業	開創性專利數	比率（%）
高通	81	12.46	InterDigital	23	3.54
三星	79	12.15	索尼	14	2.15
愛立信	29	4.46	松下	13	2.00
諾基亞	27	4.15	摩托解決方案	13	2.00
樂金	26	4.00	摩托行動	12	1.85

註：為 4G LTE 專利數量，僅列舉前十名　　　　　　資料來源：iRunway，2012.4.20

手機霸主更迭

手機產業，每十年更換霸主。
1980 年代美國摩托羅拉；
1997~2011 年，芬蘭諾基亞（Nokia），手機
淨利分公司純益 91%，
在 2011 年，蘋果公司市占率 16%，三星電子
9.4%，但占智慧型手機公司純益 61%。諾基
亞只占 10%（2007 年還占 50%）。
2012 年第一季三星手機全球市占率 25.4%，
首次超越諾基亞（22.5%，8,270 萬支）。
2012 年智慧型手機產值 2,190 億美元。有些
產業分析師認為兩強相爭局面難以長久，終
究犯錯多的一方會敗下陣去。

蘋果 vs. 三星的智慧型手機大戰

蘋果公司策略	三星電子策略
・只銷售單一系列手機 ・著重產品設計與獲利能力，勝過銷售 ・大手筆投注品牌與零售商店	・創造眾多版本的手機，即機海戰術 ・大量生產以迎合電信公司需求 ・掌控製造過程以求利潤最大化
2012 年第一季市占率	2012 年第一季市占率
24.1%	30.6%（4450 萬隻）
年度出貨量	年度出貨量

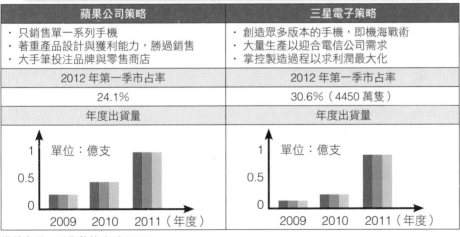

資料來源：國際數據公司 (IDC)

1991 年以來的研發策略：全球第一

1991 年以後，三星電子的研發策略，從模仿轉型到自主研發，而且砸大錢追求「全球第一」。

1. DRAM
以 DRAM 來說，從表第三欄可見，1993 年，三星電子領先業界，研發出 64MB DRAM；
1996 年開發全球最領先的 1GB DRAM，從此奠定霸王地位。

2. 液晶電視
1994 年，三星集團旗下三星顯示器 (Samsung Disglay) 公司（2012 年 4 月獨立成公司）進
軍液晶面板，1998 年，三星電子研發出全球第一台數位電視，1999 年，液晶面板銷量全球
第一。2006 年，三星電子液晶電視市占率全球第一。

知識補充站

第 **7** 章
市場均衡

Unit 7-1　經濟效率—柏瑞圖效率

Unit 7-2　供給、需求端同時達到均衡—柏瑞圖最適境界

Unit 7-3　「看不見的手」市場機制—兼論總經中的經濟制度

Unit 7-4　個經中經濟制度

Unit 7-5　市場不完美的社會福利

Unit 7-6　四種市場結構下的—社會福利與生產效率結論

Unit 7-7　四種市場結構下的—社會福利與生產效率圖示

Unit 7-8　次佳理論

Unit 7-9　市場失靈的補救之道

Unit 7-10　政府對市場失靈的補救之道

7-1 經濟效率──柏瑞圖效率

　　小說「香格里拉」改拍成電影「失落的地平線」，或是陶淵明文章中的桃花源，描寫的是人間仙境。

一、最理想狀況

　　在經濟學中，義大利經濟學者柏瑞圖提出柏瑞圖效率 (Pareto efficiency) 用以形容經濟制度中的理想狀況：即資本主義（或自由經濟）中的市場結構四種情況下的完全競爭市場。柏瑞圖效率可透過圖來了解。

二、基本假設

　　在做物理、化學實驗時，皆假設三個條件「常溫（25 度）、常壓（一標準氣壓）、1G（一地心引力，尤其赤道附近）」，在此標準實驗室情況下，只要依據用同樣儀器、步驟做實驗，任何人都可以得到同樣結果。「可複製」是科學方法的二大條件之一。

　　同樣的，經濟學號稱社會科學之后，非常強調基本假設，可說是經濟學的「實驗室」，柏瑞圖做了三個假設，其中二個在 X、Y 軸上處理，剩下一個假設我們分成二個市場。

　　假設生產因素只有兩種：勞工與機器

　　商品市場中只有二位消費者（A 與 B）、兩種商品（X 與 Y）。

　　有「二」就有「三」，無三不成禮，由二到三是很容易的推理。

三、X 軸：市場完美程度

　　市場完美時為 10 分，這包括二個條件。

1. 市場存在 vs. 市場不存在

　　市場存在是指萬物皆可交易，一旦出現外部效果（公用商品是外部效益的特例），市場完全程度只剩二、三分。

2. 完全資訊 vs. 資訊不對稱

　　「知己知彼」時稱為「完全資訊」(perfect information)，「敵暗我明」時稱為資訊不完全 (imperfect information)。此時，買方有可能縮手，在圖上 X 軸（成交量）「打七成」成交。

四、Y 軸上，市場結構 (market structure) 的四種情況

　　依對消費者淨利高低排列：完全競爭市場 10 分、獨占性競爭市場（7 分）、寡占市場（4 分）、獨占市場（2 分）。

五、綜合來看

把 X、Y 軸上的得分相乘，X 軸上滿分（10 分）是「市場完美」、Y 軸上滿分是「完全競爭市場」，得到圖上右上角 100 分，可說是柏瑞圖最適，其餘情況都有改善空間稱為柏瑞圖改善 (Pareto improvement)。

柏瑞圖小檔案

柏瑞圖 (V. Pareto,1848~1923) 是義大利工程經濟學的學者，其卓越的數學能力使他成為瓦爾拉斯 (Leon Walras,1834~1910) 的後繼者。柏瑞圖把一般均衡理論加以改進，並證明在某些限制條件下，完全競爭能達到最適解。柏瑞圖把個別及整體最適境界的計數及序數效用加以區分，因而對人類具有莫大的學術貢獻。

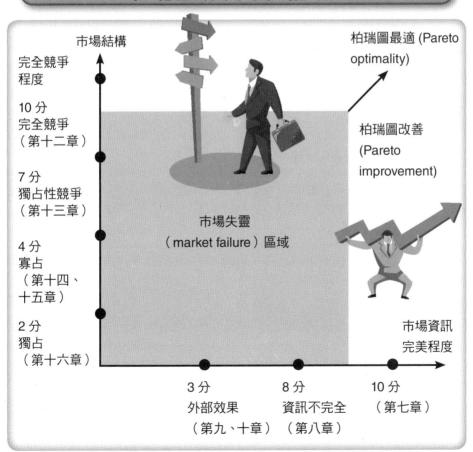

柏瑞圖效率與市場失靈

供給、需求端同時達到均衡——柏瑞圖最適境界

Unit 7-2

Unit 4-1 是通俗的解釋「自由經濟中完全競爭市場」是最適狀況，本單元以三種效率來說明，詳見表。

一、柏瑞圖最適境界

「柏瑞圖最適」(Pareto optimality) 是指資源配置足以達到無論如何重新使用分配，在不損及其他經濟個體的福利下，仍無法使某些經濟個體獲致更高的福利。

「最適」(optimality) 用俗語來形容，以形容女子的身材纖細合宜，使用「增一分太胖，減一分太瘦」，似乎貼切形容「最適狀況」。

二、商品市場跟生產因素市場同時均衡

「柏瑞圖最適」共包括三個條件（詳見右表第二列），這是由右到左的順序來完成的。

1. 首先是交易效率

二位消費者（A 與 B）對二種商品（X 與 Y）的價格（即 Px,Py）比價關係看法一致，例如雞肉一斤 150 元、高麗菜一斤 20 元。二位消費者達到消費者均衡。

在二種商品市場中「沒有滯銷或供不應求」（即均衡），可說是「貨暢其流」、消費者、公司兩利。

2. 經濟效率

公司（商品的生產者）「將本求利」，對生產 X、Y 商品，會追求最低生產成本，生產成本有二項：買機器需要向銀行貸款得付利息其利率 (r)、僱用勞工需付工資 (W)。

公司們充分運用生產因素（勞工、機器），可說「人盡其才，物盡其用」。

3. 最後是公司效率

公司看到商品市場的價格 (Px,Py)、數量 (Qx,Qy) 皆已確定，便進而各自採取適當的機器、勞工組合，去生產 X、Y 商品。

三、柏瑞圖改善

如同老師出考卷，先把標準答案做出，全部答對的，便是一百分。柏瑞圖效率是市場狀況、市場結構（完全競爭市場）下，經濟可說處於一百分狀況，二方面都最佳。其餘情況，稱為「柏瑞圖改善」，即有改善空間。

規則
(rule, 指社會哲學)
＋
策略
(即經濟)
＝
制度經濟學
(institutional economics)

institution：指的是國家

柏瑞圖最適境界的三個條件

商品	供給面 （供給面）	生產 與消費	需求面 （即消費者，家庭）
一、效率種類	生產效率 (production efficiency): 即成本最低、公司均衡 (production equilibrium)	經濟效率 (economic efficiency)，又稱為商品組合的經濟效率	交易效率 (transaction efficiency)；即消費者均衡 (consumer equilibrium)
二、公式表示	$MRTS_{KL}=r/w$	$MRTS_{KL}$ $=MRS_{XY}$	$MRS_{xy}=Px/Py$ 商品 X 對商品 Y 的邊際替代率 (marginal rate of substitute,MRS)
（一）二種商品	X、Y		X、Y，其價格為 P_X、P_Y
（二）二種生產因素	勞動 (L)，其生產因素價格 w（工資率）、機器 (K)，r（利率）		二位消費者 A、B
（三）均衡情況	1. 生產 X 商品 $MRS_{KL}^{X}=r/w$ 2. 生產 Y 商品 $MRTS_{KL}^{Y}=r/w$ 3. 公司均衡：邊際產量均等法則 law of eqi-marginal product $MRTS_{KL}^{Y}$ $=MRTS_{KL}^{Y}=r/w$		1.A 消費者 $MRS_{XY}^{A}=P_X/P_Y$ 2.B 消費者 $MRS_{XY}^{B}=P_X/P_Y$ 3. 消費者間均衡：邊際效用均等法則 (law of eqi-marginal utility) $MRS_{XY}^{A}=MRS_{XY}^{B}$ $=P_X/P_Y$
四、圖示 1. 圖形	等產量曲線 等成本線		等效用曲線 (iso utility curve) 預算限制 (budget line 消費者（consumer contract curve）)
2. 進階圖形：兩種契約曲線	生產契約曲線 (production contract curve)		

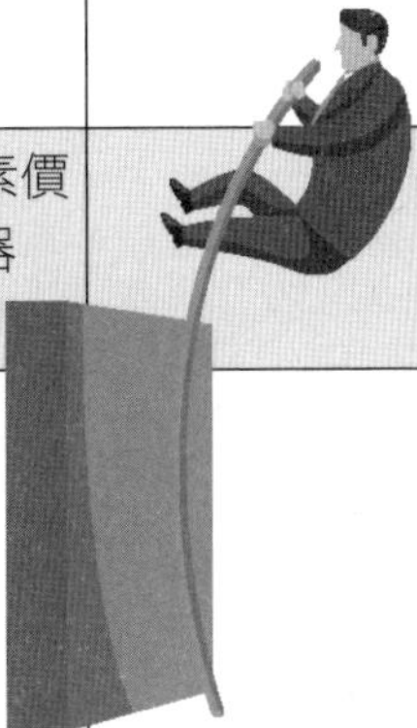

図解個體經濟學 Microeconomics

「看不見的手」市場機制
——兼論總經中的經濟制度

資本主義的本質是尊重市場機制 (market mechanism)，認為市場看似沒有組織，但卻如同有隻不可見的手，推動公司們去生產獲利較高的商品，也推動消費者去購買物超所值的商品。

一、習以為常

人們去參加重要宴會，男生會穿「西」裝、女生會穿「洋」裝，由於西化，許多國家已習慣穿英國等衣服，難怪稱為西裝、洋裝。同樣的，縱使沒讀過經濟學，但是很多人對「看不見的手」已耳熟能詳，本單元詳細說明經濟制度的分類。

二、X軸：開放民營程度

圖橫軸是依產業開放民營程度（或者說自由經濟程度）來區分經濟制度。

1. 看得見的手，管制經濟

在原點，完全公營，小至早餐店大到鋼鐵公司，這是共產主義國家的特色，只剩北韓、古巴屈指可數國家採用。五十步跟百步並沒差多遠，比共產國家管得少的稱為管制經濟學 (regulated economics)，政府透過公營企業、核准民營公司執照在經濟體系中「伸手干預」。

2. 看不見的手，自由經濟百分百

在亞當·史密斯提出「不可見的手」時，英國政府「可見的手」介入經濟很深，例如透過東印度公司，總攬香料、茶絲等進口貿易。由於看不慣政府管太多又弄巧成拙，因此亞當·史密斯才提出「看不見的手」比「看得見的手」更管用。

三、Y軸：政府支出占總產值比重

在政治上，習慣稱主張資本主義的一方為「右派」，主張社會主義的一方為「左派」，社會主義一方的主張很多，例如所得分配公平，我們在圖中Y軸，以政府支出占總產值比重來衡量社會主義的程度，門檻值為20%，在此之上，可說是社會主義國家。

政府支出占總產值比重大於20%，可見政府支出金額之大，可說「大有為政府」，此時最大項支出是「社會福利」，而且一定占政府支出的二成以上。

政府量入為出，有這麼高的政府支出，往往也代表政府收入占總產值15%以上，也就是出租稅政策在所得分配平均方面盡了很大的貢獻（即租稅負擔率）。

四、綜合來看

把X、Y軸綜合來看，會發現分成二種經濟制度，中國大陸是少數情況。

1. 混合經濟制度

歐美等國走上「資本主義式福利國家」的混合經濟制度 (mixed economic system)。

2. 純粹資本主義

臺灣自稱推動三民主義，但本質上非常採取「純粹資本主義」，由於低稅率（個人所得稅率5.6%），稅收不足，政府無力扛起「養民」的社會福利。

3. 國家資本主義

中國大陸電信、石化、鋼鐵、金融主要由公營公司負責。

經濟制度的分類

政府支出 /
總產值

共產主義

混合經濟制度

北歐國家

英國
美國

20%

中國大陸
1. 自稱中國
   大陸特色
   社會主義
2. 學者稱為
   「國家資
   本主義」

純粹資本
主義制度

臺灣

0%

| | 50% | 80% | 100% |

公營企業占主導
地位，即「看得
見的手」

民營企業居主導角色，
即「看不見的手」，發
揮「市場機制」

開放民營程度
（俗稱自由經
濟程度）

制度經濟學 (institutional economics) 小檔案

institution：主要指國家
制度：例如自由經濟、混合經濟學經濟「制度」
制度經濟學：19 世紀末，偏重分析經濟制度
「新」制度經濟學：1950 年代起，偏重機制設計

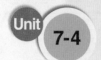

Unit 7-4 個經中經濟制度

醫生開藥，會針對人的年齡（涉及新陳代謝）、體重、過敏等去調配要的組合與劑量。同樣的，由於市場不完美，因此有許多學者挖空心思去尋求解決之道。

一、此「制度」非彼制度

個經中談到經濟制度，跟總經中談到經濟制度（詳見 Unit 7-3）不一樣；偏重在於自由市場情況下的各種情況。

二、經濟制度

個體經濟學的核心是關於制度 (system)，稱為機制 (mechanism)，要讓市場機制運作，需要多項「完美」條件的配合（詳見 Unit 7-1），但現實離理想狀況有些差距，因此有許多學者針對例外情況深入尋幽訪勝，詳見表。

三、亞羅的社會選擇理論

1948 年，布萊克 (Duncan Blake) 提出中位選民的主張，有人稱之為公共選擇 (public choice) 的源頭。

針對公用商品涉及社會整體決策，亞羅 (Kenneth Arrow)1951 年的「社會選擇與個人價值」書中，開啟了社會選擇 (social choice) 的先河。其中著名的原理為「不可能定理」(impossibility theorem)，主張民主的多數決制度「不可能」得到柏瑞圖效率（或社會福利函數極大），此又稱為「票決矛盾」(voting paradox)，即明知多數決的重大缺陷，但無奈仍採取此方式。

四、以「新制度經濟學」為例

以表中「新制度經濟學」(new institutional economics) 的創始人之一諾斯 (Douglas North,1920~2015 ,1993 年諾貝爾經濟學獎二位得主之一) 為例，強調制度改革對經濟成長的貢獻大於技術，以歐洲為例，世上最早的經濟成長現象出現在荷蘭，而不是一般人認為工業革命的起源國之一英國，原因是荷蘭首次出現一套（公司）組織及財產權制度；簡單的說，經濟成長史就是法律的歷史。

　　　制度　　 + 新古典經濟學 = 新制度經濟學

　　　例如法令　 例如交易成本

亞羅 (Kenneth Arrow) 小檔案

出生：1921 年，美國紐約市
曾任：哈佛大學、史丹佛大學教授
學歷：哥倫比亞大學博士
榮譽：1972 年諾貝爾經濟學獎二位得主之一

針對制度、機制的諾貝爾經濟學獎得主

領域	領域	學者	本書單元
一、政治			
（一）憲政	社會選擇理論、福利經濟學	亞羅 (Kenneth Arrow)，1972 年得主	屬於公共選擇理論分支
（二）投票選舉	公共選擇理論、公共經濟學	布坎南 (James M. Buchanan)，1986 年得主	Unit 10-3, 偏重理性選擇
（三）法律	新制度經濟學 (new institutional economics)	海耶克 (F. A. Hayek)1974 年得主、諾斯 (Douglas North)，1993 年得主	Unit 7-3
二、經濟			
（一）市場			
（二）產業	賽局理論：制度研究的微觀工具	納許 (John F. Nash) 等三人，1994 年得主	Chap15
（三）資訊	資訊經濟學、資訊不對稱	莫里斯 (James A. Mirlees)、維克里 (William Vichley)，1996 年得主	Chap8
（四）機制	機制設計理論	霍維茲 (Leonid Hurwicz) 等三人 2007 年得主	Unit10-4~10-5
（五）公司：例如公司治理	1976 年，代理理論 (agency problem)	簡森 (M. C. Jensen) 與麥克林 (W. H. Mecklins)	這在劉維琪和伍忠賢《圖解財務管理》（書泉）中詳細說明

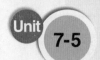

7-5 市場不完美的社會福利

　　想知道女人化妝前後的變化，購物頻道用分割兩面，左邊是素顏、右邊是化妝後，讓你體會到「神奇吧！傑克」的驚嘆效果。同樣的，在經濟學中，我們也如法炮製，在圖中三個小表都是如此處理，以比較「前」、「後」間的差別。

一、竅門：放在一起比較

　　「己已巳」這三個字有什麼不同，寫在黑板上，至少可以從「己」的出頭多長，可以看出外觀的不同。同樣的，完美市場四種例外，可依對社會福利的正面、負面影響分成二類。

二、負面影響在於無謂損失

　　公司生產行為往往會給社會帶來負面影響，其中有一塊稱為「無謂損失」。

1. 無謂損失 (deadweight loss)

　　你去買西瓜，一不小心，西瓜掉在地上，沒辦法吃，此稱為無謂損失。

　　至於你向甲攤販買小玉西瓜，一顆 69 元，逛了幾攤後，發現乙攤販一顆只賣 60 元。這 9 元是你的損失，可是就整個社會來說，這 9 元由甲攤販賺走，整個社會沒有平白無故的損失。

2. 獨占時社會（福利）的無謂損失

　　由圖中可見，在獨占市場中，整個社會福利比完美競爭時平白無故少了圖中 E_1BE_0 這一塊，又稱「社會淨損失」，此時未達到「柏瑞圖最適」。

　　這個圖只有一個地方需要解釋：即邊際成本線呈現 P_0E_0C 的走勢，P_0E_0 這一段跟平均成本曲線重疊。假設完全競爭市場情況下所有公司合併（或聯合行為），則超過 E_0 後，邊際成本曲線呈現上揚走勢。

　　在獨占市場，市場均衡點由 MR 與 MC 曲線交點去決定，價漲量縮，消費者淨利減少，公司淨利增加。

3. 外部成本時的無謂損失

　　在圖中，「有外部成本」是事前狀況，一旦外部成本內部化，即公司須付費以減少取得污染權利，此時公司的成本增加，以致供給曲線向左移動（由 S_0 到 S_1）。

　　重點在於公司自行負擔外部成本後，跟獨占市場時一樣，社會福利減少 E_1BE_0 這塊，這就是無謂損失，消費者、公司都沒人享受到這一塊。

三、正面影響在於無謂效益

　　公司「自利」時，看到的需求曲線 (D_0)，一旦消費者付費鼓勵公司多生產，即「外部效益內部化」，公司的需求曲線向右移動。雙方皆贏，但有一塊 (BE_0E_1) 的效益無主，稱為社會福利的無謂效益 (deadweight benefit)。

三種市場失靈下的無謂損失與無謂效益

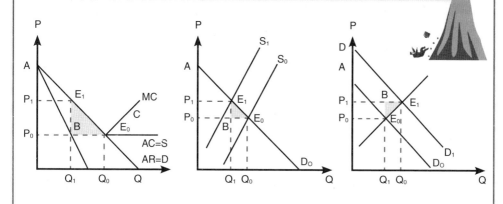

結局	無謂損失 (deadweight loss)		無謂損失		無謂效益 (deadweight benefit)	
情況	完全競爭	獨占	有外部成本	沒有外部成本	沒有外部效益	有外部效益
	$P_0 Q_0$	$P_1 Q_1$	$P_0 Q_0$	$P_1 Q_1$	$P_0 Q_0$	$P_1 Q_1$
(1) 消費者淨利	AP_0E_0	AP_1E_1	AP_0E_0	AP_1E_1	AP_0E_0	DP_1E_1
(2) 公司淨利	0	$P_1P_0BE_1$	0	$P_1P_0BE_1$	0	$P_1P_0E_0B$
(3) 無謂損失	0	E_1BE_0 $=AP_0E_0$ $-AP_1E_1$ $-P_1P_0BE_1$		E_1BE_0 $=AP_0E_0$ $-AP_1E_1$		BE_0E_1 $=AP_0E_0$ $-BP_1E_1$

＊ deadweight：dead+weight 指「靜止物體的重量」

Unit 7-6 四種市場結構下的
——社會福利與生產效率結論

　　柏瑞圖效率是個抽象觀念，以四種市場結構情況來說，由生產效率、社會福利兩者稱標準合併來看，由表可見，完全競爭市場情況最接近柏瑞圖效率，獨占離最遠，分兩個單元說明。

一、社會福利

　　社會福利中柏瑞圖效率的充分條件，在右表第三欄中，我們以數字來代表名次，例如 1 代表第一名。

1. 消費者淨利

　　由表中可見，以價格、數量等二項消費者福利的衡量指標來說，完全競爭市場下，「價低量多」，消費者賺最多。以生活例子來說明，同樣是 600cc 的可口可樂，在不同銷售地點，售價不同。由高往低排列：50 元（高速公路休息站）、40 元（遊樂場中有二、三攤在賣）、30 元（超市、便利商店）與 20 元量販店。背後隱含的便是市場結構，在高速公路休息站時「只此一家，別無他店」，消費者只能選擇「買或不買」。在便利商店時，各家業者競爭激烈，此時售價次低。

2. 公司淨利

　　我們仍以價格、數量作為衡量公司淨利的指標，公司喜歡「價高量少」的獨占情況。以勞工上班為例，喜歡「月薪 6 萬元、每日上班 6 小時」的公司，可說「錢多事少離家近」。

三、公司效率

　　套用次佳理論，生產效率是柏瑞圖效率的必要條件，因此，我們一併列入考量。

　　完全競爭市場長期情況下，所有公司皆處於平均成本最低狀況下生產，可說生產效率較高。

四、綜合來看

　　把公司效率、社會福利加總來看，計分方式是第一名算一分、第二名算二分，分數越低越好。由表中第四欄可見，完全競爭市場情況下，分數 6 分，得分最低，最接近柏瑞圖效率。

○ 譯詞小檔案 ○

surplus 盈餘、過剩、淨利。
producer 直譯為（商品）「生產者」，意譯是「公司」（即生產商品的機構）
producer surplus(ps) 意譯為「公司淨利」，其他書譯為「生產者剩餘」
consumer surplus(cs) 意譯為「消費者淨利」，其他書譯為消費者「剩」餘

以柏瑞圖效率來評比四種市場結構

大分類 中分類 市場 結構	公司 效率 (1)	社會福利 (social welfare)					柏瑞圖效率
		公 司 淨 利 (producer surplus, ps) (2)	消費者淨利 (consumer surplus, cs)				合計 (4)=(1)+(2)+(3)
			(3)	P	Q		
獨占	4	1	4	P_1	Q_1		9
寡占	3	2	3	P_2	Q_2		8
獨占性競爭	2	3	2	P_3	Q_3		7
完全競爭	1	4 只有正常 淨利	1	P_4	Q_4		6
推論				$P_1>P_2>P_3>P_4$ $Q_1<Q_2<Q_3<Q_4$			得分越低越好

社會福利 (social welfare) 小檔案

一、社會學的定義

社會福利是指社會救助（對低、中低收入戶）、社會保險，
由衛生「福利」部擔任中央政府的主管機關。

二、經濟學的定義

由上表可見：

1. 社會
公司與家庭。

2. 福利（有譯為福祉）
主要指「淨利」。

3. 福利經濟學
(welfare economics)
以庇古為創始人，
詳見 Unit 16-2。

4. 福利資本主義
詳見 Unit 7-3。

Unit 7-7 四種市場結構下的——社會福利與生產效率圖示

「白、灰、鐵灰、黑」哪一個比較亮，擺在一起看一眼就可看出，同樣的，四種市場結構下的社會福利、公司效率也可依樣畫葫蘆，詳見圖。

一、社會福利

由右圖可看出，四種市場結構下，均衡價格、數量如下，其中寡占市場時沒有圖，但假設其價格為 P_2、數量 Q_2。

· 價格

由圖可見，$P_1>P_2>P_3>P_4$，完全競爭市場下，售價最便宜，可說是市場機制的最大貢獻。

· 數量

由圖可見，$Q_4>Q_3>Q_2>Q_1$，完全競爭情況下，市場成交量最大。

簡單的說，在完全競爭市場時，「價廉量多」，消費者受益最大。但此時，公司淨利為 O，公司只能賺到正常利潤。

套用經濟學最常用的「數量—價格」座標圖來比喻，由圖可見，對全社會的消費者來說，依序喜歡「完全競爭」、「獨占性競爭」、「寡占」與「獨占」。在完全競爭市場下，商品價格最低。在同一預算下消費者能買的量最多。

二、公司效率

就整個社會生產因素所建構的產能 (capacity) 來說，在長期均衡情況，套用完全競爭市場下，短期、長期生產規模的演進。

由上述 $Q_4>Q_3>Q_2>Q_1$，結果可見。

· 完全競爭市場時

此時，由於產量最大，因此總供給的產能最大，對生產因素的僱用量最大。以平均成本線來說，處於最低點。

· 獨占市場情況的生產規模正好跟完全競爭市場時相反。

四種市場結構的「數量—價格」情況

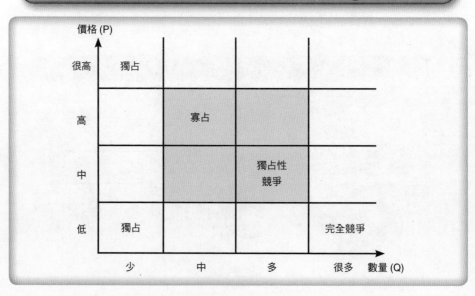

四種市場結構下的生產效率與社會福利

市場結構	生產效率	市場均衡公司淨利	消費者淨利

獨占

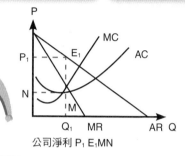

公司淨利 $P_1 E_1 MN$

長期均衡情況的「生產規模」

1939 年斯威齊 (Paul M. Sweezy) 提出「拗折」(kinked) 的需求曲線，以解釋價格僵固性。但 1950 年，賽局理論推出後，此分析方式已遭放棄。詳見 Unit 14-6

寡占

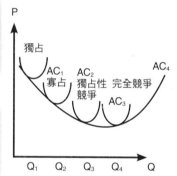

獨占性競爭

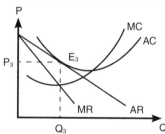

公司淨利 = 0，因為獨占性「競爭」中的近似「完全競爭」的性質

完全競爭

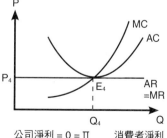

公司淨利 = 0 = Π　　消費者淨利

Unit 7-8 次佳理論

柏瑞圖最適可說是物理化學中的實驗室理想狀況，但是現實社會往往缺東少西的，無法盡如人意，此時經濟學者以「次佳理論」(theory of the second best，中國大陸稱次優理論) 來形容。

一、不是「沒魚蝦也好」啦！

光看「次佳理論」，好似符合俗語「沒魚蝦也好」，「魚」是首選，撈不到魚，撈到蝦也好，總比空手而歸好吧！同樣的，去參加考試，不夠格「正取」，「備取」總比「名落孫山」好，至少有遞補的機會。

可惜，次佳理論不是這麼說的。

二、次佳理論

1956~1957 年，加拿大籍利普賽 (R.G. Lipsey,1928~) 和澳大利亞籍蘭卡斯特 (K. Lancaster,1924~1999) 主張，滿足愈多的條件並不表示社會福利會愈大。

這有一點「以成敗論英雄」的味道，完全否定「沒有功勞也有苦勞」的主張，對於兩位考 50 分的學生（或業績低於目標的業務代表），A 學生花 10 小時準備，B 花 6 小時準備，A 比 B 用功，但成績一樣，也不能說 A 比 B「更用功」。

三、圖形說明

有比較才知道好壞，由右圖可見最適狀況與其他狀況。

1. 最佳狀況：柏瑞圖最適點，E 點

在圖上，消費者（社會或一個人）的等效用曲線跟公司的等產量曲線相切於 E 點，這是柏瑞圖最適點，站在公司角度，已「使出全力」（即位於生產可能曲線上）。站在消費者角度，等效用曲線 I_2 大於 I_1，即社會福利更高。

2. G 點不比 F 點好

一旦迫於無奈，社會無法達到最佳範圍 (OCD 此一三角形範圍)，看似 G 點會比 F 點更好，因為 G 點在等產量曲線上，看似比 F 點（在等產量曲線範圍內）多符合一個條件，即產能充分利用，但生產出的商品組合對消費者效用較低。

但在 G 點時，消費者的等效用曲線 I（為簡化圖形起見，是「隱形版」），比 I 還遜。也就是消費者比較喜歡 I_1 上的 F 點。

次佳理論主張 F 點才是次佳點，不是 G 點。

次佳理論圖示

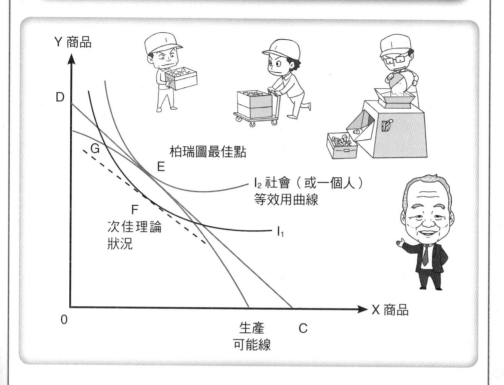

Y 商品

D

柏瑞圖最佳點

G

E

I_2 社會（或一個人）
等效用曲線

F

I_1

次佳理論
狀況

0

X 商品

生產
可能線

C

臺灣電力公司虧損小檔案

- 期間：2006~2013 年
- 金額：最高時累積虧損 2,300 億元
- 虧損原因
  1. 營收面
     2006~2009 年 3 月，油電價格凍漲，但燃料（煤、天然氣）成本占成本四成，燃料漲，但售價來不及反映。
  2. 成本面
- 原料成本如上。
- 購電成本：向民營發電公司購入電力，價格比台電售電還高。
- 未來，2015 年 7 月起，核四廠「封存」斥資 2,838 億元建的廠，不運轉，台電每年攤提資產價值「減記」。

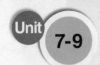
圖解個體經濟學 Microeconomics

柏瑞圖最適可說經濟學者心目中的理想狀態，但是現實中就有不完美的地方，以致市場失靈 (market failure)，即市場機制 (market mechanism) 無法達到柏瑞圖效率，也就是還有改善空間。

一、個體經濟面的市場失靈

總體經濟中所指的市場失靈指的是像股市泡沫 (stock bubble)、房市泡沫 (housing bubble) 破裂，所造成的經濟蕭條，例如 1929~1938 年美國經濟大蕭條 (Great Depression)(註：1,400 萬人失業，失業率 25%，4 萬人自殺) 或 2008 年 9 月的全球金融海嘯 (Financial Tsunami)，而市場無法自癒，以致經濟一蹶不振。

個體經濟中指的市場失靈是指由於市場的一些缺陷（詳見表中第一列中的四項），以致市場無法正常運作。

以對經濟福利來說，由右表第一欄中的「影響」可見，四種情況各有「正面影響」、「負面影響」。

二、庾澄慶的歌「改變所有的錯」

自由經濟學者對市場失靈的改善之道很直接，即第一選項是設法回歸市場機制，而不是轉由政府接手。

1. 創造市場

例如外部效果是「無行無市」，如果能建立市場，交易價格逐漸檯面化，市場有價格發現 (price discovery) 功能。

2. 回歸市場機制

例如法律上核准專利而造成的某些公司獨占，發明型專利（尤其是藥品）期間 15 年，專利期滿，便回歸百家爭鳴狀況。

三、政府干預只能是短期例外

政府干預市場，有可能「防弊之弊甚於原弊」，也就是政府失靈 (government failure) 的代價比市場失靈更高。最常見的情況是政府把獨占性質的公司公營（例如電力、水），可是公營公司可能缺乏經營效率（冗員一堆、高薪肥貓董事），以致虧損累累，國庫撐不住了，只好民營化，真是「早知如此，何必當初」。

自由經濟學者的主張是，政府不能扮演市場（例如公營公司），而是協助市場建立或恢復機制；縱使政府採取市場工具（例如補貼、課稅來補救），但僅宜短期來做。

市場失靈的四種情況與補救之道

項目 說明	一、 自然獨占	二、 資訊不對稱	三、 外部效果	四、 公用商品
本書章節	Chap16	Chap8	Chap9	Chap10

一、影響

	一、 自然獨占	二、 資訊不對稱	三、 外部效果	四、 公用商品
（一）正的			✔ 外部效益	✔
（二）負的	✔ 賺消費者的錢，即有獨占淨利	✔ 資訊優勢一方可以欺負資訊劣勢一方。	稱為「外部成本」(external cost)	

二、補救之道

	一、 自然獨占	二、 資訊不對稱	三、 外部效果	四、 公用商品
（一）恢復市場機制	寇斯（詳見 Unit 9-4）認為所有獨占都是政府製造出來的。 在市場機制下，只要有超額淨利，遲早有公司、替代品會進入市場		寇斯認為公權力介入，釐清財產權歸屬後，便可恢復市場機制，雙方（以外部成本）會去喬，得到柏瑞圖效率，詳見 Unit 7-2	寇斯認為民營公司是可行的，例如燈塔民營，向往來船隻收費。如同航管站對航線飛機導航收費一樣，即使用者付費。
（二）政府干預市場				
(1) 公平： 公平交易委員會		政府發揮公權力以塑造市場公信力 ・勞工資格予以考照（能力證照） ・公司資格予以認證 ・定型化契約		寇斯反對公用商品由公營企業來提供，因為公營企業非常沒效率。
(2) 效率	・價格管制 ・課稅 ・補貼		・限量 （對外部成本） ・課稅 （對外部成本） ・補貼 （對外部效益）	補貼

Unit 7-10　政府對市場失靈的補救之道

　　當遇到市場無法自行恢復時，政府會考慮以何種方式去進行柏瑞圖改善，讓市場往柏瑞圖最適狀況前進。

一、政府干預還是得依市場機制來走

　　自由經濟學者認為萬不得已時，才需要政府介入市場，但是政府的作為應該是把市場機制恢復，而不是取代市場，最常見的兩個敗筆之道：把獨占公司公營化（例如電力、水力公司）與價格管制。

　　政府所做的「柏瑞圖改善」措施很容易二分法，以人的行為改變術來說，就是「獎（善）罰（惡）」。

二、對正面行為予以補貼

　　對表中第二列，例如對於產生外部效益、公用商品的公司予以補貼，讓他覺得有利可圖而多生產。

三、對負面行為予以處罰（或限制）

　　對公司負面行為，政府的限制（或禁止）措施有三中類，其中獨占、外部成本二情況下都會碰到，分析方式大同小異。

1. 價格類工具

　　．價格管制

　　獨占公司在各國都很少見，而且大部分是公營公司，因此價格類工具有二：平均成本定價法占九成以上，邊際成本定價法占不到一成。

　　平均成本定價法 (average cost pricing) 是指平均成本加上合理利潤率，合理利潤率一般由主管部會或地方政府（例如捷運票）的費率審議委員會決定，一般是一年期定期存款利率加四個百分點，約 5%。

　　．課稅

　　有三種課稅方式，詳見右表。

2. 數量類工具

　　數量類工具是補充規定，例如捷運一天要發車幾班、一小時（一天）最低量多少，維持最低水準的供給量，以供應市場最起碼的量。

德國環保汽車補貼計畫內容

辦法：購買電動汽車可獲得 4,000 歐元退款，購買油電混合汽車可領取 3,000
　　　歐元退款，總計 12 億歐元。

參與公司：福斯、戴姆勒和寶馬

推出時間：2016 年 5 月上路

相關措施：德國政府投資 3 億歐元，在 2016 年 5 月～ 2019 年 5 月興建 1.5
　　　　　萬座充電站，並斥資 1 億歐元把 20% 的公務汽車換成電動汽車。

政府對市場失靈的補救之道

項目工具	獨占	外部效果	公用商品
一、對正面行為		外部效益	公用商品是外部效益的特例
(一) 補貼	✓	✓ 詳見 Unit 9-5	✓
二、對負面行為		外部成本	
(一) 價格類 1. 價格管制	(1) 平均成本定價法 (2) 邊際成本定價法		
2. 課稅	(1) 從價稅 　 (ad valorem tax) (2) 從量稅 (excise tax) (3) 淨利稅 (profit tax) 　 常稱為「暴利稅」	詳見 Unit 9-6 (1) 例如汽車燃油稅隨油徵收 (2) 例如汽車燃油稅隨車徵收	
(二) 數量類	(1) 最低產量 (2) 最高產量	詳見 Unit 9-7 (2) 同左：即最大污染量	

暴利稅 (windfall profit tax) 小檔案

- 英文

  windfall：天下掉下來的；profit：利潤、盈餘；tax：稅

- 中國大陸討論

  2006 年 3 月，中國大陸財政部擬對中石化、中海油氣、中石油大公司課徵「石油暴利稅」。

- 臺灣討論

  2012 年 2 月，政府擬課徵「暴利稅」，包括：彩券獎金、證券交易所得稅，有人認為獎金與證交所得的都是機會所得。2015 年，討論範圍擴大到土地增值稅。

次佳理論 (theory of the second best) 小檔案

時：1956 年
人：利普賽 (R. G. Lipsey, 1928~, 加拿大人) 和蘭卡斯特 (K. Lancaster, 1924~1999, 美國人)
地：英國牛津大學出版「經濟研究評論」上的論文
事：把以前學者的分析總結，其中假設滿足柏瑞圖最適有 10 個條件，B 市場狀況滿足 9 個，C 市場滿足 5 個，9 大於 5，不能由此主張 B 市場比 C 市場佳。
涵義：「不是最佳狀況」(例如外部效應) 時，應朝一定的社會福利目標去改良，不要只滿足「枝枝節節」的其中一、二個條件。

第 **8** 章
資訊不對稱下市場機制
——兼論資訊經濟學

Unit 8-1　資訊經濟學

Unit 8-2　資訊對稱 vs. 資訊不對稱

Unit 8-3　資訊經濟學的重要觀念全貌—以公司向銀行借款為例

Unit 8-4　逆向選擇

Unit 8-5　道德風險：以保險為例

Unit 8-6　資訊透明—以商品市場為例

Unit 8-7　中古汽車交易的資訊不對稱

Unit 8-8　中古汽車公司如何讓買方安心

Unit 8-9　交易成本

Unit 8-10　加盟經營如何解決資訊不對稱問題

Unit 8-1 資訊經濟學

「敵暗我明」是對「資訊不對稱」(information asymmetry) 的貼切描述，在生活中消費者怕買到凶宅、泡水車；在生產因素市場中，雇主怕「遇人不淑」，人才想方設法突顯自己的價值，以爭取好工作、好薪水。

這在個體經濟中的資訊經濟學 (The Economics of Information 或 information economics)，是討論資訊不完全市場行為的一支經濟學。

一、羅馬不是一天造成的

經濟學是社會科學的一支，人類文化的形成是逐漸形成的，能夠稱為「資訊」經濟學，一定是日積月累，積小川成大河。

透過資訊經濟學的發展進程可以看到一個觀念、理論甚至學門的發展。

如同長江的源頭是青康藏高原上的冰川融雪一樣，由表一可見資訊經濟學的觀念源頭，可說是英國劍橋大學的庇古 (A. C. Pigou,1877~1959)，他在貨幣銀行學中至少出現二次，就是劍橋方程式。

二、諾貝爾經濟學獎得主的貢獻

由諾貝爾經濟學獎的頒發，可以發現資訊經濟中獎率很高，甚至比賽局理論、理性預期學派還高。

由右下可見，資訊經濟學的一些重要觀念是由各個學者逐漸奠基的。
- 「資訊經濟學」由美國史蒂格勒提出；
- 「誘因機制」由美國維克瑞提出；
- 「逆向選擇」(adverse selection) 由英國艾克羅夫提出；
- 「訊號放射理論」(signal) 由美國史賓斯提出；
- 「篩選」(screening) 由美國史蒂格里茲提出。

檸檬汽車，檸檬法小檔案

時：20 世紀初
人：美國人
地：美國
事：喝檸檬後，嘴巴內留有酸苦味。在 1908 年，福特汽車推出 T 型汽車，顧客買到有 (重大) 瑕疵的稱「檸檬汽車」。1960 年代，德國福斯汽車的廣告宣傳誰可在金龜車中「找碴」。1975 年，美國通過馬格努森—莫斯保固法案 (Magnuson-Moss Warranty Act)，賣家應保證產品的品質，聯邦貿易委員會是主管機關，以保障消費者，俗稱「檸檬法」。

資訊經濟學的觀念源頭

課題	資訊不對稱	資訊
時間	1920 年	1945 年 9 月
學者	英國經濟學者庇古 (A. C. Pigou,1877~1959) 福利經濟學	海耶克 (F. A. Hayek,1899~1992)
著作	主張：政府宜出面要求醫生等取得證照等，以提高人民福利	1974 年諾貝爾經濟獎得主，在「散在社會的知識之利用」一文，定義「資訊」及其重要性

因資訊經濟學獲得各年諾貝爾經濟學獎的經濟學者

年	1972 年	1982 年	1996 年	2001 年
一、學者	亞羅 (Kenneth Arrow,1921~) 1964 年主張「不確定性經濟學」	美國的史蒂格勒 (George Stigler, 1911~1991) 1961 年發表的論文「資訊經濟學」	英國劍橋大學教授莫理斯 (James A. Mirles,1936~) 在 1970 年代，跟戴蒙德發展出的道德危機模型，運用到年金和社會保險課題上	英國的艾克羅夫 (G. A. Akerlof,1942~)1970 年的「檸檬市場：質化的不確定性和市場機制」，以酸檸檬比喻差的二手汽車，並提出「逆向選擇」(adverse selection)
二、主張	1972 年有二位得主，另一位是英國的希克斯 (John R. Hickes,1904~1985)	MR ≧ MC 當 MR=MC 時，才停止搜尋資訊，此時得到。 資訊價格 最佳資訊數量	美國維克瑞 (William Vichley,1914~1996) 提出「誘因機制」(incentive mechanism) 誘因 (incentive) 是指驅使人 (動物之一) 產生一定行為的外部因素，正 (面) 誘因：例如獎勵；負 (面) 誘因：例如處罰。	史丹佛大學的史賓斯 (A. M. Spence,1943~) 偏重勞動市場，提出「訊號放射理論」(signal)，勞工會透過學歷、經濟、推薦函、證照等，以提高能力的資訊量 哥倫比亞大學史蒂格里茲 (J. E. Stiglitz,1943~)，1976 年的「競爭保險市場均衡：不完全資訊資訊經濟論文」多種保費費率的保單供各種健康狀況的要保人選擇，經過自我選擇到「篩選」(screening)

8-2 資訊對稱 vs. 資訊不對稱

在夜晚，人們比較容易出車禍，這是因為路況不明。同樣道理，在交易時，比較像夜晚，常常是賣方擁有商品較多資訊，比較容易占買方的便宜。

一、理想 vs. 現實

套用物理學中的例子，在外太空此真空狀況，由於沒有阻力、摩擦，從太空站脫落一件零件，將會向宇宙深處無限制漂移。由右上可見，個體經濟在討論時，有二個重要前提：完美市場 (perfect market) 與人的完全理性。

這些假說只是為了讓推理由簡到繁，由右上可見，到了 1920 年，經濟學者庇古逐漸放寬市場的資訊完全靈通 (perfect information)，提出「資訊不對稱」(asymmetric information) 觀念。

二、誰擁有較多資訊，誰就占便宜

因為交易雙方擁有資訊內容量不同，而可以二分法分成二種人。

1. 資訊優勢一方

「近水樓臺先得月，向陽花木易為春」、「知己知彼，百戰百勝」，這些俚語皆形容擁有資訊優勢一方，在交易過程中往往有機會「欺負」資訊弱勢的一方。

2. 資訊劣勢一方

資訊不足的一方想取得其缺乏的資訊需付出相當代價，稱為「資訊成本」(information cost)。

1912 年 4 月，鐵達尼號船長對冰山沒有完全資訊，只擁有「冰山上一角」的公開資訊，對於海面下占十分之九的潛在資訊毫無所悉。以致最後落個船撞冰山，船毀人亡的悲慘下場。

三、誰能擁有資訊優勢？──以商品市場為例

以商品市場為對象來討論買方或賣方誰擁有資訊優勢，由表二可見，分成兩個產業說明。

1. 金融業

只有銀行、保險兩行業「買方」(個人) 有資訊優勢，以有些人為例，向遊民等買個資 (雙證件，身分證與健保卡)，向審核較鬆的銀行申請信用卡，把卡刷爆買東西再上網拍賣掉，坑殺銀行。2016 年 3 月，華南銀行被冒貸房貸 5.2 億元，媒體大幅報導。

2. 金融業以外

金融業以外，絕大部分情況下，賣方皆擁有商品（價量盾時）的資訊優勢，買方可能會買到「金玉其外，敗絮其中」的爛蘋果。

市場與人的理想與現實

狀況	理想狀況	現實狀況
時期	1919 年以前	1920 年以後，例如 Unit 8-1 表中的庇古
一、完美市場	✓	✕
（一）市場的資訊完全靈通 (perfect information)	例如 1776 年，現代經濟學之父亞當·史密斯在《國富論》一書主張，每個人試圖最大化他們的財富，因此，貿易最佳的財富分配和生產方式，是透過完全自由經濟和市場交易，有如一隻「無形之手」的機制，讓價格和供需達到平衡，結果就會帶來活潑的市場和大眾富裕的經濟。而政府的干預或操縱，是不需要並且擾亂市場的。因此這個觀點也被稱為「放任經濟」。 假設資訊跟陽光、空氣一樣，在市場上充分流通，而每個人都能夠理性的取得資訊和交易。在完全自由競爭下，市場會因為「無形之手」的操作而趨於健全，市場價格便能在供需平衡下滿足買賣雙方。	會出現買賣雙方資訊不對稱 (asymmetric information) 狀況，二分法如下。 資訊優勢一方 在大部分的商品交易中，賣方知道商品的成分（例如飲料有沒有摻塑化劑），屬於「資訊優勢一方」。 資訊劣勢一方 消費者往往是「被矇在鼓裡」的那一方。
（二）生產因素完美自由移動	✓	✕，例如有些行業是管制行業 (regulated industry)，由政府審核營業執照（例如通傳會管的通訊業）。
二、人	完全理性，典型情況便是「先知先覺」的理性預期 (rational sxpectation)	限制理性，典型例子便是「不經一事，不長一智」的適應性預期 (adaptive expectation)

商品市場中賣方常擁有較多資訊

項目	賣方	買方（如消費者）	本章
一、金融業			
1. 銀行		✓	Unit8-3,8-4
2. 保險		✓	Unit8-5
3. 證券	上市公司大股東		
二、金融業以外			
1. 商品（茶葉、水果）	✓		Unit8-6
2. 二手汽車	✓		Unit8-7,8-8
3. 連鎖加盟	✓		Unit8-10

Unit 8-3 資訊經濟學的重要觀念全貌 ——以公司向銀行借款為例

進入遊樂園前，先看全區的圖，就了解前後左右關係、行進方向（例如順時或逆時針），先鳥瞰就不至於「因木失林」了。資訊經濟學有幾個常見的切入點（商品市場、生產因素中的勞動市場），本書選擇資金市場中的借貸市場，首先，因其較普及（大學生五成以上有借助學貸款），二則可跟貨幣銀行學（進而跟財務管理）課程銜接。

一、資訊優勢 vs. 資訊劣勢

我們去水果攤買水果，水果攤老闆對那個是爛蘋果甚懂，因此水果攤老闆比顧客對水果好壞擁有資訊優勢。二手汽車等也都是如此，消費者往往缺乏判斷產品良莠不齊的專業知識。

有些情況下，例如向銀行借款（或向保險公司買保單），客戶（借款人）處於資訊優勢，以信用貸款為例，借款人（例如台積電）最知道公司的未來發展（即是否能還得出貸款），處於資訊優勢一方，銀行處於「敵暗我明」的資訊劣勢。

二、依交易階段區分

由於借款人「知己」，而銀行不知「彼」（即借款人），依交易前、後，借款人皆有機會對銀行「占便宜」。

1. 交易前：逆向選擇

正常情況是銀行挑借款客戶，此稱為「正向選擇」(positive selection)。但銀行開門做生意，借款申請人會嘗試向多家銀行申請貸款，尤其向把關不嚴的銀行申請，變成借款申請人挑銀行，站在銀行角度，此稱為「逆向選擇」(adverse selection，有譯為逆選擇)。「逆向」這個字生活中常見，例如臺北市的公車的車道有逆向車道。

2. 交易後：道德風險

當借款人借款後，有可能因心態不佳，以至於銀行帶來道德風險 (moral hazard)。最常見的是「過度投資」(over-investment)，把銀行的錢不好好運用，投入預期報酬率可能為負的投資率。對借款公司來說，一旦還不起貸款，公司被債權銀行向法院申請查封，有些人也不怕。再籌點錢又可以成立一家新公司，又可以再向銀行借款，再借錢去搏一下。銀行是最大的苦主！

三、「知己知彼，百戰百勝」的機制

銀行不願當冤大頭，因此在交易前、後會推出各種機制，在本章第三～九單元中逐一介紹右圖中第三欄中各項機制。

以銀行借款為例說明資訊經濟學

交易階段資訊	授信前	授信後
一、申貸人 ＝公司、個人 資訊優勢一方	1. 逆向選擇 (adverse selection) 2. 訊號放射 (signaling)	道德風險 (moral hazard)
一、放款者 ＝銀行 資訊劣勢一方 （俗稱敵暗我明）	1. 搜尋成本 (search cost) 在銀行稱為徵信成本 2. 差別借款利率	1. 誘因機制 (incentive mechanism)：獎與罰 2. 監督成本 (monitoring cost) 以避免借款人 (1) 過度投資 (2) 其他，例如 掏空公司資產

鼎興貿易公司詐貸案

時：2016 年 7 月
人：鼎興貿易公司董事長何宗英等數人
地：臺灣
事：以紙上公司跟多家牙醫診所進行醫療器材假交易，向 13 家銀行、6 家民間融資公司，詐貸 43 億元。其中永豐銀行、華南銀行因違反利害關係人交易及內部授信流程等缺失，2016 年 11 月 8 日被金管會處以 1,000、800 萬元罰款。多家銀行、租賃公司主管被檢察官約談，涉案者交保釋金。

Unit 8-4 逆向選擇

在「敵暗我明」的情況下，對方很容易挑我方的弱點，俗話說「柿子挑軟的吃」。本單元說明什麼是「逆向選擇」，以及賣方（公司）如何扳回一城，藉一些措施來減少逆向選擇情況。

一、正常情況：正向選擇

在商品市場中，往往是賣方擁有資訊優勢，賣方「吃死」顧客。也就是公司挑顧客，稱為正向選擇。常見情況如下。

銀行白金卡：必須年薪百萬元以上的人，才可以申請白金卡。

知名大學挑學生：知名大學往往加考科目（甚至術科），有條件挑學生。

二、異常情況：逆向選擇

賣方挑顧客賣是正常情況，反之，顧客吃定賣方，這種逆向選擇可說是例外。站在公司角度，這種顧客可說是「奧客」。

三、賣方反治之道

顧客吃定賣方情況，大都出現「一視同仁」情況，即賣方不挑顧客，就會讓有些顧客「有機可乘」。由表可見，「逆向選擇」大都出現在「均一價」情況，在第一欄中，依生活經驗順位列出三種情況，但是經過公司的反制之後，「逆向選擇」程度大幅降低。

站在 399 元吃到飽餐廳的立場，來者是客，最怕碰到大胃王。但又不能「拒人門外」。所以只好採取一些「禦敵之道」。最有效的方式是「限定用餐時間 1.5 小時」，藉此以免其「吃很久，餓了後繼續吃」。

新光人壽「好人模型」加快理賠

時：2017 年元旦
人：新光人壽
地：臺灣
事：推出「好人模型」，把保戶資料與特製 App 相結合，只要輸入保戶的姓名，不需要醫院診斷證明文件，就可直接幫顧客申請理賠，省掉繁複程序，有助品牌忠誠度的維繫與強化。

逆向選擇與反制之道

情況	逆向選擇 (adverse selection)	正向選擇 (positive selection)
一、學生選課	很多學生喜歡挑「不點名、好過關的老師」，其代價是，往往教室裡只有「小貓二、三隻」	老師的反制之道是把分數拉得很懸殊，喜歡混、不讀書的學生得低分，以給予其難堪。另一方面，「好人上天堂」
二、吃到飽餐廳	399 元吃到飽餐廳往往會被「大胃王」吃垮，或有些顧客一次來吃二餐（例如 11 點到 14 點）	吃到飽餐廳的反制之道如下。 1. 提供汽水：讓顧客喝到打嗝而少吃食物 2. 規定進餐時間 (2 小時) 3. 規定浪費食物酌收清潔費
三、保險（壽險）	例如一年醫療保費 3 萬元，此時身強體健的低風險群 (low-risk group) 不會投保，選擇自保。來投保的大都是病歪歪的高風險群 (high-risk group)	壽險公司會針對職業、要保人的家族病史、要保人的病史，把醫療險的費率分級

Unit 8-5　道德風險：以保險為例

三不五時，電視新聞總會播出有人買高額保單，然後剁手指（俗稱金手指）、弄瞎眼等等詐領保險理賠；甚至替子女、父母買意外險，再予以殺害，坐領保險理賠，美國電影也喜歡以此為題材，來突顯人性的黑暗面。

一、道德風險

道德風險 (moral hazard) 可拆解成二個名詞來了解。

道德 (moral)，是指比法律標準高的行為準則，有些事合法，但卻不符合道德標準。

風險 (hazard)，這個英文字比較少見，risk 較常見；用這個字有「碰運氣」、「冒險」的味道。

二、諾貝爾經濟學獎得主的貢獻

針對保險市場、銀行貨款的資訊不對稱問題，2001 年諾貝爾經濟學獎三位得主之一史蒂格里茲 (J.E. Stiglitz) 貢獻頗大，在保險市場的代表性論文是 1976 年的〈競爭保險市場均衡：不完全資訊〉，本單元依其觀念延伸應用。

三、保險業的重要性

臺灣交易中金額最大的房屋，一年約 28 萬間房屋 4 兆元；其次是保險，保戶年繳報費 1 兆元以上，新車 44 萬輛，銷售值 5,000 億元。

四、保險中的道德風險

一個長期契約簽訂後，以壽險中的意外險為例，少數要保人有可能自殘以詐領保險金（車險時則以假車禍申請車損理賠），這種交易一方心懷不軌的「利己損人」行為稱為道德風險。

行政院金管會的下屬單位「金融消費評議中心」於 2012 年元旦成立，扮演金融交易的調解委員會角色，受理的爭議案件中，保險業占 84%。跟道德風險直接相關的是第四項「事故發生原因認定」，僅占爭議案件一成，還不是很嚴重。

五、保險公司對要保人道德風險的反制措施

由於有道德風險的疑慮，所以保險公司會設立多道關卡來降低損失機率、金額。由表可見。

1. 交易時：避免奧客吃定保險公司

銀行貸款有全國資料庫 (即財團法人聯合徵信中心) 可供查詢個人、公司銀行往來紀錄。但保險公司沒有全國資料庫（即該要保人投保紀錄），而健保資料又是屬於個人隱私，所以保險公司只能要求要保人聲明、強制健檢（針對保額 300 萬元以上者）。心懷叵測的要保人會找審核較寬的保險公司投保，逆向選擇永遠存在。

2. 交易後：奧客藉「金手指」詐領保險理賠金

投保後，保戶往往透過自殘或殺害被保險人（往往是配偶），以詐領鉅額保險理賠金。由右下可見，保險公司採取自負額等方式，拉保戶一起下海，以降低保戶的道德風險。

保險公司跟要保人的攻防戰

交易時序	保險公司	要保人
一、交易前：逆向選擇	（一）要求要保人坦白從寬 詳右述説明 （二）差別費率 保險公司會推出各類保單，讓保人挑選。 要保人經由「自我選擇」(self-selection)以決定買那一種保單，由保險公司核准投保，完成對要保人的「篩選」(screening) 過程	（一）要保人陳述與保證要保人對自己的健康狀況與未來的道德風險企圖，比保險公司知道多。因此往往是要保人"欺負"保險公司。 （二）訊號放射 由於保險公司採取差別費率，所以要保人常透過提出健檢報告等，以證明自己「壯的像牛」，釋放出健康訊號。以求適用較低的費率。
二、交易後：道德風險	防治之道 （一）自負額 為了防止汽車險車主道德風險，產險公司常採取「保險公司跟要保人共用保險的做法」。 1. 5,000 元以內車主自負 即小車損 (5000 元以下)，由車主自己買單，保險公司不賠。 2. 5,000 元以上，自負額二成 以撞車車損 1 萬元為例，車主須自負 2,000 元，保險公司賠 8000 元。 （二）違法 保險公司的理賠人員會找調查員、徵信社人員甚至檢警去調查，理賠過程中，保戶有詐騙保險金的意圖，主張不理賠	（一）道德瑕疵 壽險情況下，道德風險不嚴重，因為為了領保險理賠，而讓自己生病住院，並不好受。人身保險談道德危險必須是準保戶有以保單換其一命的動機，也就是在投保之後，積極地促使保單條件早日成就的行為，例如自殺、自殘，消極地在危險發生時不防止。但汽車險比較有可能，反正汽車損害由保險公司負責賠償，所以有些車主把自己的車當租用車來開。 （二）違法 最常見的詐領保險理賠的方式是自砍手指（尤其是食指），然後謊稱被搶劫，保險法第 131 條：「傷害保險人於被保險人遭受意外傷害及其所致殘廢或死亡時負給付保險金額之責。」

用大數據「壞人模型」揪出詐保顧客

時：2014 年 9 月起

人：新光人壽

地：臺灣

事：2013 年底，新光人壽理賠部人員，利用過去五年理賠數據，發展出理賠風險篩選模型。

「壞人模型」利用資訊系統設定的 200 多個變項，算出每位保戶可能涉及詐保的風險情況，分數高過 75 分，則會派遣調查人員前往摸底，把顧客的各種情況查個仔仔細細，減少被詐保的可能性。

有保險詐欺紀錄的人，會有共同的行為特徵，新光人壽從中找出超過 200 個變數，包括：投保的商品、總保額、出險時點、就診醫院、診斷病因、醫療行為等。

新光人壽理賠部協理廖晨旭表示，以保單來說保費與賠償金額比率過於懸殊或是投保的總保額過高，容易成為詐保標的。

保戶一購買保險，短期間內就要求出險，會被列為潛在的高風險詐保顧客。

2014 年 9 月推出壞人模型，揪出詐保戶，幫助公司每個月省下數千萬元的理賠金額。

Unit 8-6 資訊透明─以商品市場為例

在資訊不透明情況，人們往往會採取「寧可錯殺一百，也不要放過一個」的作法，以賣二手汽車等為例，公司如何提供更多資訊給消費者，讓消費者能「買得放心」。由表可見，賣方在銷售商品時有二種方式以增加商品的資訊。

一、賣方證明資訊透明

首先是公司「老王賣瓜，自賣自誇」，常見較有效作法如下。

1. 品質保證

「生產履歷」（production history 或 traceability）讓消費者能上網查看生產過程，「三年保固」（three years warranty），讓消費者不用擔心買到低檔貨。

2. 口碑、商譽

從請部落格作家 PO 文寫消費感言，到張貼「TVBS 食尚玩家」等介紹、名人光顧的照片都在宣示「君子所見略同」。

二、賣方資訊強化

「自吹自擂」有時讓人不願相信，必須有公正獨立專業第三方提供證明，以進行資訊強化，才能讓消費者安心。

1. 有公信力的品質檢驗標章

由政府頒的品質檢驗標章因有公信力，民眾接受程度最高，例如經濟部商品標準局頒的省電認證、農業部下的有機蔬菜認證（例如吉園圃）、肉品 CAS 認證。

2. 產品責任保險

由產險公司提供產品責任保險，透過保險公司的履約保證，以強化公司自我標榜的品質保證。

三、資訊不對稱下的政府角色

資訊不對稱的存在往往使市場無法發揮理想功能，所以政府干預市場，希望能幫助解決資訊不對稱的問題。

最常見政府措施有三。

1. 過濾機制

政府辦理考試，頒給合格人士專業證照（例如律師、醫師、會計師），以證明其符合執業必備的能力。

2. 制式契約

大部分人皆缺乏法律專業知識，因此在簽約時常處於掛一漏萬，甚至對賣方有利的「不平等條約」。所以針對房屋租賃、第四台簽約，甚至中古汽車買賣契約，政府都陸續推出制式契約，站在保護買方立場，以免（資訊）弱勢的買方被「強凌弱」！

3. 處罰機制

公平交易法中的「不實廣告」，針對不實廣告的業者有罰則，以免消費者繼續吃虧。

交易雙方解決資訊不對稱的措施

階段	賣方（以汽車銷售公司為例）	買方（以車主為例）
一、第一階段	（在商品銷售情況）	訊號放射 (signalling)
（一）資訊揭露，盡量做到資訊透明	1. 品質保證 公司提出原料的生產履歷。 公司自己提出品質保證，例如產品三年保固。 2. 商譽 透過多年正派經營以累積口碑，塑造出商譽 (goodwill)	省略
（二）公正專業第三方的資訊強化 (information enhancement)	1. 品質檢驗 商品符合經濟部商品標準局的檢驗合格等 2. 品質保險 向產險公司購買產品責任險，一旦產品有瑕疵，由保險公司負責理賠	省略
二、公權力介入	針對賣方 1. 過濾機制：例如由公正第三人（如國家考試）等監督專業執照的取得，像醫師、律師等。 2. 處罰機制 公平交易法中四大功能，其中針對公司「廣告不實」有罰則	省略

產品責任險小檔案

衛生福利部規定，持有營利事業登記證的食品產業，包括製造公司、進口公司、委託他廠代工產品公用者，依法必須投保產品責任險，最低保險金額為每一人身體傷害 100 萬元、每一事故身體傷害 400 萬元，保險期間內累計最高理賠上限為 1000 萬元，並可視被保險人需求再提高保險金額。

「產品責任險」是保障被保險產品因瑕疵、缺點、不可預料的傷害或毒害性質等缺陷，而導致消費者身體遭受損害時，所須負的賠償責任。

8-7 中古汽車交易的資訊不對稱

在個體經濟學中討論資訊不對稱時，很喜歡以中古汽車為對象。本書花兩個單元的篇幅討論，以突顯此課題的重要程度。本單元先說明汽車的重要性與二手汽車交易的問題。

一、汽車業的重要性

汽車業的重要性可從總體經濟中的家庭消費與投資兩大需求結構來看。

1. 汽車對國內生產毛額的重要性

在汽車大國（美日中德法），第一大產業是營建業，第二大是汽車業，2016年全球汽車銷量 9,000 萬輛（其中乘用汽車占 75%）、產值 3 兆美元，占全球總產值 3.5%。臺灣的金額雖不那麼大，但也占有一席之地，新車銷量 44 萬輛，約 5,500 億元；中古汽車銷售 57 萬輛，營收約 2,000 億元。

以一年廣告金額 700 億元來說，依序為汽車、日用品（例如洗髮精等）與房屋；一打開電視，就可看到汽車廣告。

2. 汽車對家庭的重要性

2017 年臺灣 870 萬個家庭，汽車存量 780 萬輛，家庭花在「行」的支出約占 10%；家庭支出最大項目是買屋，約占消費 30%，其次是買食物，第三是「行」。

3. 電視節目最喜歡討論買房買車

TVBS 56 台的廖盈婷每週一至週五晚上 10 點到 11 點的節目「地球黃金線」，東森財經新聞週末 10 點到 11 點由廖慶學主持，都會討論汽車議題，其中有關中古汽車，會出「20 萬元的代步車」題目，到中古車商處，由專家現場選車。

二、最怕買到「檸檬車」

臺灣人買水果會挑東撿西，生怕買到爛蘋果；連買一粒 40 元的蘋果都這麼小心，更何況是平均售價 40 萬元的中古汽車。

1. 賣方擁有汽車狀況

中古車商沽車 1994 年進貨時便知道車況，再花一點錢「整理」，再找業務代表賣車。在 HBO 電影（例如阿諾‧史瓦辛格主演「魔鬼大帝─真實謊言」），都會看到二手汽車的業務代表「舌粲蓮花」的銷售口條。

2. 買方的對策：以最差情況出價

顧客擔心買了中古汽車後，才發現車況不佳，如同「吃了檸檬般，嘴巴酸」；買了「壞」中古汽車，心酸；所以在美國俗稱「檸檬車」(lemon car)，泛指出廠後有瑕疵的車；至於車況良好的二手汽車以櫻桃或水蜜桃形容。

顧客在買車時，比較像法庭中的檢察官，中古車商比較像「被告」，檢察官會質詢一堆疑問，「被告」要舉證「自己是清白」的。要是中古車商無法自圓其說，買方的習慣是「以最差」情況來出價。

三、為什麼有人買二手汽車？

中古汽車是二手貨的一種，約 5 年便只有新車價的對折，這對買方來說，可以撿便宜貨。以雙 B 汽車來說，2016 年 BMW 318 新車價 157 萬元，但三年車六折，105 萬元便可買到。對許多想開百萬名車的年輕人來說，中古車的「低」總價是圓夢方式。

尤其有份統計指出，44.3% 消費者在購買中古車時曾遭遇車況不實的糾紛。為避免此困擾，49.2% 消費者最後會選擇向有保障的原廠認證中古車購買。

汽車銷量

單位：萬輛

年	2011	2012	2013	2014	2015	2016
新汽車	37.83	36.6	37.84	42.4	42.1	44
中古汽車	72.7	73.2	75.4	73.3	67	57

資料來源：交通部數據所、中古汽車業者

中古汽車聯盟

體系	名稱	家數	中古車認證機制
一、汽車公司			
1. 和泰旗下和運租車	HOT @bc 好車網	200	專門技師提供認證公司
2. 裕隆旗下行將	SAVE	212	SAVE 中古車查定
3. 匯豐旗下尚盟汽車服務	SUM Eazy Car	403 26	YES 汽車認證服務，33 個據點，匯豐汽車成立子公司匯欣汽車，專責推動 YES 汽車認證服務相關工作
4. 順益	CarOK	190	順益汽車全臺服務廠提供認證
二、汽車公司以外	數字科技旗下「8891」汽車交易網		

Unit 8-8　中古汽車公司如何讓買方安心

　　1980 年代起，中古車商比較像「跳蚤市場」，小至在馬路交接口租塊地，有個四輛汽車就做起生意。後來，在臺北市士林區承德路因土地大，有數家中古車商聚集，成為一條「中古車」街。

　　買中古車都給人有「騙很大」的疑慮，就怕一不小心買到泡水車、事故車，甚至是贓車，衍生的消費糾紛更讓人望之卻步。

一、政府的做法

　　政府在「資訊透明」方面，至少的做法都是定型化契約，以保障消費者。

二、中古車商的對策

　　有關中古車的資訊不對稱問題，2001 年諾貝爾經濟學獎二位得主之一艾克羅夫（詳見 Unit 8-1 表），在 1970 年的一篇論文「二手車市場或檸檬市場」，明確指出二手車商提供「資訊服務」，讓資訊反應實況，是打破原車主與買方資訊不對稱的「中間人」。尤其買方在交易後要是發現有問題，可以找到求償對象。這背後還是寇斯（詳見 Unit 8-9）「公司的本質」一文的運用，即「公司」的出現就是為了降低交易成本（詳見 Unit 8-9）。

　　約 2300 家中古車商，有近千家加入前 4 大中古車品牌加盟體系，其中 SUM 市占率第一。

三、汽車公司成立中古汽車聯盟

　　由 Unit8-7 表可見，幾乎全部連鎖中古車品牌都是由新車汽車公司成立，原因有二。

1. 以保值性支撐新車價格

　　當二手車保值差（一般低於五年時車價六折），新車價格便無法往上拉，為了鞏固新車價，只好出手成立中古汽車聯盟，去鞏固二手車價。

2. 新車公司是中古汽車最大宗來源

　　汽車公司往往成立汽車租賃（出租給公司做主管車等），甚至手上有「過年份」的新古車，都需要有「出海口」，由於自己就是「原廠」，有汽車的維修紀錄（包括里程），擁有第一手資料，最足以讓買方放心。

四、SUM 的做法

　　在 1995 年新車銷量達 56 萬輛高峰後，新車銷售規模逐年萎縮，讓代銷中華汽車為主的匯豐跨足中古車市場，經歷兩次失敗，在 2004 年開展了 SUM(Serve Your Morts) 新事業。

1. SUM 替買方篩選中古車商

　　SUM 透過嚴格篩選加盟中古車商，並定期輔導評量、淘汰不適合的加盟主，維繫加盟車商水平。

2. SUM 給予買方安心

　　由右表第三欄可見，SUM 扮演「第三者」角色，SUM 透過建立更完整、更透明的中古車資訊平臺，幫加盟主吸引更多顧客上門，加盟主賺到錢，自然對加盟總部更信任。

以 SUM 為例說明

時機	顧客的擔心	SUM 的做法 *
一、買車前	由於智慧型手機的普及，易於上網，再加上 4G 的下載速度快。線上 3D 看車在 2015 已成為中古汽車網站「必備」，可以看到該車的 360 度（前後左右）的掃描。	2013 年 SUM 賞車網實車實價保障，網路看得到，現場買得到；消費者在購車前先上 SUM 提供的「車況透明查定」車況（包括里程）公開透明。SUM 公司網站公開查定內容，完整呈現於賞車網車輛頁面上讓網友查閱。
二、買車時：三大保證	1. 贓車 2. 權利車 無法到各縣市交通監理所辦理汽車過戶，買方只買到汽車的「使用權」，大部分情況出現原車主汽車貸款未還清、欠稅欠費未繳。 3. 里程動手？ 一般車主平均年開 1.5 萬公里，有些車商會說「這車主是醫生、忙、少開」，把里程由 30 萬公里調到 10 萬公里	2008 年起，由 SUM 出具「合約書」，顧客買到「泡水車」、「重大事故車」、「非法變造車」，都由公司原價無息購回。2012 年，SUM 賞車網里程保證與非計程車保證。2016 年 11 月，SUM 委託汽車工程協會提供「第三方認證」服務。
三、買車後 （一）四大保固	四大組件	「四大」指引擎、變速箱、方向機、啟動馬達「修好無上限」 保固期：顧客買車後 2 年 5 萬公里
（二）保養維修	大品牌中古車商連鎖加盟的廣告詞：「車子是買回去開的，不是買回去修的」，一語道破買方最怕買到「金玉其外，敗絮其中」的汽車。	SUM 汽車保修聯盟（至少有 187 家加盟）進行保養維修，享受原廠級保修專業品質的保養、維修、鈑噴（註：12 家鈑噴中心）美容服務的同時，透明的報價能更加親民。SUM 汽車保修聯盟使用 SUM 認證油品、零件。維修紀錄都建檔在聯盟的網路資料庫中，所以消費者在基隆市買車、開到屏東縣故障需要維修，當地的 SUM 車商都可以找到資料。
（三）其他服務	常見的是「銀貨兩訖」	免費道路救援，由擁有密集道路救援網絡的行遍天下、汽車保修聯盟匯豐汽車及匯豐汽車保養廠（67 個點）提供，在車主遇到緊急車況狀況的時候，以利用 0800-008-885 服務專線，確認身份後就可以安排拖車進行急修（例如換車胎）或拖吊。

資料來源：整理自工商時報，2012 年 4 月 2 日，C4 版，臺北訊，4 月 20 日，專 1 版，陳房琪。

Unit 8-9 交易成本

　　光滑的保齡球道上，保齡球可以跑很遠。同理，在各項交易中，交易成本可說是物體滑動時所遭遇的摩擦力，摩擦力越高，物體運動距離短。

一、貨暢其流

　　「人盡其用，物盡其用，貨暢其流」這句主張中，前二者是指生產因素中的充分就業，「貨暢其流」是指商品市場有效率運作。資訊不完全情況，消費者、買方可能費盡千辛萬苦，想改變這額勢，以免「人為刀俎，我為魚肉」。然而天下沒有白吃的午餐，如果每個人都憂心如焚的搜尋，尤其是針對重複發生的交易，對社會不見得是件好事，只是造成一些無謂的浪費罷了，例如每個人都攜帶試紙，以檢測買的雞肉是否有漂白劑、買的魚是否含有螢光劑。

二、寇斯的交易成本

　　寇斯（詳見 Unit 9-4）對交易成本 (transaction cost) 的定義，詳見表第二欄，是我們在日常生活中最常見的交易成本。其中一般人一輩子約遇到二、三次的便是「購屋」，其中光是房屋仲介公司的費用便很高，「買一賣二」，以李先生委託信義房屋公司賣屋來說，成交價 1,000 萬元，李先生須付 20 萬元的房仲費用。

　　至於為了確保雙方「銀貨兩訖」的簽約，則由土地代書擔任，費用約 1 萬元，這是右表中「保障承諾」一項。

三、威廉森的交易成本理論

　　表中威廉森的交易成本理論 (transaction cost theory) 偏重產業供應鏈中買方跟賣方間的交易成本，適用範圍較窄，但考慮範圍更廣（包括交易成本與時間），交貨時間最重要情況是產業供貨吃緊時，買方是否能優先拿到貨。

　　威廉森認為許多公司採取垂直整合，把跟外界公司間的市場交易，改由內部自理的（集團）企業內交易，藉以降低公司間的交易成本與風險，本書特別強調供貨風險。

　　這在企管中的「策略管理」、「供應鏈管理」課程是重點。

契約（相關）(contract theory) 理論

時：1970 年代末期

人：美國哈佛大學教授奧利佛・哈特 (Oliver Hart, 1948~) 及麻州理工大學教授本特・霍爾姆斯特朗 (Bengt Holmstrom, 1949~)，2016 年諾貝爾經濟學獎兩位得主。

地：美國，「契約理論」主要是研究在特定交易環境下，不同交易對象所採取的經濟行為與結果。通常需要透過制定一些假設，把交易特性簡化並建立模型，以分析與得出理論觀點。

「契約理論」對契約設計，提供了一套通用方法。目的之一是解釋為何不同契約會有不同形式與設計。幫助制訂更好的契約，因此能打造更好的各類社會機構。

交易成本的觀念發展進程

觀念	交易成本	交易成本理論 (transaction cost theory)
年	1937 年	1970 年
學者	寇斯 (R.H.Coase,1910~2013) 1991 年諾貝爾經濟學獎得主	威廉森 (Oliver E.Williamson, 1932~) 2009 年諾貝爾經濟學獎兩位得主之一，威廉森是寇斯的學生
著作	「公司的本質」，發表於經濟期刊	
主張	1. （零售）（本書所加）公司的存在，在於降低品牌公司跟消費者間的「交易成本」，這些包括 ・產品規格 ・訊息（又稱資訊搜尋成本） ・討價還價（俗稱談判成本） ・保障承諾（簽訂契約，俗稱簽約成本） ・產品驗收（又稱監督成本，另有突發事件成本） 2. 降低交易成本的機制 (1) 政府的介入（例如法律）有助於降低交易成本 (2) 自然形成的交易機制「誠信」、「一諾千金」等交易規矩，是多年發展出的。	以其老師寇斯的交易成本理論為基礎，延伸到產業。其一是，有些公司為了降低上中下游間的交易成本與時間，進行垂直整合，例如三星集團從玻璃基板到液晶螢幕到液晶電視從頭做到尾，可說是全球垂直整合程度最高的液晶電視、手機公司，詳見 Unit 6-6。 簡單的說，以（交易）成本較低的企業內交易取代成本較高的（公司與公司間）市場交易。

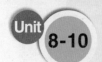

Unit 8-10 加盟經營如何解決資訊不對稱問題

資訊不對稱最有關切身利益的領域之一是加盟，本單元說明彼此的心結與解決之道。

一、加盟創業是小本創業的主要方式

「大樹下好乘涼」因此加盟創業一直是小本創業的主要方式，然而雙方皆擔心「各懷鬼胎」去採取一些增加「道德風險」的行動，詳見下二段說明。

二、加盟總部擔心「黑心」加盟主

優質的加盟總部最擔心碰到黑心加盟主，黑心加盟主想多賺，因此偷工減料（詳見右表第二欄），以致「一顆老鼠屎壞了整鍋粥」。江浙小吃名店鼎泰豐餐廳在香港的加盟店就出現失序（主要是推出自創餐點）狀況，以為「天高皇帝遠」，鼎泰豐會不知道，鼎泰豐只好依約處理。

美國的義式咖啡館星巴克為了維持品質，全球授權經營（例如臺灣的統一星巴克）皆規定採取直營。

臺灣的美食達人公司旗下的「85度C」，在臺灣九成以上（約370家店）採加盟經營。但在中國大陸，全部採取直營店，這是向肯德基學的，以免加盟主使壞心眼。

三、加盟主害怕「遇人不淑」

「人心隔肚皮」，殷實的加盟主也害怕碰到黑心加盟總部。電視上常見一些惡劣加盟總部，收了一、二百家加盟店的訂金後，便落跑，連公司都找不到。

加盟主覺得自己才是弱勢，在資訊方面，處於「敵暗我明」狀況，要提供本身身家資料、財產抵押。可是連加盟總部的財務報表（想了解加盟總部是否有賺錢）也不知道，無法判斷經營前景。

四、提高資訊透明度，增加互信

「陽光是最好的防腐劑」，同理，透過提高資訊透明度，可以增加互信，措施如下。

1. 加盟總部提高資訊透明度

透過四大、七中、十五小會計師事務所雙簽財務報表以提高財務報表透明度，美食達人、瓦城等股票上市（上櫃），更透過機構投資人、證交所的多重監督，以證明公司治理「OK啦！」。

2. 加盟主提高資訊透明度

例如提供原料供貨公司名單，以確保「原料不會出意外」。

加盟主跟加盟總部間攻防戰

情況 行銷組合	加盟主擁有資訊優勢	加盟總部擁有資訊優勢
一、產品		
（一） 契約內商品	1. 針對店內自製商品（例如餐飲）「減料」。 2. 偷改商品有效日期，即販售過期商品	出貨調高價，自稱好食材，但是加盟主以三成價格便可買到。此外店面招牌、店內裝潢等也有「虛列帳目」情況
（二） 販售契約外商品	少數加盟總部（例如萊爾富）允許加盟主針對 1,700 樣店內商品，三成以內可以逕行進得販售，但違禁品（例如炮竹、黃色書刊）例外。	
二、定價		
（一）偷跑	偷偷調降商品售價，以致各加盟店間定價不一	
（二）落跑	不開發票，少繳營業稅與加盟金（依營收 *7%）	
三、推廣		
（一）廣告	加盟主自己做的店面廣告（POP）或 DM 等有「廣告不實」等情事。	向加盟主徵收聯合廣告費，但卻虛列，中飽私囊
（二）人員銷售	針對店員服務七折八扣，例如店員人數不足、店員不適任	加盟總部派出地區督導、神秘顧客，站在加盟主角度有可能是「找碴」
（三）促銷	加盟主不配合加盟總部贈品促銷活動	向加盟主徵收促銷費，但卻以一些劣質或廉價贈品搪塞，讓加盟主遭受顧客抗議
四、實體配置		
（一）開分店		給予加盟主「經營範圍保障」（例如加盟主店 200 公司內加盟總部不開分店），但卻毀約，以致「自己打自己人」
（二）物流		

《灣生回家》一書作者的身分捏造

時：2016 年 12 月 30 日

人：陳宣儒，在書上假冒日本人，名字田中實加。

地：臺北市

事：陳宣儒著《灣生回家》一書，說明自己是臺灣生日本人田中櫻代的孫女，書由遠流出版公司出版（2014 年），銷量 5 萬本，其紀錄片於 2015 年 10 月上映，且入圍金馬獎最佳紀錄片。

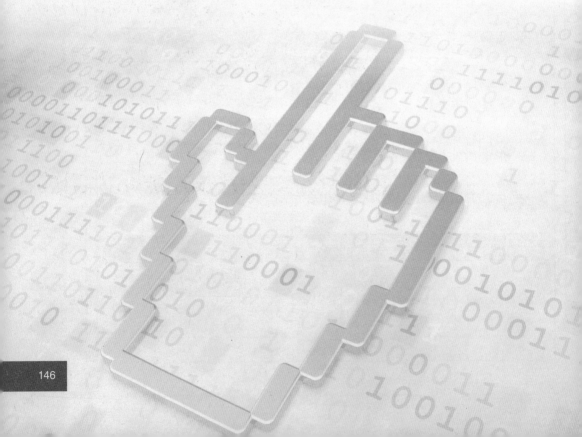

第 **9** 章

外部效果

Unit 9-1　外部效果的定義

Unit 9-2　總體經濟中考量外部效果

Unit 9-3　外部效益與外部成本

Unit 9-4　回歸市場機能以解決外部效果—寇斯定理

Unit 9-5　針對外部效益行為予以補貼

Unit 9-6　政府對汽車的燃料稅

Unit 9-7　數量管制

Unit 9-1 外部效果的定義

　　人買房，最怕附近有「嫌惡設施」，包括空氣污染源的餐廳、聲音污染源的卡拉 OK 與「叮咚」（便利商店的開門鈴聲，2016 年 8 月起，臺北市管制音量）。

　　甚至人出門便會面臨霾害，無孔不入，也會循縫、窗縫滲透到車內、屋內。

　　外部成本的情況嚴重到人民「忍無可忍」，要求政府拿出對策，否則人民就走上街頭以自力救濟。本章討論外部效果，尤其聚焦在外部成本。

一、外部效果在經濟活動中的影響

　　在拙著《圖解經濟學》中，以圖說明國民所得衡量屬於第一象限，即只算「合法且有市場交易的。」對第二、第四象限等不予處理，本章處理外部效果部分。

二、外部效果的分類

　　我說「白」，你會接著說「黑」，同樣，我說「內部」，你會說「外部」。

　　在個經中（圖）為了全包（公司、家庭），所以使用「私」(private) 部門這個字，相對的便是「公」(public) 部門，指的是政府這樣說起來太文謅謅了，本單元以「公司」為對象，因此右表中 private 的部分譯成公司。

1. 第一列：公司需負責 vs. 公司不需負責

　　第一列左邊是公司負責的營收、「成本」（經濟學中指損益表上的營業成本、費用與所得稅費用），右邊則是不必負責。

2. Y 軸：正面 vs. 負面

　　表中第三列是指公司行為對社會有正面影響，第四列是對社會有負面影響。

三、外部效果的種類

　　外部效果（externality, 俗譯外部「性」）有「好」（正的）、不好的（負的）。

1. 外部效益（external benefit）

　　「一家烤肉萬家香」是常見的外部效益，果農種龍眼樹採龍眼，對養蜂戶來說，多了免費的覓食來源，社區多個樹林造景，住宅景觀看起來也美觀許多。

2. 外部成本 (external cost)

　　鋼鐵公司甚至鹽酥雞攤，在生產時，會造成各種污染（分成三類：空氣、水、聲音等）與環境破壞，許多公司不負責。但是對社會卻造成外部成本，例如家庭的洗衣費、醫療費用增加。

3. 站在社會角度

　　「社會是人之積也」，效益與成本匯整，由右下圖左邊可見。

　　• 社會效益（social benefit）

　　　這包括公司效益與外部效益。

- 社會成本 (social cost)

  這包括公司成本與外部成本。

四、外部效果代表柏瑞圖改善空間存在

1920 年，庇古 (A. C. Pigou) 出版《福利經濟學》，其中負面外部效果（或稱為社會成本），也就是「把自己的快樂建築在別人的痛苦上」，而且不須負責任，使得柏瑞圖效率 (Pareto efficiency 或 Pareto optimality)「破功」。

「冤有頭，債有主」、「好漢做事好漢當」，本章說明政府、個體如何把「外部效果」內部化。

社會效益與社會成本（數字列詳見 Unit 9-3）

公司須負責	公司不須負責	社會
(1) 公司損益表	(2) 外部性 =	(3)=(1)+(2) 社會
(1a) 公司效益 (private benefit) 例如公司營收	(2a) 外部效益 (external benefit) 又稱外部經濟 (external economy)	(1a)+(2a)=(3a) 社會效益 (social benefit)
(1b) 公司成本 (private cost) ・營業成本 ・營業費用	(2b) 外部成本 (external cost) 又稱外部不經濟 (external diseconomy)	(1b)+(2b)=(3b) 社會成本 (social cost)
(1c)=(1a)-(1b) =(稅後) 淨利 - 權益資金成本 = 經濟淨利	(2c)=(2a)-(2b) 註：外部淨利	(1c)+(2c)=(3c) 社會淨利 (social profit)

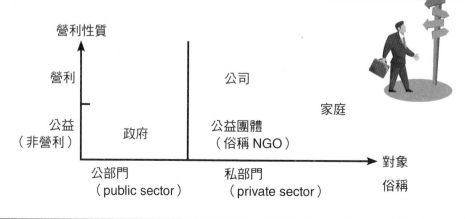

Unit 9-2　總體經濟中考量外部效果

　　總經跟個經只是處理課題的組織層級不同罷了，重疊比重很大。如果能一一比較，就很容易「由大（總經）到小（個經）」的融會貫通了。本單元乘外部效果之便，以環境保護效果為例，來舉例說明。

一、名義實同

　　由表可見，以國家的國民所得會計制度來說，有考慮環保效果的稱為「綠色國民所得」，在公司稱為環境會計。名稱不同，觀念相近，學習時可以「以一舉三」，就很容易「一以貫之」了。

二、外部成本的衡量：全球 13 國

　　2007~2010 年，七大工業國 (G7) 加上五國的環保部長，發起生態系統與生物多樣性經濟 (The Economics of Ecosystems and Biodiversity;TEEB) 的量化研究，套用表中綠色國民所得帳方式，分成兩項外部環境成本，約占全球總產值 12%。

1. 自然資源折耗 2~3 兆美元

　　以砍伐森林（主要在巴西、馬來西亞、印尼雨林）造成損失約 2~3 兆美元

2. 環境品質質損 7 兆美元

　　這是國家污染與全球暖化的損失。

三、綠色國民所得帳

　　總體經濟中有討論外部效果，以表一中的第二欄綠色國民所得最經典，分成二個項目。

1. 自然資源助益

　　這是指公司生產行為等對環境的助益，例如林業公司植樹造林，有涵養水源、吸收二氧化碳等許多環保效益。

2. 自然資源折耗及環境品質質損

　　這是指公司生產行為與家庭政府消費行為（例如開車排放溫室氣體），對「自然資源折耗及環境品質質損」的環境成本金額，一年約 700 億元，占國內生產毛額 0.4%。由此可見，1980 年代以來，隨著政府提高環保水準，再加上人民對違法工廠的施壓，環境成本占國內生產毛額的比較已經很低，有些國家達 8%。

四、行業

　　美國 KPMG 會計事務所 2012 年的「預期不可預期，2012 報告」，以 2010 年為期，針對 11 個行業估計「外部環境成本占稅前淨利」比重，詳見表二第五欄。

　　平均數：稅前淨利中有 41% 為外部環境成本。

　　年增率，約 11%：每 14 年外部環境成本成長 1 倍。

五、個經層級，公司採環境會計

　　公司層級把經營行為帶來環境效益、環保成本以貨幣金額方式納入財務報表，稱為環境會計 (environmental accounting)，服務業第一家採用的為統一超商，在公司年報表花三頁說明對資源有效利用（量）、溫室氣體減量的投資、費用支出。簡單的說，把外部效果內部化了。

總體與個體經濟對外部性的處理

個體經濟的 外部效果	總體經濟 （以 2014 年為例）	說明	解決之道	
			公司	個人
下述兩項合稱 外部效果 (externality)	國內生產毛額 (GDP) 16.94 兆元			
外部效益 (external benefit)	+ 自然資源助益	屬於公司環境會 計中的環境效益， $Q_1 < Q^*$	補貼　財產權 （ 讓 $Q_1 \nearrow Q^*$）	
外部成本 (external cost)	- 自然資源 折耗 187 億元	$Q_2 > Q^*$	課稅　財產權 讓 $Q_2 \searrow Q^*$	
	- 環境品質 質損 520 億元			
小計	= 綠色國內生產毛額 16.87 兆元	政府有適當干預 後 Q^* 均衡產量		

全球 11 個行業的外部環境成本

污染	原因	行業	稅前淨利 (億美元)	外部環境成本
一、空氣污染	1. 溫室氣體排放	煉油等石化	6700	23%
	2. 燃煤	電信網路	4820	2.5%
		電力	1230	87%
	3. 二氧化碳排放	汽車	1530	22%
		化學	1000	43%
		工業金屬	970	71%
		航空	220	52%
二、礦業		礦業	1340	64%
		飲料	890	224%
		其他	840	42%

Unit 9-3 外部效益與外部成本

公司損益表是從公司角度來看，分為營收（即公司內部效益）、成本費用（即公司內部成本）；公司的外溢出行為，「置身事外」的稱為外部效益、外部成本。從社會來看，便沒有什麼內外之分，稱為社會效益、社會成本。

一、效益成本分析

外部效果用詞很多，我們套用「效益成本分析」(benefit cost analyais) 用詞，說明於下。

二、外部效果的分類

套用電子商務的企業對企業「B2B」、企業對消費者「B2C」、消費者對消費者「C2C」等用詞，可以說把外部效益、外部成本的行為人的行為與被影響者做表以便了解，詳見表一、二。

三、外部效果的損益表表達方式

對公司（外部效果製造者）來說，營收、成本有內外之別，對社會來說可用「無所逃於天地」來形容，針對外部效益有二種處理方式，

1. 損益表表內表達方式

由表三（一）可見，這樣看比較易懂。

社會效益－社會成本＝社會淨利

社會效益＝公司營收＋外部效益

社會成本＝公司成本費用＋外部成本

2. 損益表表外表達方式

在報表外以表外 (off-balance sheet) 附註方式，是會計準則較可以接受方式，詳見表三。

表一　個體間的外部效益

行為影響者 ＼ 被影響者	公司 (B)	個人 (C)
公司 (B)	對員工進行在職訓練，因人員離職，對其他公司也有貢獻	公司造景使社區整體環境更美觀
個人 (C)	學者寫學術文章甚至出書，公司可以運用其點子	搭捷運，讓馬路不塞車

表二　個體間的外部成本

行為影響者 ＼ 被影響者	公司 (B)	個人 (C)
公司 (B)	造紙廠排放污水讓下游養鴨戶、種稻戶無事可做	購物中心附近週末的時候，交通就打結
個人 (C)	個人在水源區養豬、烤肉卻苦了自來水公司，淨水成本上升	1. 例如蓋房子擋到鄰居的光 2. 自己抽菸，變成別人的二手菸問題

表三　社會效益與社會成本的二種表達方式

—以 2016 年台積電說明　單位：億元

損益表	下列二項皆假設	社會
營收 9480	520 外部效益	10000 社會效益
- 公司成本費用 6028	-272 外部成本	6300 社會成本
會計淨利 3342 （另 -900 權益資本成本 = 經濟淨利 2552）	=2+8 外部淨利	3700 社會淨利

Unit 9-4

回歸市場機能以解決外部效果──寇斯定理

　　當人生病了，大部分的醫生皆是開藥以提升人的免疫力，強身以打敗細菌、濾過性病毒甚至癌細胞。

　　市場失靈的解藥是「恢復市場機制」，這是上策；政府的行政干預往往導致政府失靈，充其量只是中策甚至下策。

一、立法與司法介入──法律經濟學

　　資本經濟強調市場機制的重要性，但碰到外部效果、資訊不對稱情況，市場就失靈 (market failure) 了。經濟學者主張政府介入市場，以協助市場恢復功能。以外部效果中的污染來說，便得透過立法、司法等公權力介入，以回歸市場機制，就是 1960 年代起源的法律經濟學 (law and economics, 或 economic analysis of law) 的重點，美國學者寇斯是奠基者之一，臺灣的中央研究院院士朱敬一 (2012 年擔任科技部部長) 是此領域的大將。

二、寇斯

　　寇斯提出「社會成本問題」一文，其中「寇斯定理」(Coase theorem)，重點在於「只要定義財產權的歸屬，透過雙方（加害者與受害者）協商，便可使污染量達最適量，即符合柏瑞圖效率」。

三、寇斯定理三步驟

　　寇斯定理只有二步驟，本書加大到三步驟。

步驟一：公權力介入

　　政府（包括立法、行政、司法介入，判定誰有污染權的財產權，詳見表中第一欄，一是加害者（例如公司）、一是受害者（或稱苦主，例如消費者）。

步驟二：加害者跟受害者協商

　　在表中第二欄，是雙方協商時的決策準則，還是套用公司生產時的決策準則：MC ≦ MR。寇斯的論文只有簡單圖表，注重原創性，這也是本書著眼點，希望易讀性高。

步驟三：建立財產權交易市場

　　2016 年 1 月 4 日，新北市有個民事侵權的法院判決，大廈中 4 樓住戶父子在浴室抽菸，二手菸循著管線進入 5 樓住戶陳小姐家中。陳小姐四次向大廈管委會反應，無效，訴之法律，地方法院一審判 4 樓住戶陪 2.5 萬元：1.5 萬元陳小姐買空氣濾淨機，1 萬元的精神慰藉金。這是第二宗室內二手菸污染判賠案例。（中國時報，2016 年 1 月 4 日，A10 版，謝韋恩）

四、新加坡的例子

　　2014 年 7 月 31 日，高雄氣爆發生，導致 32 位居民死亡，掀起高雄市政府建議經濟部設立「石化專區」，把「不定時炸彈」移到郊區。中國大陸福建省古雷石化專區、新加坡的石化專區有「外部成本內部化」的味道。

　　石化公司付出年海造陸的成本，把污染隔絕在本島之外。

寇斯定理的二種情況

協商 ＼ 財產權	一、加害者：假設是公司	
決策準則	受害者付費給加害者（或消費者付費給公司）「少造點孽」，受害者付費決策準則：	
	MC	≦ MR
	受害者付錢	受害者因加害者「少造孽」的效益提升
	白話的說：兩害相權取其輕	
舉例		
蓋房子	這情況較少見，有些建設公司為了讓豪宅有好的視野，跟前端住戶買下其「上空權」（即房子只能蓋到 4 樓）	
抽菸	不抽菸的李小姐買空氣濾淨器以讓張先生抽菸時能有個「可接受」的空氣	
工廠污染	這情況較少見	
聲音污染	這情況較少見，例如社區住戶集資幫卡拉 OK 店做隔音設施，以降低其噪音到可接受程度	

協商 ＼ 財產權	二、受害者：假設是消費者	
決策準則	加害者付費給受害者，此類似受害者扮演政府向加害者「收稅」加害者付費決策準則：	
	MC	≦ MR
	加害者付的補償費	加害者因可合法「造孽」所帶來的邊際收入
	當等號出現時，此時達到柏瑞圖效率	
舉例		
蓋房子	這是臺灣法令的正常情況，業主蓋房子時須尊重鄰居的日照權	
抽菸	抽菸的李先生買空氣濾淨器，以降低二手菸的污染量，好讓陳小姐等「能接受」	
工廠污染	最常見的例子有二。 1. 台電每年以「敦親睦鄰」基金補償電廠附近居民。 2. 雲林縣麥寮鄉台塑六輕每年提撥補償費給縣政府轉發給工廠附近居民	
聲音污染	最常見的例子有二。 1. 臺北機場付費給航道下住戶 2. 臺北市捷運公司付費給文湖線旁居民氣密窗等房屋修繕費用	

針對外部效益行為予以補貼

2015 年 9 月，中國大陸霧霾創有史以來嚴重紀錄，有時北京市白天整個都「不見天日」。臺灣行政院環保署經常發布細懸浮微粒 (PM2.5)「紫爆」（英國水準每立方公尺 71Mg/m³）警報，出門戴口罩逐漸成為全民運動。相關公共衛生的研究可用「語不驚人死不休」（例如 2014 年 6,000 人間接死於此因）形容。

政府、企業、人民全面警覺空氣污染的嚴重性，本單元從補貼角度切入。

一、汽機車廢氣是元凶之一

依環保署的資料指出，臺灣細懸浮微粒 (PM2.5) 的源頭，36% 來自汽機車及貨車等的廢氣排放、27% 來自中國大陸的飄入、25% 來自工廠（石化業占 2%）的排放，12% 來自太陽光副作用，其他包括路面的揚塵。

二、政府該為人民做善事嗎？

每次談到節能環保，業者、百姓皆舉出歐洲國家對太陽能發電、購買電動汽車的補貼，以說服政府「見賢思齊」，本單元以二個例子來說明。

三、蘿蔔：電動機車輔助

政府對油電汽車、燃油汽車改裝成瓦斯給予補貼，但金額低（例如計程車改用瓦斯，每車補助 2.5 萬元），誘因不足。

電動機車也面臨同樣問題，2009 年起，經濟部工業局推動電動機車補助方案（詳見表），希望達到「四年十六萬輛」目標。由於補助款最高 1.4 萬元，跟 6.6 萬元車價相比，民眾得付 5.2 萬元。

由於電動機車價格高，因此市場一直無法打開，詳見表一。

政府的國家發展基金投資 10 億元於生產 Gogoro 的睿能創意公司，希望能成為「臺灣之光」，但民眾實付金額 9 萬元，所以 2017 年銷量 2 萬台，跟存量 900 萬台相比，九牛一毛。

四、節能家電

每次政府想透過刺激消費，矛頭指向節能家電，詳見表二。

寇斯 (R. H. Coase) 小檔案

出生：1910 年～ 2013 年 9 月 2 日，生於英國英格蘭，1946 年移民美國
經歷：芝加哥大學、維吉尼亞大學、英國倫敦經濟學院等教授
學歷：倫敦經濟學院商學士 (1932 年)
榮譽：1991 年諾貝爾經濟學獎得主

內銷機車與電動機車銷量

單位：萬車輛

年	2010	2011	2012	2013	2014	2015	2016
(1) 機車	52	68	66	66.74	66.74	70.9	85
(2) 電動機車	0.5193	0.7582	0.8643	0.7110	0.5077	1	2
(3)=(2)/(1)	0.001	0.011	0.013	0.106	0.008	0.014	0.024

2015 年 11 月行政院刺激消費方案中的節能家電

項目	說明
金額	16.36 億元
補助	每台 1,000 ～ 2,000 元
節能家電	主要是顯示器和電視機，冰箱和冷氣機其次，瓦斯爐和熱水器很少

Unit 9-6　政府對汽車的燃料稅

　　針對降低社會成本，政府介入，最佳的例子可說是針對汽車發揮節能減碳的功能，政府「棍子與蘿蔔」齊下，本單元介紹汽車燃料稅的徵收方式。

一、臺灣每人排放全球第四

　　以每人平均排碳量來說，臺灣在全球排第四，僅次於中國大陸、美國、澳大利亞。

　　工業是排碳的大宗，約占 47.8%，至於家庭排碳主要來源是使用交通工具，即 775 萬輛汽車、900 萬輛機車。

二、2015 年 12 月

　　2015 年 12 月，聯合國 195 個會員國在法國巴黎市開會，通過一個沒有約束性的「巴黎氣候協定」(Paris Accord)，主要在各國設定目標 (INDC) 以維持 21 世紀末地球溫度上升 2 度以內目標，中國大陸政府提出單位 GDP 的二氧化碳排放比例在 2030 年前比 2005 年下降 60~65%。2016 年 11 月 4 日，此協定生效，至少有 72 國 (占全球碳排量 56%) 以法令方式在國內實施，能各自制定碳稅或採取「總量管制與交易」(cap-and-trade) 制度。

三、兩岸對於「減排」的做法

　　中國大陸針對霾害的統計很多，例如針對人民健康，最大數字是一年因此 130 萬人死亡。2015 年可說是非常嚴重一年，位處下方處的臺灣，11 月開始，PM2.5 的等級常常已經到 9 級上（屬於紫色），俗稱紫爆；出門戴口罩成為全民運動。

　　人民受不了，希望政府拿出辦法，詳見表一。

四、棍子：汽機車的燃料稅

　　針對汽車造成的空氣污染，交通部採取從量稅，由財政部執行徵收，稅費性質稱為汽機車燃料費。以汽車來說，把汽車依引擎排氣量分成十五個級距，每 600cc 為一個級距，例如 1,801~2,400cc、2,401~3,000cc。常見組距詳見表。

　　由表可見，汽車燃料稅採取「從量稅」的原因是「方便稽徵」，過去曾一度採取「隨油徵收」的燃料稅，但是地下油行大發利市。以至只好回歸「隨車為收」的從量稅。

常見汽車牌照稅和燃料稅

單位：元

引擎排氣量	牌照稅	燃料稅	一年合計
3001~3600	28200	8640	36860
2401~3000	15210	7200	22410
1801~2400	11230	6210	17440
1201~1800	7120	4800	11920

台海兩岸針對減排的做法

對象	臺灣	中國大陸：以上海市為例
一、針對公司	2015 年 7 月起，溫室氣體減量及管理法實施，主要是針對水泥、石化等高污染行業，進行空氣污染排放總量管制，並且有碳權的觀念，未來減排胡蘿蔔與棒子並行，會納入對企業的經濟誘因機制，經濟部工業局表示，2016 年 3 月成立「溫管法產業因應小組」，下設鋼鐵、石化、電子、水泥、造紙、紡織人纖等 7 大工作小組，結合 334 家公司，針對各行業減碳潛力、減碳成本進行盤點。	2015 年 10 月起，上海市發改委、市物價局、上海市財政局、上海市環保局聯合制定「上海市揮發性有機物排污收費試點實施辦法」，將開始試辦揮發性有機物 (VOCs) 排污收費。排污收費分為 3 個階段 (2015.10~2016.6 迄 2017 起)，每個階段實施不同的收費標準，每公斤人民幣 10 元、15 元、20 元。 收費的產業，包括石油化工、船舶製造、汽車製造、包裝印刷、家具製造、電子等 12 個大類中的 71 個中小類產業，已包括大部分工業 VOCs 重點排放產業。預計 2017 年底，可使該市工業 VOCs 排放總量減少 50% 以上，進一步改善空氣品質。（摘自工商時報，2015 年 12 月 18 日，A17 版，吳瑞達）
二、針對家庭	2015 年 12 月 17 日，環保署向行政院會報告「巴黎氣候公約會議進展暨因應氣候變遷後續規劃作為」，能源稅制（碳稅）立法，收入優先用於節能減碳	

對汽油課徵從價稅、從量稅的優缺點

項目 \ 稅目	從價稅	從量稅
1. 課稅方式	汽燃費「隨油徵收」可強化民眾使用大眾運輸工具意願，促進節能減碳，且也有助於汰換老舊、高耗油車輛。	汽燃費率是依據引擎排氣量容積「隨車徵收」。
2. 消費者的決策準則		
3. 缺點	一旦隨油徵收，油費勢必提高，地下油行會猖獗。  	對不經常開車的民眾來說，隨車徵收是一種懲罰，不符合「使用者付費」的公平原則。 在科技不斷進步下，引擎排氣量跟油耗表現不能劃上等號。各種先進科技（例如多氣門、電腦噴射、渦輪增壓等）都讓小排氣量引擎性能跟自然進氣大引擎並駕齊驅甚至超過。 油電混合汽車、純電動汽車（二者中國稱為生態汽車）的排碳量極低，但隨車收費該如何計算？

數量管制

　　針對外部成本的行為，政府在一些情況下，會採取數量管制（俗稱限量），背後想法之一在於稅價權、課稅等措施，有可能引發低報行為。至於數量管制也會面臨同樣問題，但是試圖在外部成本訂下一個可容忍的上限量。

一、節能減碳愛地球

　　地球暖化 (global warming) 現象帶來的大自然反撲，例如極冷極熱的極端氣候、旱災與水災造成人命與財物損失，已經人所周知。許多國家皆採取數量管制，針對燃煤發電或國土開發，設定上限，本單元只以二個例子來說明。

二、全球的減少排碳公約

日期：2015 年 12 月 12 日，聯合國氣候變化綱要公約第 21 次締約方會議 (COP21)

成員：聯合國會員 195 國，協定第 118 條提供「非締約方權益關係者 (non-party stakeholder)」的參加

地點：法國巴黎市

結果：《巴黎氣候協定》

目標：升溫攝氏 2 度（以 1750 年工業革命時起算），但由於 1997 年 37 國（不含中美）簽署、2005 年生效的《京都議定書》，迄 2015 年全球溫度已上升 0.5 度。所以只剩 1.5 度空間，各國每五年需提出「國家自訂預期貢獻 (NDC)」。《巴黎氣候協定》是一個不具有法律約束力的決議，但只及於機制和做法。減碳目標是以自願的方式提出，透過自我限額的機制，不必更動到公約本文，就由此產生「由下而上」減量目標（2030 年溫室氣體排放量 400 億噸）。從 2020 年起工業國家每年集資 1,000 億美元，以協助新興國家因應氣候變遷的衝擊，以及溫室氣體減排所造成的影響。例如 2015 年預測全球因海平面上升而面臨家園被淹沒的人口有 2.8 億，這項目標有望將受影響人口減半。新興國家需要更久時間來達到排放峰值。在考量公平、永續發展，和消除貧窮等條件下，各國希望本世紀後半葉減低的溫室氣體排放量，能跟各種人為排放量達到平衡。

三、2016 年減碳努力目標

　　依照 2015 年通過的《溫室氣體減量及管理法》規定，臺灣在 2016 年底透過法制程序，公布五年排放目標。

　　2016 年 1 月 5 日，行政院的「綠能低碳推動會」委員會通過如表一所示內容。

四、臺灣的規定

　　2016 年起工業的空氣污染排放量管制規定，由表可見，行政院環保署對空汙排放量管制的規定，表中有二個地方須說明。

　　1. 對象：想要擴廠或新設廠的企業，其空汙排放量符合表中標準「之一」。

　　2. 地區二級防制區：國家公園或保育區以外，符合空氣品質標準的地區

　　三級防制區：國家公園或保育區以外，不符合空氣品質標準之地區

　　總量管制區：2015 年 6 月底高屏納入，未來可能納入中彰投、雲嘉南。

2016 年行政院訂定減碳目標

目標	2016 年底溫室氣體排放量,將回到 2012 至 2014 年平均排碳量 (約 2.5 億噸),2030 年減量 50%。
2014 年排放占比	工業占 47.8%;運輸業 14.6%;能源業 10.5%;農業 1.1%;服務業 13.4%;住宅 12.6%
工具	強制排碳大戶登錄、盤查,並建立稽核驗證機制 訂定效能標準與獎勵,做得好就給獎勵 實施總量管制,研議啟動碳交易制度與開徵課稅,詳見表二 鼓勵企業自願減碳、提升能源效率

資料來源:行政院,2016.1.5

固定污染源排放量

類別	內容
影響產業	石化、電力、鋼鐵、紡織、印染、造紙等
預計成效	納管的工業空污量降低
年排放量門檻	· 粒狀污染物:10 公噸 · 碳氧化物:10 公噸 · 氮氧化物:5 公噸 · 揮發性有機物:5 公噸
位於二級防制區	須以電腦模式模擬證明,排放不超過當地容許限值
位於三級防制區	須做電腦模式模擬,及採行最佳可行控制技術 (BACT)
位於三級防制區及總量管制區	同上且抵換額度須透過自行減量、交易、拍賣取得

資料來源:環保署

知識補充站

細懸浮微粒

(PM 2.5)
PM (particulate matter)
2.5μm:2.5 微米 PM2.5 指直徑在 2.5 微米以下的粒子
對人體影響:透過呼吸空氣,進入人體,傷害呼吸道、心血管系統,甚至導致肺癌、心血管疾病。

第 **10** 章
公用商品
——兼論機制設計理論

Unit 10-1　公用商品的定義

Unit 10-2　公用商品的需求曲線

Unit 10-3　公共選擇理論

Unit 10-4　機制設計理論

Unit 10-5　機制設計理論的運用情況

Unit 10-6　最適配置機制

Unit 10-7　誘因相容原則與揭露原則

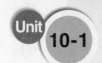

Unit 10-1 公用商品的定義

柏瑞圖效率的三個條件之一是「沒有外部性或公用商品」（詳見 Unit 7-1 表），本章說明公用商品的影響，首先介紹公用商品的性質。

一、始祖

公用商品 (public goods) 這個名詞意思是由凱恩斯學派開宗宗師薩繆爾遜，在 1953 年提出，俗譯為「公共財」或「公共商品」。

二、有比較，才知道差別

想知道有多白，跟「黑」比，就知道了。同樣的，公用商品的反面字是私用商品 (private goods)，private 的反面字是 public，因此才使用 public goods 這詞。

由圖第一象限可見，私用商品具備兩個特性。

X 軸上段：獨享性

最常見「獨享」(rivalry) 的用詞之一是牙醫診所強調每位病患皆有一套醫療用品，以免共用以致感染疾病（尤其是愛滋病）。

Y 軸上段：排他性

「有我就沒有你」貼切形容「排他性」(exclusivess)，有些零售商店（例如微風購物中心）一年內有幾天是「會員日」，只有「會員獨享」，貼切描寫「排他性」。

三、公用商品特色

由圖中第三象限可具公用商品具備兩個特性。

1. X 軸左段：共享性或集體消費性

獨享性的反面字是共享性 (nonrivalry) 或集體消費性 (collective consumption)，有許多商品／服務的許多消費者一起用，例如公共交通工具（公車、捷運）、電影院。

公用商品的最大特色是使用的「邊際成本為零」，以游泳池來說，原來只有一個人使用，多一個人使用，對泳池業者來說，成本沒差。

當公用商品使用的人越來越多時，每人分到公用商品數量、品質有可能走下坡，這部分稱為擁擠成本 (congestion cost)。

2. Y 軸下段：沒有「排他性」

馬路沒有圍籬，誰都可以走；反之，高速公路可說是封閉道路，有些國家在匝道收費情況下，沒有 ETC（或 E-Tag）就進不了匝道、上不了高速公路。

公用商品因為無法有效排除其他人分享，所以自然會出現白吃白喝的「搭便車的人」(free rider)。

三、混合商品

私用商品跟公用商品間不是涇渭分明，就跟白與黑之間有灰色一樣，私用商品中具有大眾消費性質（例如高速公路、游泳池），在到達「人滿為患」時，可說是混合商品 (mixed goods)，又可細分為「準公用商品」(quasi-public goods) 與「準私用商品」(quasi-private goods)。

私用商品跟公用商品的差異

排他性 (exclusiveness)

準公用商品
(quasi-public goods)：
戲院、公園、有線電視、
收費高速公路

私用商品
(private goods)

沒有
「獨享性」
(non-rivalry)

獨享性
(rivalry)

共享性或集體消費性
公用產品 (public goods)
→衍生出搭便車的人

準私用商品
(quasi-private goods)：
例如汙染 (外部成本)

沒有「排他性」(non-exclusiveness)

英文用詞小字典

知識補充站

private：私人的，主要指個人、家庭
goods：商品，19 世紀英國人以此字指動產、商品
private property：私人財產
private goods：本書譯為私「用」商品，這包括租用的商品 (例
如租車等)

公用商品的需求曲線

私用商品是使用者付費，因此公司比較容易預估公司甚至產業的市場潛量（俗稱商機）。但是公用商品就沒這麼明確，以大學生宿舍來說，許多房屋是三人一間房，電費靠悠遊卡插卡方式的使用者付費，可是一人插卡付費，另二人卻可享受免費冷氣，是標準的搭便車的人。

一、圖形是舉例

在圖中，我們以兩條市場曲線來說明付費與整個市場（付費加上白吃）需求曲線，以突顯「搭便車的人」的消費量。有其他畫法，本圖只是舉例而已。

二、問題：搭便車的人不在需求曲線上

2005 年 3 月，統一超商推出凱蒂胸章的集點贈促銷案，其中還有隱藏版。同樣的在圖上，你可看到市場上有形的供需曲線，可是就有一群不付費的搭順風車的人，趁機分一杯羹，把 D_0 無形的往外推，成為 D_1 線。

也就是真正的消費量在 Q_1，Q_0Q_1 這一段便是搭便車人的消費量。

三、最差狀況

圖上還是好情況，對公司來說最慘的情況是，在做市場調查時，消費者反映出購買意願是需求曲線 D_0，可是一旦公司開始供貨，連承諾付費的消費者看見有人白吃白喝，也不再付費，加入「白吃」一族。那時，公司收不到錢，就會虧損了。

四、公司會自己找到一些出路

2003 年起，隨著網路下載音樂的方便，歌曲從私用商品（一張 299 元的 CD）變成公用商品，由於不容易查緝非法下載，因此音樂產值從 120 億元快速衰退。途中，唱片公司試著 CD 附送歌手寫真集、辦簽唱會或各地唱片行簽名會，皆無法力挽狂瀾。

2007 年起，唱片公司舉辦個人演唱會，此屬於準私用商品性質，至少可以排除搭便車的人。簡單的說，唱片公司看到二個市場：CD 市場（包括線上下載）、個人演唱會售票市場，後者的市場需求曲線比前者明確很多。2012 年 4 月，歌手張惠妹一連舉辦八場個人演唱會，場場客滿；王力宏在中國大陸北京市鳥巢體育館舉辦臺灣歌手首位的演唱會，票房收入 2.7 億元。2015 年，台語歌后江蕙的封麥系列演唱會創下票房記錄。

公用商品的市場需求曲線

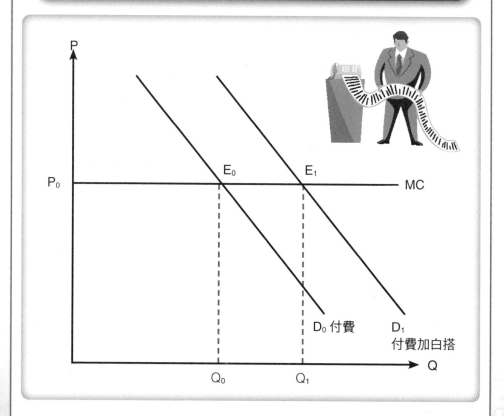

常見的公用商品

層級	舉例
一、政府	常見碰到「不」付費搭便車的人
1. 國防部	內政部海巡署防走私偷渡
2. 內政部	不收費的公園、警察、消防隊
3. 交通部	道路，尤其是高速公路
二、民間組織	
1. 社區	
・治安	社區巡邏隊、保全
・清潔	修剪花木、掃街
2. 公司	WiFi 熱點，員工藉此免費上網
3. 大學	學生沒繳系費，卻參加系學會辦的公開且不收費活動

167

Unit 10-3　公共選擇理論

「經濟歸經濟，政治歸政治」這是媒體上常見的希望討論經濟問題時不要「牽拖」（即泛政治化）。由這句名言可見，公用商品的供需是經濟問題，也最好以經濟方式處理；至於由政府提供的是「無市場」的，例如國防、司法等。

一、社會選擇理論

公用商品的本質是集體消費，例如一個社區要聘請保全巡邏，因此本質上屬於政治領域中的投票行為，廣義的稱為社會選擇理論。

二、布坎南

在布坎南提出的「公共選擇理論」(public choice theory)，主張以民主政治代替市場機制中的價格機制，使政府對公共事務的決策，能確實增進人民的福祉，把經濟分析運用於政治市場 (political market)，俗稱憲政經濟學 (constitutional economics)

布坎南等學者探討如何設計出最適的投票法則，以避免或降低反對者的福利損失，為了獲得多人的支持，可能必須花費溝通、協調的時間，稱「決策成本」，布坎南等提出「最適憲法模型」(The Optimal Constitution Model) 來決定最適的投票法則，稱為「相對」異議；以跟「全票通過」的「絕對」異議比較。

布坎南（James M. Buchanan）小檔案

生辰：1919 ～ 2013 年，美國田納西州，
曾任：維吉尼亞工技學院、加州大學洛杉磯分校等教授
學歷：芝加哥大學博士
榮譽：1986 年諾貝爾經濟學獎得主

三、運用在公用商品

把公共選擇理論運用在公用商品的生產、分配與消費的決策過程，稱為公共決策 (public decision making)，其重點在於揭露原則，即如何把每人對各項選項的認知價值搬到檯面上來，讓隱形需求曲線現形。由表可見，至少有三種方式，由於太偏了，所以本書點到為止。

公共選擇理論

項目	學者	方法	說明
1.1971 年	克拉克（Edward Clark）	需求顯示過程 (demand-revealing process)	把各項選項予以貨幣化，以決定那個公用商品的價值
2. 1964~1973 年	Vickrey-Clarke-Groves 機制 (mechanism)	以否決方式投票 (voting by veto)	但跟多數決一樣，還是會發生「多數決」不是最好的票決矛盾
3.1996 年	繆勒（Dennis Mueller,1940~）	以購買保險方式的偏好顯示 (preference revelation through the purchase of insurance)	稱為「偏好顯示機制」

憲政經濟學小檔案 (Constitutional Economics)

名詞來源：1982 年美國經濟學者 Richard Mckenzie，或譯為憲法經濟學，屬於制度經濟學的一支。

主張：透過憲法、政經制度等設計，以促進經濟成長。

大將主張：布坎南的公共選擇理論

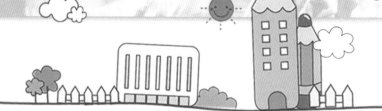

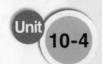

機制設計理論

當市場失靈甚至市場不存在時,政府往往挺身而出,扮演「裁判」角色,想方設法要「挽狂瀾於既倒」或「恢復市場」機制。

一、市場機制

經濟學者的用詞往往反映時代背景,其中「不可見的手」的時代背景如下。

1. 可見的手

在 16 世紀,資本主義逐漸興起之前,歐洲的經濟掌握在皇帝(主要指鹽鐵茶馬公營)、貴族(擁有農地等)手上,政府透過「可見的手」(visible hand) 伸進經濟,裁判兼球員,小農、小工作坊等在總產值中占比重微不足道。

2. 不可見的手

16 世紀起,荷蘭等財產權以立法保障,公司(例如東印度公司)逐漸興起,皇室、貴族產業占總產值比重降低。在市場中,公司如何知道那樣商品該生產多少、售價該訂在哪裡?沒有官方可見的手干涉;純粹靠「供需」的市場機制搞定。

完美市場是 100 分,現實生活有可能無法達到三個要件之一,針對公用商品時,供需雙方資訊又不對稱,此時經濟學者提出機制設計理論予以矯正市場機制。

二、理論源起

1930~40 年代,霍維茲成長時期的歐洲,正處於海耶克和蘭格(O. Lange, 1904~1965, 波蘭經濟學者)一場激烈的意識形態的論戰中。海耶克長年標舉自由主義大旗,蘭格主張社會主義計畫經濟。

霍維茲通過歸納前人辯證的成果,利用建構數學模型的方式創立了「機制設計理論」。自由市場和社會主義計畫經濟機制都不完美,他提出的「機制設計理論」,就是要系統地把經濟生活中的現實問題考慮進去。

霍維茲等人核心思想,在如何從機制制度的根本著手,如何在資訊不對稱的情況下,設計一套具有誘因性質的制度,以實現委託人和代理人之間的信任,從一開始就做出跟社會福利相容的機制,來保證機制正常運行。

雖然是從數學模型著手,卻相當真實地貼近經濟現實,具有相當的時代意義。

霍維茲(Leonid Hurwicz)小檔案

1917 年生於俄國莫斯科市,2008 年辭世

教授理論、福利經濟學、公共經濟學、機制與機構、數理經濟學等,美國明尼蘇達大學的經濟學榮譽教授

研究包括經濟組織系統及技巧的比較與分析,社會選擇目標的賽局理論實踐等

學歷:1938 年波蘭華沙大學法學碩士(LL.M.)學位

榮譽:2007 年諾貝爾經濟學獎三位得主之一

機制設計理論小檔案 (mechanism design theory)

首創：1960 年代，霍維茲 (Leonid Hurwicz)
發揚光大：麥斯金 (Eric S. Maskin) 與麥爾森 (Roger B. Myerson)
2007 年，三人獲諾貝爾經濟學獎

機制設計在於補市場機制的不足

情況	市場機制	機制設計的補充
運作	根據經濟學之父亞當・史密斯的說法，自由市場表面看似亂無章法，實際卻有一隻「看不見的手」進行引導，有效分配資源。 1. 利害關係人間目標不一致 例如，公司董事會與股東的資訊和目標不一致，董事有較多的資訊和權力，可以做出對董事有利益但對公司不利的決策。官員跟人民的資訊和目標不一致，官員可能知道某個採購案的底標，進而舞弊。	市場運作跟完美市場有差距，這時就需要設計機制，藉著研究人類社會的各種分配機制的運作，來評判政府管制是否必要，以及如何設計。 小股東可以設計公司治理制度，包括管理者決策必須通過董事會、獨立董事要蓋章等，以規範管理行為。 立法院就設計採購法，以規範官員的行為。
	2. 利害關係人間資訊不對稱 古典經濟學派假設市場是完全資訊。 	資訊經濟學是針對古典經濟學派的修正，從 1970 年以後開始興盛。 消費者能掌握的資訊一定有盲點，許多交易不是在公開市場進行，而是涉及各種利益團體的互動角力。處理這類問題的機制設計理論相當複雜，因為關於消費者的需求（即偏好）與公司生產技術的資訊，都是「秘而不宣」，而每個個體都想運用這些資訊來謀取個別利益。

資料來源：整理自工商時報，2008 年 4 月 16 日，A5 版，吳惠林。

麥爾森（Roger Myerson）小檔案

出生：1951 年，生於麻州波士頓市
現職：擔任芝加哥大學經濟系教授
學歷：英國劍橋大學碩士，1976 年哈佛大學應用數學博士
榮譽：2007 年諾貝爾經濟學獎三位得主之一

Unit 10-5 機制設計理論的運用情況

機制設計理論的本質是資訊經濟學的一支,我們基於篇幅平衡考量,而且也非常適合作為公用商品供需問題的解決。因此在本章中討論。

一、柏瑞圖改善

Unit 7-1 談到當市場未達到「柏瑞圖最適」境界時,便可透過柏瑞圖改善予以改善,機制設計辨識柏瑞圖改善的方式之一;政府介入(即政府取代市場機制)是最後選項。

二、適用時機

機制設計最適用於下列二個情況,尤其是公用商品到供需政策的決策機制。

1. 目標不一致

以公用商品來說,由表可見,私用商品的賣方與買方的目標簡單:公司淨利、消費者淨利極大;但公用商品涉及人甚多,有些消費者願付費,有些只想白吃,連消費者的目標都不一致,這有點「不合作賽局」的味道。

2. 資訊不對稱

公用商品的另一特色是資訊不對稱,公司不知道消費者到底有多少人、願意付多少錢;反之,消費者也不太了解公司的技術等。

以「公司治理」(corporate governance)來說,公司派(董事會)擁有公司經營資訊,小股東有可能被蒙在鼓裡。各國證券法、證券交易所都會要求公司應公平地揭露公司重大資訊,且公司內部人士不得以資訊優勢從事內線交易,違法者判刑。內線交易利得歸還公司,且補償受損投資人。2002 年起,更有獨立董事制,從公司內部做到監督經營董事。

三、機制的形成

「機制設計」可拆解成「機制」與「設計」,本段詳細說明。

1. 機制 (mechanism) 這個字可說是機械運作方式,引申為規矩、準則等。

2. 分類

由右圖可見,「機制」的分類方式,比較重要的是,當市場機制有欠缺,便需要透過人為的機制設計予以「修殘補缺」,例如心律不整,可能得裝上心律調整器。

機制分類

抽象程度

有形　　　市場機制　　　　　　　　機制設計：
　　　　　　　　　　　　　　　　　　法律
　　　　　風俗習慣　　　　　　　　　公司章程

無形　　　　道德

形成方式

約定成俗　　　　　　　　　人為的

私用商品跟公用商品供需的差異

項目	私用商品	公用商品
一、目標 是用以評斷結果是否適當或滿意的標準	以資產出售為例 賣方的收入極大	Max(社會效益—社會成本) 社會福利最大化決定於人民需要這些共用商品的優先程度
二、問題	拍賣人無法知道潛在買主對資產的估價是多少	對於公用商品，假如政府知道什麼是適當的結果，那麼問題很簡單，政府只需通過一個法案就可以。又如拍賣，假如知道那個人會出最高價，就可以直接賣給他。但問題是政府或拍賣人通常沒有這些資訊。
三、假設	所有參與者都是理性的	同左
四、機制 是決定結果的程序	以商品交易為例，消費者透過向賣方（公司）詢價、殺價、以透露自己採購的偏好。同樣的，公司也透過出價、殺價與說明商品功能，透露自己出售商品的意願	機制設計是經濟理論的「工程學」，跟任何解決問題程序一樣，先確認社會目標，然後問是否能設計出適當的機制（包括必要條件）來達成這目標，如果答案為是，那我們就想知道：這機制可能是什麼型態。
五、舉例	以蓋房子為例，決策者就是建設公司跟屋主共同決定的合約，他釐清雙方的權責。	至於誰設計機制呢？在公用商品多數是政府來決定。政府制度或選舉程序可能是立法委員決定。
六、說明		機制設計常拿來用在選舉制度的設計上，因為選舉的社會福利目標是選賢與能，在這個目標下，有哪些條件是必要的，必須先檢視這些條件，把這些條件都訂好後，設計出的選舉制度，就能幫我們選出符合資格的候選人。 機制設計被廣泛應用最知名的案例就是美國國家通訊傳播委員會，利用這個機制，來設計電信執照的拍賣制度，例如執照要拍賣給不會破產的公司，同時要給能提供最佳服務的公司，先把及格標準訂好，在這些條件符合的公司才可以參加投標，執照就可以出售給出價最高的電信公司。

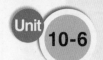
Unit 10-6 最適配置機制

　　機制設計在於彌補市場機制的缺陷（例如公用商品），在本單元中重新看市場機制如何「利己利人」。機制想「仿生」，用人為方式，仿造出自然形成的機制。

一、市場機制

　　市場機制中，透過公司間的競爭過程，讓公司的利己心必須變成對消費者的利他心，這也是亞當・史密斯所以說：「無形之手調和私利與公益的原因」。在長期，公司如果用山寨品為正品、騙人伎倆，在有比較情況下，邪不勝正，消費者終究會唾棄這類公司。

二、機制設計

　　由右表第一欄可見，以問題解決程序「目標→問題診斷→構想→決策」來說，公共選擇理論偏重決策，機制設計偏重整套問題解決程序。例如第一階段的「目標」，在 Unit 10-7 中，討論「誠實是最佳政策」的資訊揭露原則。

　　機制設計理論偏重比較靜態的數學求解，必須用個案來說明才可以看到其本質。在個經中最常見的用途是像社區巡邏等公用商品的決策。

三、缺點

　　機制設計理論的推論，需要大量的數學計算，美國經濟學圈子裡說，麥爾森把經濟學變得跟工程學一般；德法經濟學者得知 2007 年的結果時說，「諾貝爾經濟學獎什麼時候才能真正走入『真實世界』？」

　　無論如何規劃數學模型及公式推導，最後總是會敗在利益考量導向的政治人物手上。

麥斯金 (Eric S. Maskin) 小檔案

出生：1950 年 12 月 12 日出生，在美國紐澤西州的阿爾卑斯（Alpine），唸
　　　書的學校只有三間教室
現職：普林斯頓大學高等研究院社會科學教授（2005 年 7 月～ ）
經歷：劍橋大學研究員（1976~1977）、麻州理工大學經濟系助理教授
　　　(1977~1980)、麻州理工大學副教授 (1980~1981)、劍橋大學海外研究
　　　員 (1980~1982)、麻州理工大學教授 (1981~1984)、哈佛大學教授
　　　(1985~2000)
學歷：哈佛大學數學系學士 (1972)、哈佛大學應用數學碩士 (1974)、哈佛大
　　　學應用數學博士 (1976)
榮譽：2007 年諾貝爾經濟學獎三位得主之一

機制設計理論補市場機制的不足

問題解決程序	說明
一、問題診斷	在市場結構處於不完全競爭情況，消費者擁有的市場資訊是有限的。 機制設計理論可以經由不同機制的設計，讓經濟學者、政府與企業可用來解決資訊成本和誘因機制兩大問題，以判別市場是否有效運作？政府是否需要干預？資源配置的良窳與否？ 此理論有助於解釋經濟交易中涉及的決策程序，例如，什麼樣的保單設計可提供保戶最佳的保障，同時又不會被保戶濫用。
二、構想	機制設計理論綜合運用了賽局、社會選擇等理論，麥斯金等人的貢獻就在於，讓我們更加了解這些情況之下的最佳分配機制有何特質，考量所有關係人的動機與私有資訊，設計出能夠讓市場蓬勃運作的環境、健全的市場交易機制與政府管制方案，如何有助於得出最佳、最有效的資源分配方式。 機制設計理論簡單地說，就是在探討最佳的資源分配、決策與制度，主要是以達到社會和個人最大化利益為考量而建立的制度與規範，可以應用在保險與信用市場、以及拍賣、薪資、稅收等問題，甚至政治領域。
三、決策	機制設計理論探討不同的機構在分配資源時，誰比較吃香，以及政府是否有必要介入。這套理論在比較經濟學與政治學中扮演核心的角色，有助於「找出有效率的交易機制、管理方案以及投票程序」。 這三位得獎人的研究可以幫助評估機構在這些情況下的表現，進而設計出最好的機制以達成目標，例如如何充分發揮社會福利的作用，以及決定運用政府法規（或政府干預市場）的必要性。他們的研究有助於對經濟交易中涉及的機制與決策過程提出解釋。 「機制設計理論」屬於個體經濟學，是資訊經濟學的一支，主要是在資訊不完全情況下設計一個機制，以讓市場最佳化，可運用於政治制度和公司治理等方面。機制設計理論的應用廣泛，常用於勞資協商、課稅、以及（政府公債等資產的）標售系統的設計，越來越多學者開始應用機制設計理論分析網路市場。

資料來源：部分整理自工商時報，2007 年 10 月 21 日，A1 版，陳碧芬。

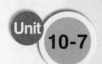

10-7 誘因相容原則與揭露原則

在《孟子》「梁惠王章」中，孟子拜見梁惠王，梁惠王劈頭就問：「何以利吾國（你可以給本國帶來什麼好處）？」。同樣的，具體來說，本單元簡單說明麥斯金的兩項原則在實務上的運用。

一、「理論」看似抽象，但說穿了……

經濟學中充斥著「某某理論」，有一半時機「理論」指是指有關有一件事的「說法」，例如利率期間相關理論。

機制設計理論愈看愈抽象，找個最接近生活中的例子。公司常希望「員工做牛做馬」，但員工比較喜歡「錢多事少離家近」，主管要求員工做到 120 分，但員工認為「其實我可做到 200 分」。前者是雙方目標不一致、後者是資訊不對稱問題。

二、有關麥斯金

麥斯金在機制設計領域的貢獻之一，在於表中的「誘因相容原則」和「揭露原則」。

在哈佛大學念數學時，他跑去修亞羅教授（Kenneth Arrow，1972 年諾貝爾獎兩位得主之一）的資訊經濟學，因此踏入經濟學領域，並為之著迷。有一些資料是很令他興奮的，透過精確的數學分析，就可以回答特定社會問題，就因為這樣，他轉到經濟學領域研究。

1977 年發表機制設計的研討會論文，但論文在 1999 年發表。1980 年代初，開始跟萊里（J. G. Riley）長期合作研究「最佳拍賣」(optimal auction) 主題，以探討何種拍賣或銷售程序可把標售收益最大化。2008 年 4 月中旬，麥斯金來台，受訪時表示，「人們嘗試去了解可能的結果，也可以說是一個社會目標，然後回過頭來看，要設計什麼機制，來達成這個目標。整個研究是從結果開始，再問哪一種機制可以被設計來達成這個目標，這可以說是站在經濟學理論的工程學。」

三、在實務上運用

機制設計的運用範圍主要在「代理問題」出現時，以底下的兩個情況為例。

1. 政府如何扮演主管機關角色

政府各部會管理公司各項行為，例如衛生福利部管理食品公司有沒有循規蹈矩（例如飲料沒加起雲劑等），例如公平會管理公司間的聯合行為等，機制設計理論有助於政府對公司進行監督管理工作。

2. 公司如何做好公司治理

2000 年美國第七大公司安隆 (Enron) 財報舞弊的醜聞，美國財政部證管會推動公司治理，希望透過獨立董事、審計委員會（以挑選簽證會計師），重點在於防弊。機制設計理論的重點在於促成「合則兩利」，讓董事會跟股東們利益一致（即誘因相容原則），並且開天窗說實話（揭露原則）。

機制設計中的兩個要件

	誘因相容原則 （incentive compatible principle）	揭露原則 （revelation principle）
一、 一般狀況	「個體追求私利動機」	「隱藏私人資訊或說假話謀取最大淨利」
二、機制設計	假使有一個機制既能讓公司、家庭追求私利的行為，恰恰與實現社會公利相謀和；又能讓所有參與市場運作的公司、家庭，誠實揭露其原本亟欲隱藏的私人訊息，而且這個揭露行為也不會與自身利益相牴觸，即能達至理想中兼具最佳分配與有效運作的市場機制。 為達到某特定設想的目標（例如，希望規劃具有互助並分散風險的全民健保制度），運用「機制設計理論」有助於設計出最理想的遊戲規則（即有效可行的政策或制度），讓成員可以按照設計者的意願來行事，確保各方均獲最大利益，達致目標。 其應用範圍廣泛，涵蓋國際關係、政策制度、公司治理、拍賣機制等。 大家關心氣候變遷，要減少二氧化碳排放，但每個國家都希望別的國家減排，這需要國際合約，如何使國際減排的目標與各國減排的優惠獎勵相符合，這是機制設計最重要的應用之一。	機制設計理論就是設計一套遊戲規則，使參與其中的個體（player）有動機揭露隱藏的資訊，讓個體選擇隱藏資訊或說謊話時，等於對自己不利，那麼個體就會改變，寧願公開資訊或說真話以確保利益，進而使社會資源獲得最佳配置。 

機制設計理論的「投入─轉換─產出」

投入	轉換	產出
1. 人們 　(1) 自由選擇─自由替代 　(2) 決策分散化 　(3) 資訊不完全 2. 理論綜合運用 　(1) 賽局理論 　(2) 社會選擇理論	機制設計 1. 機制設計人 2. 機制 　(1) 市場機制 　(2) 計畫經濟機制 　(3) 混合機制 3. 機制 　法令、政策、資源配置、 　遊戲規則	社會目標 1. 全國 2. 最少兩個人 

第  章

市場結構──兼論產業經濟

Unit 11-1　市場結構分類

Unit 11-2　各市場結構的成因

Unit 11-3　各市場結構的特色

Unit 11-4　市場結構的原因：產品生命週期

Unit 11-5　各市場結構下的公司成長方式

Unit 11-6　四種市場結構下的競爭策略與行銷組合

Unit 11-7　獨占力、寡占力的衡量─兼論市場占有率衡量方式

Unit 11-1 市場結構分類

在市場中，賣方得「審時度勢」，才知道如何應對進退。個體經濟中許多篇幅討論各種市場結構下的公司行為，

一、市場結構的涵義

依市場中賣方的競爭程度，由高到低可分為：完全競爭、獨占性競爭、寡占與獨占。

二、X軸：資源（未來發展可能）

在X軸，我們以公司擁有的「資源」（例如核心能力）來區分，獨占公司「財大勢大」，完全競爭市場的公司「人單力薄」。

三、Y軸：市場占有率

賣方競爭程度常見的衡量方式便是市場占有率 (market share)，這是對現況的描述。

1. 獨占

一家公司市占率逾五成，便可說是獨占公司，例子不多，主要有個人軟體業中的美國微軟（以 Office、Window 聞名）、煉油與加油站的中國石油（市占率七成，台塑石化占二成）。

2. 寡占

便利商店 11,000 家，統一超商占 48%，全家、萊爾富、OK 占 45%，可說是最常見的寡占行業。

3. 獨占性競爭

「獨占性競爭」是矛盾造詞法，指在特定市場區隔 (market fragment) 中，該公司獨樹一幟；但是在全部市場中，各吹各的調，看似「完全競爭」。

4. 完全競爭

當每家公司市占率都只有個位數（例如 1%），各公司只能順勢而為，定價相同，至少相近。

四、綜合來看「公司目標」

在右圖中對角線處，由箭頭可見「公司的目標」，完全競爭市場的公司不甘願賺蠅頭小利，秣馬厲兵地力求更上一層樓，即獨占性競爭，成為「一方之霸」。

寡占市場中，公司普遍有「老大賺大錢，老二賺小錢，老三損益兩平，老四等著被收購」，人人「爭先恐後」，希望打破戰國七雄局面，一統市場。

市場結構的分類方式

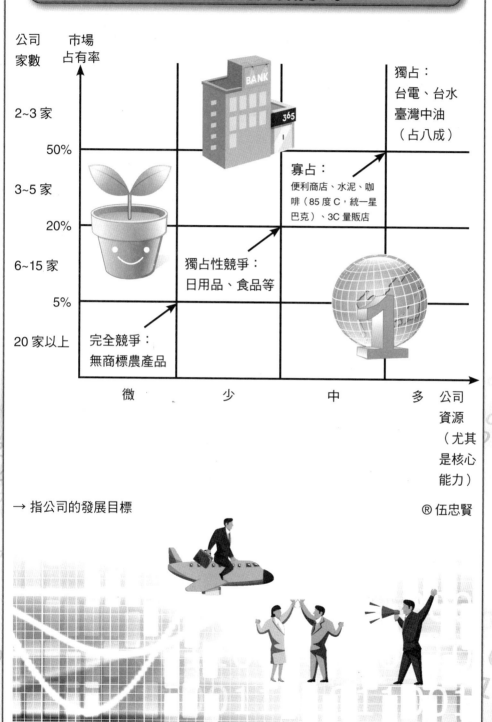

公司家數　市場占有率

2~3 家

50%

3~5 家

20%

6~15 家

5%

20 家以上

獨占：
台電、台水
臺灣中油
（占八成）

寡占：
便利商店、水泥、咖
啡（85 度 C，統一星
巴克）、3C 量販店

獨占性競爭：
日用品、食品等

完全競爭：
無商標農產品

微　　少　　中　　多　公司資源
（尤其是核心能力）

→ 指公司的發展目標

® 伍忠賢

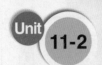

Unit 11-2 各市場結構的成因

經濟學中說明四種市場結構下，各（例如完全競爭）市場的特性，我們進一步把（頂多）五個特性依據供需雙方、因果關係來分析，詳見圖一；圖二是結果。

一、市場結構的形成條件

由圖一可見，我們由「消費者—市場—公司」順序把五種特性標示出來。

消費者擁有資訊的多寡（特性一），影響其對產品替代程度的認知（特性二）。

站在供給面，公司進出市場難易程度（特性五）影響產業內公司家數（特性四），公司家數多寡影響每家公司定價權力（特性三）。

二、圖二 X 軸：市場資訊的完全程度

為了維持圖上四種市場結構的位置，我們把 X 軸轉軸 180 度處理，即越接近原點，消費者擁有產品效益（例如產品替代程度）、各公司的產品價格的資訊越高，簡單二分法。

1. 完全資訊（perfect information）

圖一右端只考量消費者對市場上產品、定價一目了然，最簡單方式便是上網瀏覽。此時稱為完全資訊。

在供給面，完全資訊指的是各公司知道誰賺得多、誰賺得少。

2. 不完全資訊（incomplete information）

在獨占性競爭、寡占市場時，公司透過廣告塑造產品差異化，消費者被弄得團團轉，「一時不察」，不「了」許多產品都是大同小異。

此情況下，消費者所擁有的資訊是不完全的。

三、圖二 Y 軸：公司進入市場難易程度

在 Y 軸上，依公司進入市場的門檻（主要是資金、其次是技術、法令），分成四級：難、中、易、極易，以兩個極端說明。

在完全競爭市場，例如農夫市集，日租金 100 元（甚至 0 租金），擺幾粒南瓜、幾把蔬菜，便可以擺攤作生意，進入障礙 (entry barriesr) 極低，幾乎人人可輕易跨越。

另一極端，在獨占市場中，進入門檻極高，例如法令上特許執照、專利保護等，這是人為障礙，另一種情況是公司卡位卡到好位，稱為自然獨占 (natural monopoly)，例如偏僻社區，單一家超市、乾洗店往往吃死消費者，反正「只此一家，別無分店」。

四、綜合來看

圖二是圖一的濃縮結果，依 X 軸（訊息完全程度）與公司進入市場難易程度，把市場結構分成四類。

市場結構的二大成因

一、市場結構的形成條件

市場

⑤ 市場進出難易程度，或稱生產因素完全移動

④ 公司家數

② 產品替代程度

③ 定價：公司的定價權力

① 訊息

供給面（賣方）產業

需求面消費者（買方）

二、市場結構

市場進入難易程度

	完全資訊		資訊不完全
難			獨占
中		寡占	
易	獨占性競爭		
極易	完全競爭		

資訊完全程度

完全資訊
（perfect information）

資訊不完全
（imperfect information）

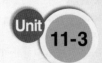
圖解個體經濟學 Microeconomics

那個地區的行業究竟是屬於那一種市場結構，有三種因素：產品替代程度、市場資訊完全程度（詳見 Unit11-2），這二個是消費者面；第三個是供給面，即公司家數，此影響公司的定價權力。至於公司自由進出市場的機會，在長期大抵是如此，不須額外討論。

一、營業範圍

在分析市場結構時，有個背景，站在公司角度，稱為營業範圍 (boundary)，這包括二個項目，例如以零售業中的便利商店業為例。

1. 商品

便利商店 (convenience store) 主要以販售個人商品（飲料、熟食）、服務（悠遊卡加值、繳費）為主。

2. 市場範圍

以臺灣為全部市場，甚至可以聚焦到一個獨立地區（例如金門縣或封閉性營業地區）。

二、X 軸：產品替代程度

圖中 X 軸，把產品依替代程度分成三類，替代程度百分之百的同質產品 (homogeneous product)、半替代、替代程度低的異質產品 (heterogeneous product)。

完全競爭、獨占市場，皆是同質產品，但差別在於公司家數，完全競爭市場，至少十家公司提供；在獨占市場，只有一家公司獨撐大局，二、三顆「孤星伴月」。

三、Y 軸：公司的定價權力

產品替代程度、公司家數影響公司的定價權力，二個極端如下：

1. 價格接受者

在完全競爭市場，每家公司都只能依行情去決定商品價格。

2. 價格制定者

在獨占市場中，獨占公司可以一商品定數種價格賣給不同人，以求多賺。

四、綜合來看

綜合來看，產品替代程度、公司定價權力共同把某一產業劃歸於哪一種市場結構。這個圖這樣劃的原因在於「一以貫之」，即 Unit11-1 圖是本書討論市場結構的基調，「獨占」市場要在座標圖的右上方、寡占在中間，「獨占性競爭」在下方，比較可惜的，「完全競爭」在右下方位置。

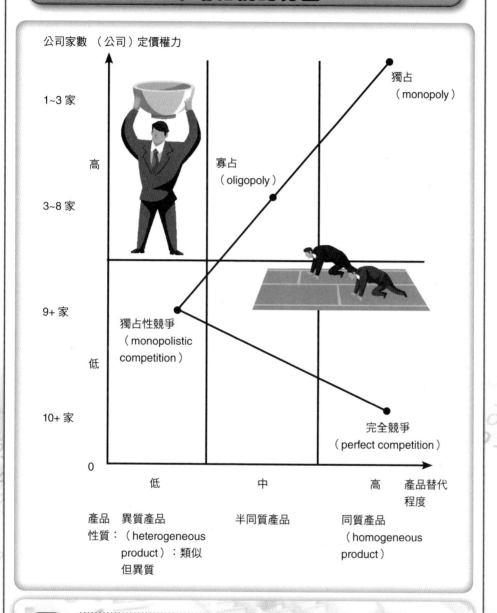

市場結構的特色

公司家數 （公司）定價權力

1~3 家

3~8 家

9+ 家

10+ 家

0

獨占
（monopoly）

寡占
（oligopoly）

獨占性競爭
（monopolistic
competition）

完全競爭
（perfect competition）

高

低

低　　　　　中　　　　　高　　產品替代
程度

產品　異質產品　　　半同質產品　　同質產品
性質：（heterogeneous　　　　　　（homogeneous
　　　product）：類似　　　　　　　product）
　　　但異質

知識補充站

英文名詞小檔案

mono －「一、單」的結合詞，例如 monocrat 獨裁者
monopoly　獨賣權、獨占公司
oligo　「寡頭」，例如 oligarchy 寡頭政治；
poly　「聚、多」之意，常用在塑膠等「聚合物」（例如 PE 等），相反字是
　　　mono

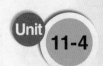

Unit 11-4　市場結構的原因：產品生命週期

　　人類以膚色來區分，由深到淺，常見的有黑、黃、白，三百萬年前，人類從非洲伊索比亞遷徙，為了適應各地環境，膚色也逐漸演化。市場結構如同人的膚色，那麼造成市場結構的主要力量是什麼？

一、產品生命週期

　　許多課程（企業概要、行銷管理、產業分析）都有介紹產品生命週期 (product life cycle)，以人的「生長老病」的人生歷程來形容一個產品 (本章是指產業) 的發展歷程。由圖一可見，依產業銷售值可分為四階段：導入 (introduction)、成長 (growth)、成熟 (maturity) 與衰退 (decline)，以產值成長率來分期。

二、技術難易程度是重要的進入門檻

　　在產業發展史上，產品的產業規格何時出現，幾乎跟市場結構四情況一一對應。

1. 導入期時完全競爭

　　在產品導入期時，技術不成熟、公司眾多，產品規格多如繁星，處於完全競爭狀況，「人人有希望」！

2. 成長期時獨占性競爭

　　到了產品成長期，產品規格剩下數種，藉以適用規模經濟，把生產成本壓低，產品普及率才會高。此時新品滲透率超過 15%，跨越甜蜜點。

3. 成熟期時寡占

　　到了產品成熟期，優勝劣敗，產業規格自然出現，產品標準化（俗稱「大完商品」）的結果，獨占性競爭階段逐漸演化到寡占階段，透過規模經濟以降低成本，賺取利潤。

4. 衰退期時獨占

　　當產品進入衰退期，產品進入微利時代，撐不住的公司吹起熄燈號，產業內只剩下幾家公司勉強支撐。

三、是什麼力量造成產品生命週期？

　　「十年河東，十年河西」這句俚語貼切描述地區的發展，那麼產業榮枯的主要力量又是什麼？主要是科技，其次是社會、文化（即消費者偏好）。舉例如下：

1. 手機

　　手機的普及，造成很多產業衰退，包括鐘錶業、相機甚至 MP3、掌上遊戲機；造成個人數位助理（PDA）絕跡。

2. 液晶電視

　　2003 年，液晶電視進入市場，傳統家電業者沒跟得上潮流，被洗盤洗掉很大部分。2014 年起，液晶電視銷量衰退，因為用手機看影片、電視劇與電影，比電視更「便利」（在 699 元月租費吃到飽的情況）。

產品生命週期下的市場結構

一、產品生命週期（product life cycle）

產業產值

產品生命週期

| 導入
（introduction） | 成長
（growth） | 成熟
（maturity） | 衰退
（decline） | 時間 |

產品標準
（規格）｜產品規格
不一｜有數種｜產業規格出現，
產品趨向標準化｜只剩一、
二種

二、市場結構

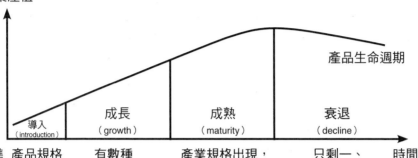

市占率

獨占

50%

寡占

20%

獨占性競爭

5%

完全競爭

微　　　　少　　　　中　　　　多　公司資源

®伍忠賢

全球智慧型手機銷量市占率　單位：%

排名	公司	2014 年	2015 年	2016 年
1	三星	27.8	24.8	22.2
2	蘋果	16.4	17.5	16.8
3	聯想	7.9	5.4	6.1
4	華為	6.2	8.4	9.3
5	樂金	5.4	（小米）5.6	5.8
全球		12.24 億支	12.93 億支	13.64 億支

資料來源：Trend Force，2016.3.18。
註：顧能，國際數據公司數量多 1 億支以上。

Unit 11-5　各市場結構下的公司成長方式

147 億年前，由於發生大爆炸，宇宙經過數十億年，才從粒子逐漸聚合為星球（例如 46 億年前地球）。同樣的，在自然情況下，產業一開始時，大都是百家爭鳴，隨著時間經過，「天下分久必合」，有可能往「獨占性競爭→寡占→獨占」的發展途徑發展，發展動力有二：公司競爭、公司聯合行為。

一、目標：一統江湖

在完全競爭情況下，看似每家公司都「人微言輕」，但只要有一、二家公司有一統江湖的「策略雄心」，加上方法，假以時日，就有可能美夢成真。最戲劇化的例子是：12 世紀蒙古部族中的鐵木真，以 8 位士兵，只花了 50 年，便建立了歐亞帝國。

二、公司成長方式

「江河不擇細流故能成其大」，在完全競爭等的情況下，有些公司採取下列二種成長方式，會由「涓涓細流→溪→河→江」。

1. 內部成長

內部成長在工業便是擴廠、設新廠；在服務業，便是展店、開分店。僅限於開直營店，例如統一星巴克 380 家店。

2. 外部成長

外部成長方式分為二中類：策略聯盟、「公司收購與合併」(corporate merger & acquisition，M&A)；策略聯盟又可分為二小類：合資與聯盟行為（詳見第十四、十五章）。美食達人公司旗下的「85 度 C 烘焙店」370 家店，九成以上是加盟店，這便是外部成長中的聯合行為。

三、兼論各市場結構下的競爭行為

「商場如戰場」，產業中競爭是常態，合作（即聯合行為）是例外，主因有主觀（合作公司不容易找）、客觀（例如公平交易委員會的監督，詳見 Unit12-4~12-7）。

在圖中，各市場結構中，各公司都是跟其他公司競爭，只是競爭武器不同（詳見 Unit11-6）。

透過延時攝影，可以把一朵花開花的五天過程，以 15 秒鐘方式呈現。同樣的，把時間拉長來看，大部分產業發展歷程都是「完全競爭→獨占性競爭→寡占→獨占」，臺灣超級市場就是典型，現況是一大（全聯實業，旗下全聯福利中心）、一中（頂好惠康）、二小（美廉社及其他）；處於獨占狀態。

但從 1970 年代來看，一開始時各縣市大都是由「獨立」超市（即不屬連鎖體系），市場定位在鄉鎮（約五千人）經營地區。美國的沃爾瑪 (Wal-Mart) 一開始時，也只是創辦人山姆‧沃爾頓 (Sam Walton) 於 1962 年 3 月在密西根州底特律市郊開第一家店起家。

各市場結構下的公司競爭行為

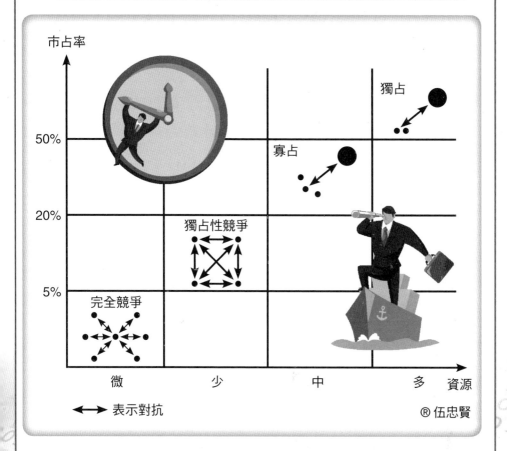

市占率

獨占

寡占

獨占性競爭

完全競爭

| 微 | 少 | 中 | 多 | 資源 |

50%

20%

5%

◀━━▶ 表示對抗

® 伍忠賢

美台兩個行業的市場結構演化進程

行業	完全競爭	獨占性競爭	寡占	獨占
美國 汽車業	1890~1920 年 400 多家	1921~1940 年 100 家	1940 年代以來： 通用、福特、 克萊斯勒三大	1974 年：通 用、福特、 豐田三大
臺灣 超市業	1970 年代 獨立超市等	1980 年代 頂好、惠康、 松青……	21 世紀：全聯、 頂好惠康、美 廉社	2016 年 全聯

Unit 11-6 四種市場結構下的競爭策略與行銷組合

　　個體經濟中二大主角之一是商品供給者，也就是公司；公司經營的前提是「識時務為俊傑」，也就是在各種市場結構下選擇競爭策略和競爭武器。

一、競爭策略

　　商場如戰場，在商場上如何致勝，可分為二種競爭策略 (competition strategy)，依市場結構而不同。

1. 消費者策略 (consumer strategy)

　　消費者策略的本質是以顧客為中心 (customer-centered)，「民之所欲，常在我心」，獨占性競爭市場的公司偏向採取消費者策略。

2. 競爭者策略 (competitor strategy)

　　寡占市場下，三足鼎立的公司最喜歡採取競爭者策略，最簡單的生活中例子便是「單一職位的公職人員選舉」，小至里長，大至總統。大部分都採取「負面選舉」，把對手抹黑鬥臭，選民沒得選，只好選比較不爛的蘋果；很少有候選人會端出牛肉。2016 年的美國總統大選，從黨內初選，到川普對柯林頓，媒體稱是「50 年來最臭的總統選舉」。

　　寡占市場中，如果像魏國曹操，希望透過赤壁之戰，一舉殲滅吳國，孫（權）、劉備（當時還沒蜀國）只好聯兵。

二、行銷組合

　　各種競爭策略，公司宜採取適配的競爭武器，才能攻城略地，常見的競爭武器可說是行銷管理書上的行銷組合（marketing mix，俗稱 4Ps），詳見表中第三欄。

1. 獨占時拚差別取價

　　獨占市場中，公司唯我獨尊，「臥床之側豈容他人鼾睡」，因此只要在既定的產品組合中，採取差別定價，從各種消費者中多榨一點油。打廣告的原因是說明「我有在賣某類商品」。

2. 寡占時拚價格

　　寡占市場時，產品所差無幾，主要是拚價格。

3. 獨占性競爭時拚產品、促銷

　　獨占性競爭市場比較熱鬧，產品五花八門，促銷（例如廣告）令人目不暇給。

各市場結構下的公司競爭策略和行銷組合

市場結構	中分類	大分類	競爭策略		行銷組合（marketing mix）			
			消費者策略（consumer strategy）	競爭者策略（competitor strategy）	產品（product）	定價（pricing）	推廣（promotion） ・廣告 ・人員銷售 ・促銷	實體配置（physical distribution） ・物流 ・店址（含網路銷售）
獨占			✓			✓	✓	
						採取一、二、三級差別取價	廣告只有傳遞產品（效益、定價）等用途	
寡占				✓		✓		
獨占性競爭			✓	✓	✓		✓	
					產品創新，以占有一席之地		透過廣告以塑造產品獨特性	
完全競爭			—	—	—	—	—	—
					標準產品，每家公司只能決定自己的產量	（價格接受者）		

Unit 11-7　獨占力、寡占力的衡量 ——兼論市場占有率衡量方式

各種市場結構下，針對五個特性中的「公司家數」，都有個模糊的數字，例如完全競爭市場是指「公司家數很多，多到有沒有這家店也無所謂」。

一、公司家數不是重點

經濟學重視的實質，因此縱使是一個產業有二十家公司，是否就一定符合完全競爭市場呢？這漏了說明各家公司的市占率，公司規模有可能差距懸殊。因此，必須有具體的衡量方式才可行，詳見表一。

二、理論上衡量方式

由表中獨占力 (monopoly power) 的學術上衡量方式來說，〈11.1〉式有二種切入角度

1. 從供給端切入

從供給端切入，已知商品售價，再加上邊際成本就知道獨占力，售價 30 元，邊際成本 15 元，此時獨占力 0.5。當邊際成本 10 時，此時獨占力 0.667。

2. 從需求端切入

經過公式推導，可得到〈11.2〉式，假設 X 商品需求彈性 2，此時獨占力 0.5。

三、實務衡量方式

學術上衡量方式有其實用難處（例如邊際成本、需求彈性資料的取得），實務上衡量方式，較常採用市場集中度 (concentration ratio)，即幾家 A 咖公司便占市場銷量的大部分。市場占有率有二種衡量方式，詳見表二。

- 營收市占率：這是較有意義的數字，但對於多種產品的公司，少數情況下，可能沒有個別產品營收數字。
- 銷量市占率：此數字較容易取得，但營收數值會因產品種類而有大差異，例如小筆電售價 250 美元，Ultrabook 筆電 600 美元。

這有二個門檻值。

1. 獨占時

當市占率第一（俗稱市場一哥）、市占率超過 50% 時，此時一家公司已左右市場，其餘幾家公司只有「眾星拱月」的效果。三國時代，魏是獨占公司，蜀吳只是二線公司。

2. 寡占時

寡占時，前四大公司市占率相距不遠，因此以這四家公司市占率總和來看，要是市占率大於四成，這市場可說是寡占市場，簡單的說，他們在市場（產品、定價）上有舉足輕重地位。

表一 市場競爭程度的衡量

	一、學術上	二、實務上：市場集中度（concentration ratio）
一、獨占力（monopoly power）	勒納（A.P.Lerner，1934）的衡量獨占程度，勒那指數（Lerner's Index） $L = \dfrac{P-MC}{P} \cdots \langle 11.1 \rangle$ $= \dfrac{1}{\varepsilon} \cdots \langle 11.2 \rangle$ ε 是指對 X 商品的需求彈性	 $= \dfrac{\text{市占率第一公司營收}}{\text{產業產值}} = 50\%$
1. 賣方壟斷力（monopoly power）	1. 當 $\varepsilon \to \infty$（即完全競爭時） $L = \dfrac{1}{\infty} = 0$	
2. 買方獨占力（monopoly power）	2. 當 $\varepsilon >1$（即公司會在 $\varepsilon >1$ 的這一段生產） 例如當 $\varepsilon =2$ $L = \dfrac{1}{2} = 0.5$	
	1. 美國司法部的赫芬達爾指標	2. 四大市占率 $\dfrac{\text{前四大公司營收總和}}{\text{產業產值}} >40\%$
二、寡占係數	赫芬達爾指標（Herfindahl index）運作方式如下。 把銷售前 20 大公司找出來，依此計算市占率，例如第一大 40%、第二大 30%、第三大 25%， $H=10000[(0.4)^2+(0.3)^2+(0.2)^2]=2900$ $1000<H<1800$ 小於 1000 時集中度良好大於 1800 時，市場集中度高 例如 1985 年，美國軟性飲料可口可樂、百事可樂的指標 2362 點。	以 2015 年個人電腦公司為例，在 2.6 億台的銷量中，2016 年第 3 季前四大公司如下， 聯想：20.9% 惠普：20.4% 戴爾：14.7% 華碩：7.8% 合計市占率 63.8%（註第五大為蘋果公司，7.7%） 資料來源：美國顧能（Gartner），2016.10

表二 獨占與寡占係數 2016年（預估）

係數	營收	量（店數、銷量）
一、獨占	獨占公司營收 / 產業產值	獨占公司銷量 / 產業銷量
1. 便利商店：統一超商	1320 億元 / 3000 億元 =43.3%	5100 家店 / 11000 家店 =46.36%
2. 加油站銷售：臺灣中油	2554 億元 / 4560 億元 =56%	1363 家加油站 / 2462 家加油站 =55.4%
3. 超市：全聯福利中心	1000 億元 / 1750 億元 =57%	900 家店 / 1600 家店 =56%
二、寡占	前三大公司營收 / 產業產值	前三大公司銷量 / 產業產量
1. 量販店 *：好市多、家樂福	1350 億元 / 1900 億元 =71%	79 家店 / 120 家店 =58%
2. 百貨公司：新光三越、太平洋崇光與遠東	2050 億元 / 3250 億元 =63%	43 家店 / 90 家店 =48%
3. 全球智慧型手機：三星電子、蘋果公司與華為	3600 億美元 / 5300 億美元 =68%	6.589 億支 / 13.64 億支 =48.3%
4. 汽車：和泰、中華三菱汽車、裕隆日產	2475 億元 / 5500 億元 =45%	23.19 萬輛 / 44 萬輛 =55.7%

*註：2016 年家樂福 94 家店中，有 35 家市超市型店，所以不計算在店數中，但計算營收市占率時，由於無法知道家樂福「超市型店」營收，所以以 600 億元計算。

第 **12** 章
公司成長方向與政府管制

Unit 12-1　公司成長方式與速度

Unit 12-2　垂直整合與產業供應鏈——威廉森的交易成本

Unit 12-3　政府維持市場機制的努力

Unit 12-4　公平交易法

Unit 12-5　公平交易委員會

Unit 12-6　市場競爭機制的門檻

Unit 12-7　公平法中的結合行為——企業收購與合併

Unit 12-8　如何提高消費者淨利——透過競爭以降低公司淨利

公司成長方式與速度

公司成長策略包括三個成分：成長方向（水平、垂直和無關多角化，其中垂直整合詳見 Unit12-2）、成長方式與成長速度，本單元說明後二者。

一、公司目標：淨利極大

在四種市場結構中，獨占時淨利（尤其是權益報酬率）最高，完全競爭市場時最低，這就給公司努力「獨占鰲頭」的動機。

二、公司成長方式與成長速度

X 軸：內部成長 vs. 外部成長

就跟吃飯可分為「在家裡吃」、「在外面吃」（外食）一樣，公司成長方式在圖 X 軸上可以分為兩大類：內部 vs. 外部成長；外部成長方式還可再細分中分類、小分類。中分類的「非股權式」即是公平交易法上的「聯合行為」（詳見 Unit15-8），股權式外部成長方式即公平交易法的結合行為。

Y 軸：成長速度

內部成長方式跟種花一樣，從育種開始，耗時最久；外部成長方式中的「收購與合併」最快，一如去花市買現成盆花。

三、各市場結構下的公司聯合行為

前已說明公司單打獨鬥的競爭行為。在本單元中，說明有些公司願意採取合作方式，以加速達到「轉大人」目標。

1. 目標：合則兩利的雙贏（win win）

公司單打獨鬥由完全競爭市場到獨占，有時須耗百年，像西元 221 年秦始皇統一六國，那是歷經四代（從秦莊襄公的商鞅變法）百年的努力。

於是有些公司想速成，採取合縱、連橫方式，以達到合則兩利的雙贏結果。

2. 綜合來看

把圖中二個情況畫得仔細一些，便可得到下列結果，

- 「獨占性競爭時聯合」等於寡占

  獨占性競爭市場十二家公司，彼此三家結盟，市場的有效家數只剩數家，呈現寡占情況，全球汽車公司呈現五強爭霸。

- 「寡占時聯合」等於獨占

  在寡占市場時，要是三五家公司搞聯合，其效果有如獨占市場時的獨占公司。

各市場結構下的公司競爭行為

大分類	內部成長	外部成長
中分類	非股權式	股權式
小分類	合資 （joint venture）	資產收購與合併 （merger & acquisition，M&A）
公平法上	聯合行為	結合行為

各市場結構下的公司聯合行為

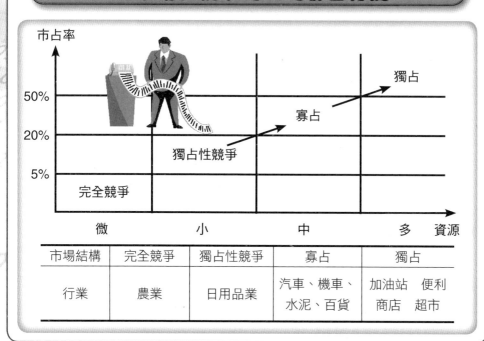

市場結構	完全競爭	獨占性競爭	寡占	獨占
行業	農業	日用品業	汽車、機車、 水泥、百貨	加油站 便利 商店 超市

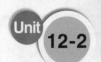

垂直整合與產業供應鏈
——威廉森的交易成本

從「元件→模組→組裝」全程全包，此種一條龍的產業佈局稱為「垂直整合」(vertical integration)。以追求規模經濟效果的水平整合（horizontal integration，即併購同業）來說，垂直整合看似不合理，降低交易成本 (transaction cost) 是垂直整合的動機之一。

一、新制度經濟學

18 世紀，制度經濟學逐漸發展，20 世紀，稱為「新制度經濟學」(New Institutional Economics，NIE)，例如以右表中第二欄中的諾斯強調：「當社會中的各個集團看到可能為自己帶來盈餘的機會，而現行制度無法提供時，新制度就會出現」。

二、代表性學者：威廉森

唸企管的人，大都只記得「威廉森的交易成本」，由表可見，威廉森 (Oliver E. Williamson) 師承兩位諾貝爾經濟學獎得主寇斯和賽門 (Herbert Simon，1916~2001)。寇斯在 1937 年提出的交易成本理論，威廉森以恩師的交易成本理論為基礎，並導入產業組織論，進而發揚光大。

威廉森是「新制度經濟學」命名者，他的著作《資本主義經濟制度》，被譽為新制度經濟學中專論交易成本理論重要著作。

威廉森（Oliver E. Williamson）小檔案

出生：1932 年，美國威斯康辛州蘇必略鎮
現職：加州大學柏克萊分校華特哈斯商學院講座教授
經歷：賓州大學、耶魯大學教授
學歷：卡內基美隆大學博士
榮譽：2009 年，諾貝爾經濟學獎二位得主之一

三、怕麻煩只好自己來

威廉森認為有些公司由垂直「分工」逐漸走向垂直整合，原因如下。

1. 外購的交易成本

例如日本夏普向臺灣友達買液晶面板，每完成一次下單，就會有交易成本（詳見表中第三欄），交易成本有時會很高（尤其是出現交易糾紛時的法律訴訟）。

2. 自製以降低交易成本

為了降低交易成本，三星集團採取垂直整合，公司（或集團）內交易的交易成本較低，以取代交易成本較高的市場交易。

交易成本分類

寇斯 （R. H. Coase）	諾斯 （Douglas North）	威廉森 （Oliver E. Williamson）
1991 年諾貝爾經濟學獎得主，在 1937 年提出交易成本理論，論文名稱為「公司的本質」，國家也跟公司一樣，分成兩項。	1993 年諾貝爾經濟學獎二位得主之一	2009 年諾貝爾經濟學獎二位得主之一
1. 制度轉變 例如 1989 年，蘇聯解體變成「俄國」與其他十餘國，俄國由共產主義一夕改變成資本主義	16 世紀的荷蘭，由於政府透過法令保障公司和人民的財產權，即經濟制度才是經濟改革、成長的必要條件。	
2. 制度運作 政府透過法令（例如公平交易法）、主管機關（公平會）等以降低交易成本。	偏重左項，即投入政治和經濟組織的資源	交易成本包括下列幾項： ・搜尋（交易對手）成本 ・磋商成本，例如議價、投標等 ・訂約成本，此主要屬於法律成本 ・監督：包括生產中的品管或賣方出貨時的買方驗貨成本，詳見本章末

smile

Unit 12-3 政府維持市場機制的努力

如同馬路上行人跟車輛相比，行人處於弱勢，連機車都很容易把行人撞傷撞死，更不要說汽車，因此，交通法規比較保護行人（例如車主應禮讓行人過斑馬線），對車主違規處罰比較重。同理，政府在對公司營業行為，花比較多時間保護消費者。

一、消費者是弱勢的一方

消費者大都是一個人（或一家人），購買金額小；這跟勞工跟公司（雇主）間的處境非常類似。由於權力的不對等，因此各國政府都會通過二種法令，設立兩個機關去執行，詳見表，底下詳細說明。

二、消保法是消費者主權的憲法

為了保障消費者權益，立法院通過「消費者保護法」，在行政院下設消保處，在各縣市設立消保單位，由消費者保護官員負責執行法規。

由表第一列可見，我們把消保法對公司的規範，依交易的時序，分為「事前」、「事中」、「事後」。

消保法跟大部分法律一樣，採取預防法學的觀念，套用俚語「即時的一針，勝過事後九針」，例如「事前」階段，要求公司依法（例如食品衛生法）把商品重點標示明白，以方便消費者了解。

在「消費（事）中」，網路購買時非常強調商品鑑賞期、退貨等。

「事後」的消費者客訴等，也是由消保官替權益受損的消費者主持公道。

三、公平交易法兼顧消費者與小公司

公平交易法照顧消費者、小公司權益，由表可見，公平法處理公司的四項行為。

1. 保護消費者

針對消費者權益的保護，主要有二，一是「不實廣告」、一是傳銷業管理（本書不討論）；傳銷業分兩種：事業型與消費型（例如賀寶芙），後者的會員本質上是消費者。

2. 保護小公司、消費者

公平法針對公司間聯合行為、結合行為，足以引發不公平競爭的，採取事前核准，針對違法行為予以處罰或糾正。

政府透過消保法、公平法以維持市場

項目＼交易時序	事前	事中	事後
消費者保護法	1. 資訊揭露 2. 商品標示 詳見 Unit 8-6	1. 商品試用 大部分網購商品7天鑑賞期可以無條件「退貨」、「換貨」 2. 針對預售式服務 針對套票、年卡等商品服務，要求公司提履約保證。 3. 成交 ・制式契約 詳見 Unit 8-6。	1. 公權力介入 行政院消保處、各縣市消費者保護官 ・處理消費者申訴，對「違法」公司進行調查 ・依法處罰違法公司 2. 協助集體訴訟
公平交易法	（一）保護消費者 　　1. 針對廣告 　　　・廣告不實　詳見 Unit13-8。 　　　・引人錯誤 　　2. 傳銷 （二）保護公司、消費者 　　3. 聯合行為　詳見 Unit 15-7。 　　4. 結合行為		

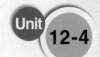

Unit 12-4 公平交易法

市場中各行各業的公司有「大細漢」，政府維持公司間公平競爭，以免「強凌弱（尤其獨占市場時），眾暴寡（尤指寡占市場時）」，進而確保消費者權益。

一、公平交易法

各行各業公司間的競爭行為，採用不正當的方式，出現有損消費者權益的情事，以及對於同業造成傷害；因此，很多國家政府都從提高市場的競爭性，以及防止公司濫用市場力量等兩個方面著手，以促進市場競爭。首先，透過立法以取得法源，以規範不當的競爭行為。

1991 年 1 月，立法院通過「公平交易法」，是希望以法律來規範公司行為，達到在市場上公平交易，減除消費者受到公司不公平商業行為的傷害。該法共有 49 條，在 1992 年 2 月 4 日開始實施，針對公司行為的規範，主要內容有 2 頁，詳見表。

二、四大類範圍有三大類衝著市場完全競爭來

右表中已綱舉目張說明公平法規範四項行為，其中有三類是衝著市場完全競爭來的，這部分國外又稱「競爭法」。

- 獨占市場時，限制「濫用獨占力」；
- 寡占市場時，限制「惡性的聯合行為」；
- 獨占性競爭市場時，禁止「不實廣告」。

至於表中第四項，公平法第 24 條有「帝王條款」之稱，賦予公平會權衡權力。

三、執法工具

公平會有三項執法工具。

- 罰款：最常見的項目是「不實廣告」的罰款。
- 刑法：如果對公平會的裁決不從或再犯，針對犯罪行為人、負責人向法院提告，課以刑法處罰，三年以下有期徒刑、拘役。
- 勒令恢復原狀：例如針對公司間違法結合行為，公平會有權勒令其恢復結合前狀態。

公平交易法對公平競爭秩序的維護

市場結構	公平法主要條文
一、獨占	（一）獨占公司的門檻 （二）又稱反托拉斯法（anti-trust law） ＊針對公司濫用其獨占地位，予以限制（公營公司例外），有下列三情況。 1. 以不公平方法阻礙其他公司與其競爭。 2. 對於其產品價格，有不當的約定。 3. 不當要求其客戶（主要是零售公司）給予優惠或回饋，以及其他濫用市場地位的做法。
二、寡占	公平法第14條主旨在於「事業不得為聯合行為」，是指「扭曲市場競爭」惡性的聯合行為。惟有益於整體經濟與公共利益，並經公平會審核可者，不在此限。
（一）結合	對於公司間結合（combination）核可的標準是「對整體經濟利益大於限制競爭之不利益」，國際間普遍採行的「實質減少競爭原則」。
（二）聯合	限制公司有下列行為。 1. 與同行公司，以任何方式，共同決定商品價格。 2. 與同行公司，以任何手段，相互約束生產或經營等活動範圍。
三、獨占性競爭	禁止公司有下列不公平競爭行為。 1. 限制其客戶（主要指經銷商）轉售其商品或約定轉售價格。 2. 不當地對部分公司給予差別待遇。 3. 以脅迫、利誘或其他不正當方法，爭取其他同行的客戶。 4. 以結合或聯合的方式，跟其他同行協議不進行價格競爭。 5. 就商品的價格、數量、品質、內容等項做虛偽不實的報導，或引人錯誤的表示。 不公平競爭行為包括維持轉售價格、妨礙公平競爭、仿冒他人商品或服務表徵、虛偽不實廣告、損害他們營業信譽、不當多層次傳銷及其他足以影響交易秩序欺罔或顯失公平等行為。
四、其他	第24條‧俗稱「帝王條款」 公平交易法第24條規定「…事業不得為其他足以影響交易秩序的欺罔或顯失公平行為。」該規定概括性地規範所有影響公平競爭行為，屬公平法各條規定的補充條款，外界習稱其為公平法的「帝王條款」。 其中「顯失公平」是指以明顯有失公平的方法，從事競爭或商業交易行為，包括榨取他人努力的成果。常見行為型態例如攀附他人商譽、高度抄襲等不符合商業競爭倫理的不公平競爭等。

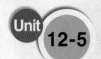

Unit 12-5 公平交易委員會

　　「徒法不足以自行」，任何法令，大都會有中央主管機關予以負責，國家公平交易委員會是公平法的中央主管機關。本單元說明其目標、組織位階與物價穩定的功能。

一、目標

　　公平會（Fair Trade Commission）是公平法的執法主管機構，藉由提高市場競爭程度，以發揮市場價格機能，以確保經濟個體的權益。

- **消費者權益**

　　由圖可見，消費者權益包括「價量質時」。

- **公司權益**

　　公平會執行產業法治規範，建立產業的經濟紀律。

二、公平會的組織設計

　　公平會獨立行使職權，因此其組織設計如下。

1. 獨立地位

　　2012 年，行政院組織再造，少數機關劃分為獨立機構，行政院公平會改制為「國家公平會」，委員有四年任期保障，不受行政院隨意任免；這跟中央銀行很類似。

2. 只此一家，別無分店

　　法令把直轄市及縣市政府規定為本法的地方主管機關，但是法條中完全沒有賦予地方主管機關任何的行政作用權。公平會以 232 人之人力與 3.5 億元預算，總攬全國執法之任務。但臺灣幅員不大，而且獨占、寡占市場地位，皆必須全台經營，公平會「捉大放小」應該足以處理八成以上情況。

三、以嬰兒奶粉漲價為例

　　由右圖可見，以 2014 年初，臺灣嬰幼兒奶粉龍頭地位的雪印公司，以反映澳大利亞工廠原物料上漲為由，調漲旗下六款嬰幼兒奶粉價格，每罐調漲 30 元，漲幅達 5.1%。另外，市占率第三的桂格有三款產品調漲 60 至 80 元，漲幅最高 5%。公平會已立案調查，但查無所獲。

四、穩定物價不歸公平會管

　　「穩定物價」主要功能落在行政院副院長的「穩定物價會議」，是以經濟部為主、財政部等為輔的跨部門會議。只能針對「囤積居奇」等處以罰則，對民營公司商品定價仍必須尊重市場機制。

公平法、公平會對市場秩序的維護

公平交易法
· 公平交易委員會

消費者

市場結構公司
（即生產者）

維持市場競爭
（秩序）

獨占市場：
獨占公司

強凌弱

· 同業
· 零售公司

寡占市場：
透過聯合行為

眾暴寡

· 商品 / 服務

· 價格

· 數量

· 品質

· 時效

獨占性競爭市場

廣告不實

銷售詐欺

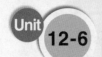

Unit 12-6 市場競爭機制的門檻

市場機制在供給端取決於公司數目要夠多，而且沒有聯合行為（經濟學中有人譯為勾結），但是問題來了，多少家公司時市場競爭強度才會夠？答案是三家公司，似符合俚語「無三不成禮」，接著再來分析表的結果。

一、研究角度

英國尼斯湖的水怪是否存在？探索 (Discovery) 頻道播出一小時的節目，指出「應該沒有」，切入角度有二。

從負面角度切入，尼斯湖是寒帶內陸湖，魚類既少又小，沒有足夠食物容許大魚，更不要說二、三公尺長的水怪。

從正面角度切入，尼斯湖水怪照片拍攝者 1994 年出來自白，表示照片是用玩具作出來。

同樣的我們想了解一個地區要有多少家公司才算有合理競爭。

二、負面角度切入

由表第二列先從「負面角度」切入，以犯罪分析來說，即罪犯分析，研究怎樣人文背景的人犯罪傾向較高。

由美國司法部、臺灣公平會的聯合行為違法案例中分析，得到跟直覺相近的結論：成群結黨的公司家數不會太多，公司 7 家以內，如溝通，較容易取得聯合行為的共識。

三、正面角度切入

從經營地區增加公司數對商品價格降低程度，也可以看出競爭程度提高的影響，由表第三欄，臺灣的有線電視業者（俗稱系統業者或第四台），在一個經營地區內，由一家到二家，沒有明顯降價；一增加到三家，就會明顯的降價。

簡單說法，三家公司時，市場可說買方市場，買方（訂戶）選擇空間變多。在買方為大情況下，賣方也會推廣活動也會變多，例如人員銷售（電話銷售或人員銷售）、夾報等。

因此，政府在進行工程招標，採購招標時，投標公司三家是門檻值，一旦只有二家以下投標，就自動流標，往往必須更改底價再來招標。

臺灣的泡麵市場小檔案

2015 年年銷量：6.8 億包，占全球 0.68%；年產值 92 億元，2011 年起衰退。市占率：統一企業 44.61%、維力 21.89%、味丹 19.13%；統一擁有維力 33.3% 股權。

有效競爭所需公司家數

切入角度	美國	臺灣
一、負面角度	怎樣的市場結構最容易產生聯合行為結果？由聯合行為個案中的統計資料，分析公司數與聯合行為發生的關係。George A. Hay and Daniel Kelly（1974）的研究，以美國司法部1963~1972年10年62個聯合行為個案為研究對象，公司平均數為7.25家，顯示市場上公司數較少時，比較容易產生市場機制受阻的情形。A. G Fraas and Douglas F. Greer（1977）以美國司法部個案為研究對象，研究時間62年（1910~1972年），在606個個案當中，參與聯合行為個案的平均數為16.7家。是由怎樣的市場結構最容易產生聯合行為的情形，由負面角度出發，找出市場競爭的所必須的公司數。	一、間接研究 從公平法對聯合行為處分個案的統計，分析發現，在沒有公平會介入的46個個案中，平均公司數為8.13家。剔除樣本中的極端值，平均公司數則降為7.06家。該數據跟美國的研究結果類似，即發生聯合行為的市場，參與者的公司皆不多。
二、正面角度	正面研究市場競爭需要多少公司才能形成「有效競爭」，會比負面研究結果明確得多。由正面的角度出發，由有效競爭（effective competition）觀點，探求市場至少要有多少家公司，才能產生「競爭」之效果。	二、直接研究 以有線電視的費率為例，當地區內的第四台業者家數，由1家增加為3家，或由2家增加為3家時，以半年費率或年費費率為指標，有顯著差異。地區內家數由3家提高為4家，或4家提高為5家，或3家提高為5家時，市場費率沒有顯著差異。進一步採用迴歸分析，發現3家為一關鍵值，表示有線電視市場的公司數似乎達到3家起碼的家數，市場才會達到競爭效果。

資料來源：整理自工商時報，2007年3月23日，D3版，莊春發。

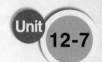

Unit 12-7　公平法中的結合行為 ——企業收購與合併

2014 起，民視六台的台語連續劇「嫁妝」播出，歷時三年以上。公司的單一新聞中最像的是 2015 年 9 月起，半導體業中封裝測試的日月光「非合意」收購矽品，幾乎每天都跟八點檔連續劇般的「灑狗血演出」，可說是全民的公平交易法「通識教育」。

本單元以此角度切入公平交易法的企業間結合行為。

一、企管、財管系的企業併購課程

大學中的許多系為什麼要修「個體經濟」課，以企業結合為例，是站在企業的角度，如果想合併其他公司或收購其他公司資產，就必須向公平會送件，以申請核准。

3 月，公平會傾向接受立法院的決議，日矽戀破局。像卡拉 ok 業者好樂迪與錢櫃，速食麵的統一企業收購維力，多年都卡關在公平會。

二、2015 年 7 月 8 日企業併購法新條款上路

2015 年 7 月 8 日，立法院修正的企業併購法上路，2016 年 1 月 8 日全面實施，新修條款如下，

1. 購併款支付

可採取現金支付方式以合併對方公司。

2. 股票下市門檻提高，俗稱國巨條款

3. 異議股東的收買請求權

企業可先支付收購價格，讓異議股東出場，日後再到法院爭議合理收購價格，有助降低併購阻力。

三、金額易受大單影響

1. 美國美光收購台塑集團華亞科技

2016 年 12 月，美國美光以 1,300 億元收購華亞科技，台塑集團可拿回 630 億元；之後，股票會下市，光這筆交易就抵得上前三年臺灣的併購金額。

2. 遠傳收購中嘉

2016 年 1 月，行政院國家通訊傳播委員會 (NCC) 通過遠傳電信可以收購系統業者中嘉，金額 480 億元，但立法院有異議。

四、全球公司併購金融統計

由表可見全球併購金額，一般來說與景氣正相關，2007 年金額達高峰。

全球企業併購案統計

項目	2007 年	2015 年	2016 年	2015 行業分布（%）
金額（兆美元）	4.9	4.3	3.6	消費品 25 金融 19.64 電信 10.76
筆數	36,690	41,368	44,688	工業 9.82 能源 9.64 科技 9.46

資料來源：前瞻產業研究院

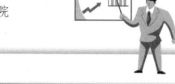

企業併購案統計

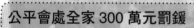

公平會處全家 300 萬元罰鍰

時：2016 年 9 月 14 日

人：公平交易委員會、全家便利商店公司

地：臺灣

事：公平會接獲檢舉指稱，全家公司要求加盟店必須遵守其訂貨指導，並規定，一旦加盟店未依規定量訂貨，或是銷進比大於一定比率，將遭受到上課、警告、開單等處罰。

公平會調查相關文件發現，全家公司多次以銷進比過高等事由，通知加盟店改善，並指出再有相似案件發生，將依違反契約規定辦理等。

公平會認為全家便利商店未在締結加盟經營關係前，告知最低建議訂貨量或是商品銷進比等加盟經營關係限制事項，對於交易相對人不公平，且因其規模龐大、光 2015 年新加盟店數就有 644 家，因此處以 300 萬元罰鍰。（部分整理自《工商時報》，2016 年 9 月 15 日，譚淑珍）

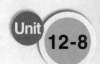

如何提高消費者淨利
——透過競爭以降低公司淨利

Unit 12-8

在生活、工作中，人們經常想方設法提高消費者淨利，最簡單方式便是「貨比三家不吃虧」，在網路時代，便是採取網路拍賣方式。

一、提高競爭程度

既然在完全競爭市場情況，買方賺最多（即消費者淨利極大），因此提高賣方家數，並且讓賣方得悉「有得拼」，賣方才會卯起勁來想得標。

二、招標方式

由表第一欄可見，拍賣方式有二種。

1. 密封投標是例外

密封投標情況較少見，主要用於政府的工程（或公司的原料採購），採取密封原因主要是在標單中要付公司的工程資格，作為資格篩選。

2. 公開喊價式慣例

最生活化的公開喊價拍賣方式是夜市的玩具拍賣攤，主持人舌粲蓮花，再加上在觀眾群中安插人喊價，把價格吵高。最戲劇化的公開喊價拍賣是 007 電影中，蘇富比拍賣會中男主角去舉牌搶買。每天果菜、家禽拍賣市場，大都以 LED 螢幕顯示出價位，投標者坐在有按鈕的座位上按鈕。

三、投標行為

以工程（例如你家的裝潢）招標為例，設定底價 500 萬元（可視為你認知的價值），投標者以最低者得標，假設建設公司成本行情 400 萬元。

1. 理性

當只有三家建設公司投標，假設得標者以 420 萬元得標，此時買方的消費者淨利 80 萬元。

2. 不理性

有可能在競爭太激烈（例如 8 家投標）情況下，有投標者出價 380 萬元，價格殺到見骨。此時得標者可能現賠 20 萬元，得標日就是後悔時，出現「贏家詛咒」(winner's curse) 情況，生活中的例子便是去百貨公司買福袋，打開後大失所望。

3. 最低價標的矛盾

政府的公共工程往往採取「價格標」，從最低價者得標，甚至不顧得標者資格，其著名缺點如下：

‧2017 年 2 月，桃園國際機場捷運完工，53 公里花了 10 年，原因在於日本丸紅公司沒有經驗。

‧2016 年臺北市藝術中心 54 億元興建案停工，原因是工程公司理成營造財力有限，不堪工程成本飆高。

透過競標以提高買方議價能力

拍賣方式	決標方式		得標者結果
	（一）工程底價 P_0 例如 500 萬元	（二）商品底價 P_1	
（一）密封投標	1. 流標 $P_0 < P_1$ （例如 600 萬元） $P_0 > P_1$，得標		（一）理性
（二）公開拍賣 例如蘇富比的藝術品拍賣 1. 按鈴 2. 舉牌	1. 標單	流標： $P1 < Pi$ （即出價過低） 得標準則 1. 最高價得標 2. 次高價得標	（二）不理性

政府工程採購標準

時：2016 年 11 月 5 日

人：行政院工程委員會

地：臺灣

事：行政院核定「政府採購法」修正條文，重點在於政府工程可以不帶條件的採取「最有利標」，須待立法院審議。

威廉森的交易成本理論

交易來源	交易特徵	交易成本	
		事前	事後
一、市場面 1. 資訊不對稱 I：常見情況 2. 資訊不對稱 II：交易案件少 3. 不確定性和複雜性	1. 交易商品的特殊性：主要是泛用規格或特殊規格 2. 交易的不確定性	1. 搜尋成本：有關商品；交易對象 2. 資訊成本	
二、買賣雙方 1. 氣氛：彼此不信任 2. 投機主義：耍詐		3. 談判：議價 4. 簽約等	
三、買（或賣）方單方面 1. 有限理性：以致「無法」追求最大效益	2. 交易頻率：交易頻率高，連帶交易成本高。		1. 正常情況有一（或二）方付出約束成本(bonding cost)，以取信對方 2. 不正常情況當有一方不接受契約，因此須付出 · 重新議約成本 · 仲裁成本

第  章

完全競爭與獨占性競爭公司行為

Unit 13-1　公司的事業策略──效率導向拚成本

Unit 13-2　獨占性競爭武器之一：差異化產品

Unit 13-3　獨占性競爭時的公司「事業策略」
　　　　　──產品差異化拚價值創造

Unit 13-4　蘋果公司第二個破壞性創新── MP3 中的 iPod

Unit 13-5　美式速食餐廳的產品戰

Unit 13-6　獨占性競爭武器之一：廣告

Unit 13-7　產品廣告以塑造產品差異化
　　　　　──以林書豪替富豪汽車代言為例

Unit 13-8　廣告不實的案例

Unit 13-1 公司的事業策略 ——效率導向拚成本

完全競爭市場下的產銷分析在《圖解經濟學》中已詳細說明，本書只以一個單元來延伸討論。偏重透過拚效率來省成本以求多賺。

一、修正版的波特「事業策略」

1996 年修正版的波特「事業策略」可說是全球最普遍使用的事業部競爭策略架構，分成四類，我們把 X 軸隱涵產品價格。

1. X 軸：顧客關切的重點

X 軸把顧客購買商品的考量二分法，即價格考量為主與產品獨特性考量為主，並以此劃分公司的競爭優勢來源：成本優勢與產品特色優勢。

2. Y 軸：市場涵蓋範圍

公司營運的範圍可以二分法，分為部分與全部市場，此跟公司資源多寡有關，資源多公司往往拚全部市場，資源少的公司往往先占住橋頭堡，宣稱「以鄉村包圍都市」，例如。

- 超市中的全聯實業；
- 量販店中的家樂福。

二、同質商品拚價格

許多工業零組件是標準品（例如 256M 的記憶卡），有些消費品（例如裸賣的柳橙），買方在意的是價格。此時，公司會想方設法去追求「成本極小化」，以塑造價格優勢，甚至進行價格戰，甚至「割喉割到斷」的割喉戰，俗稱「紅海策略」。

這種情況常出現在零售業，由於商品、品牌大同小異，所以每家零售公司皆標榜「天天最低價」(every day low price，EDLP)，標準作法是「限制條件下」（方圓 1 公里內相同種店且不是特價品）「買貴退差價」。

- 藥妝店中的屈臣氏；
- 3C 量販店中的燦坤 3C；
- 超市中的全聯實業；
- 量販店中的家樂福。

三、異質產品拚產品特色

工業製品、農產品（例如日本青森縣青森蘋果出口九成到臺灣）等消費品，由於「人之不同各如其面」，再加上公司有意透過產品功能與廣告塑造產品特色，以塑造「產品優勢」，避掉價格競爭。

完全競爭市場下公司的事業策略

修正版麥克・波特的事業策略，以現煮咖啡業為例（2017 年）

市場範圍

全部

便利商店業
統一超商 5100 家店
全家 3000 家店

	成本領導 策略	差異化 策略
	低成本 集中策略	差異化 集中策略

部分
（或稱利基）

85 度 C
370 家店

統一星巴克
380 家店

成本	產品特色	來源 （競爭優勢）
同質	異質	商品同質程度
低	高	商品價格
40 元	70 元	

割喉戰（cut-throat competition）小檔案

時：19 世紀末和 20 世紀初
人：省略
地：美國
事：又稱為毀滅性競爭（destructive competition），常指「掠奪性定價」
　　（predatory pricing）和密集促銷（例如贈品），想致對手於死地。

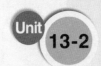

Unit 13-2　獨占性競爭武器之一：差異化產品

獨占性競爭是生活中最常見情況，當你進入統一超商看見五顏六色的冷藏櫃中飲料，或到全聯福利中心（或家樂福）看見各式各樣洗衣精。包裝、品牌（有打廣告）都不一樣，這也是個體經濟成為行銷管理課程中基礎的部分，詳見右圖。

一、目標：成為一方之霸

「獨占性競爭」這個名詞是矛盾修辭法，類似「最醜的美女」一樣，由圖的「產出」一欄中，很容易明瞭，在整個市場中，該公司能成為「一方之霸」，即在一小塊市場區隔 (market segment) 中具有獨占地位。但跟其他市場區隔中的公司處於競爭狀況。

二、必要條件：行銷組合中的產品策略

行銷管理書中談到行銷組合 (marketing mix) 依序有四個成分：產品、定價、促銷與實體配置策略。公司必須推出與眾不同的產品，才能吸引一群消費者寵顧（即品牌忠誠度，在網站上稱為黏度），也就是公司在一特定市場區隔「稱王」。有特色的產品是消費者的認知，在產品面有二種方式可達到。

- 產品外觀：包括產品包裝、產品外觀等，這些是大學工業設計系主要學習領域，在公司裡是工業設計部（很多隸屬研發部）。
- 產品功能：產品功能、效益、價值，這些是產品的裡子，主要是公司研發部的責任區。

三、充分條件：行銷組合中的促銷策略

四種市場結構中，完全競爭市場中公司生產「標準品」，因此傾向於不打廣告，其他情況下，公司會打廣告，目的如下。

1. 獨占：例如台電公司會打廣告，以提供產品的訊息，例如夏天時（6至9月）有夏季電價（比其他季貴 17%），家庭宜節約用電。
2. 寡占：寡占市場中，廣告的訴求包括產品，但更多的有關於定價、促銷（尤其是促銷式定價），大打價格戰。
3. 獨占性競爭：獨占性競爭市場中，公司特別會作比較廣告，以突顯自己產品「與眾不同」甚至「超群」之處。

廣告真的很有效

2011 年時，美國 Syracuse 大學教授瓊斯（John Philip Jones）發表第一次以科學方式，在方法、期間及樣本數都採最嚴格條件下，測試廣告對購買行為的直接影響，證實廣告只要一次就能促成購買行為，廣告記憶度愈高促購度愈強。

他跟尼爾森市調公司合作，讓 2,000 戶家庭安裝電視收視計數器並配置一個手持產品條碼掃瞄機，紀錄消費者每週所看的電視節目及所購買的商品，以二年時間對 78 個有廣告的品牌做「短期廣告力」（STAS）研究。結果發現，在廣告曝光一次後，品牌的購買占有率在 7 天內比沒廣告的品牌提升了 24%，有些高記憶率的廣告更創造 98% 的購買占有率。

獨占性競爭等於行銷管理中的市場定位

投入	轉換	產出

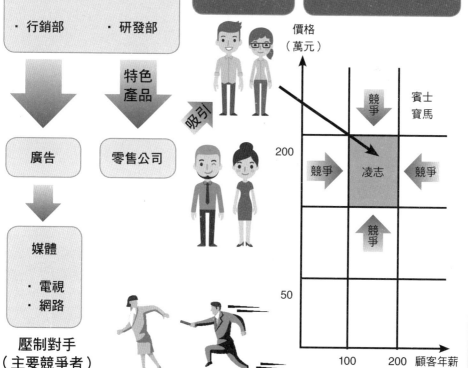

行銷策略（STP）中的 S、T

個體經濟

公司

・行銷部　　・研發部

特色產品

廣告　　零售公司

媒體

・電視
・網路

壓制對手
（主要競爭者）

消費者
（consumer）
目標市場

市場定位
(market positioning)

吸引

價格
（萬元）

競爭　　賓士寶馬

200

競爭　　凌志　　競爭

競爭

50

100　　200　顧客年薪
（萬元）

Unit 13-3 獨占性競爭時的公司「事業策略」——產品差異化拚價值創造

在獨占性市場情況下,公司策略作為可以採「合縱連橫」的作法,成為「虛擬」的寡占情況。

一、智取以取代力取

在夜市中看似完全競爭,其實各攤販、各店家都各出奇招,強調商品特色(例如獨家配方或國外口味)。

同樣的,在傳統市場中,看似販售著沒有品牌的農漁牧產品(即蔬果肉類),但是攤販往往透過「買菜送蔥,教你怎麼煮才好吃」,甚至量大(例如 2,000 元)的宅配,透過促銷式降價、服務以塑造獨特性。經濟學中的「完全競爭市場」看似容易出現,但卻不敵公司的創意。

二、資源少的拚局部市場:差異化集中策略

由圖可見,大公司推出新產品,即首次進入市場,基於風險管理的考量,往往會拿局部市場來練兵,縱使蘋果公司 2012 年推出第六版 (iPhone5) 了,但全球仍採三波上市,美國一定是第一波。一方面是藉由缺貨策略,讓蘋果迷排隊購買,以製造出媒體報導「人氣不墜」,多年來,屢試不爽。其二,分波上市,在過程中,可以了解顧客對產品的不滿,並妥籌對策;例如 2010 年 6 月 24 日上市的 iPhone4 發生「天線門」事件,當顧客左手握手機時,由於手壓到隱藏在內的天線,所以一些情況下會發生斷訊情況。7 月 16 日,蘋果公司提出彌補方案(包括修改製程)。(詳見伍忠賢著,《服務業管理個案分析》,全華圖書公司,第十二章蘋果公司客訴處理)

三、資源多的拚全部市場:差異化策略

由圖可見,對於資源多的公司,長期經營會以全部市場為著眼點。就成本面來說,透過達到規模經濟門檻,以求降低成本,以適時降低成本,因為獨占性「競爭」,一半有完全競爭的味道,價格也很重要。

要是只有高價產品,那只能攻頂端市場,例如宏達電 2011 年底推出的旗艦機型 One,售價 795 美元。跟三星電子的高中低價手機的機海戰術相比,便顯得「偏安一隅」(即差異化集中策略)。蘋果公司則是靠一款手機「賣遍全球」,看似「差異化策略」,實則也是「差異化集中策略」,縱使在美國也只能賣給中產階級以上。2016 年 3 月,推出 iPhone SE 機型,售價 400 美元,跟 iPhone 6S 各吃高中價市場,但低價市場仍是陸企(華為、中興、小米)的天下。

2016 年 4 月 26 日,蘋果公司公布第一季財報,iPhone 銷量 5,119 萬支,年減 16%,2007 年 7 月上市以來,連 8 年銷量成長。這是首次衰退,主因是沒有驚艷創新,媒體以「蘋果神話幻滅」形容。(詳見工商時報,2016 年 4 月 28 日,A1 版,陳穎芃)

獨占性競爭市場的公司事業策略

修正版 麥克・波特的事業策略，以全球智慧型手機為例
2016 年

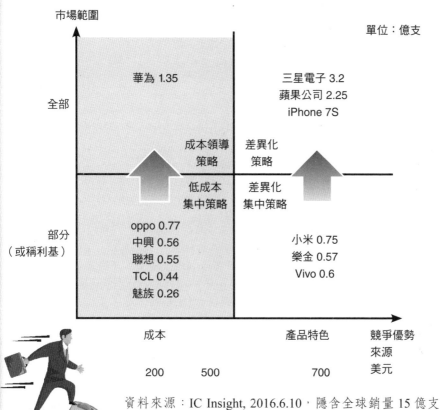

市場範圍

單位：億支

全部

華為 1.35

三星電子 3.2
蘋果公司 2.25
iPhone 7S

成本領導
策略

差異化
策略

低成本
集中策略

差異化
集中策略

部分
（或稱利基）

oppo 0.77
中興 0.56
聯想 0.55
TCL 0.44
魅族 0.26

小米 0.75
樂金 0.57
Vivo 0.6

成本　　　　　　　　　產品特色　　　競爭優勢
來源
美元

200　　　500　　　　　700

資料來源：IC Insight, 2016.6.10，隱含全球銷量 15 億支左右。

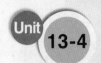

Unit 13-4　蘋果公司第二個破壞性創新
——MP3 中的 iPod

　　破壞性創新、殺手級應用 (killer application) 最有名的公司是美國蘋果公司，第一個經典之作是音樂播放器 iPod 加上線上音樂商店 iTunes。

一、日本索尼

　　隨身聽 (Walkman) 是由日本索尼於 1979 年發明，只是把收錄音機微縮，可說是可攜式的收錄音機，共售出 4 億台。隨著科技的發展，1990 年代隨身聽由聽錄音帶，升級到聽 CD。CD 只是錄音帶的升級版，只是比較薄、比較輕，但是容量差不多（只能聽 12 首歌）。

　　尤有甚者，許多人上網抓盜版歌曲，自己燒 CD，以臺灣來說，CD 產值在 2003 年達到高峰（120 億元）便快速衰退。

二、蘋果公司的 iPod

　　蘋果公司董事長賈伯斯（Steven Jobs，1953~2011）看到商機所在，設法在 2001 年 1 月研發第三版音樂播放器（music player 3，MP3），10 月推出，以搶年底的聖誕節商機（12 月銷量是其他月份的三倍）。

　　iPod 的優點在於超迷你硬碟以容納 100 首歌，大大超越 CD 的 12 首；而且體積縮小，重量只剩 150 公克。

三、線上音樂商店 iTunes

　　iPod 的功能只不過是一部漂亮的數位隨身聽，很容易模仿，但 iPod 最大競爭武器不在「硬體」，而在「服務」類商品，這開啟蘋果公司「軟硬通吃」的先河。

　　由右表可見，蘋果公司於 2003 年 4 月，推出線上音樂商店 (iTunes Music Store)。重點在於賈伯斯花了一年多，親自打電話給盲人歌手史蒂‧汪德等五大唱片公司 40 幾位歌手（歌手擁有歌曲的所有權），取得其授權。索尼早已研發出音樂播放器，由於不敢捅馬蜂窩（即盜版音樂），以致讓賈伯斯有機可乘。

四、賈伯斯的親力親為

　　蘋果公司殺手級產品的研發、行銷，賈伯斯是鉅細靡遺的參與，詳見表　第二欄研發過程的各方面，賈伯斯都親自構思產品架構並指示依循方向。

五、林百里的詮釋

　　2011 年 11 月 2 日，廣達董事長林百里出席華人領袖高峰會指出，創新對各行各業都很重要，靠著勤勞加上一點智慧，臺灣創造 1970~2000 年榮景，但是處在後個人電腦時代，要多點創新智慧才能勝出。創新分成兩種，一種是改革式創新，對既有的產品、服務與經營方式進行改良與升級。

　　例如「非蘋陣營」力推的超薄筆電 (Ultrabook)，只是在原有產品上做出改進，只是筆電的一種款式，不會引起人們全面的汰換需求。

　　林百里推崇破壞性創新，即「取代式」的創新，隨身聽最早用的是錄音帶，之後 CD 取代，而蘋果公司 iPod 上市之後，音樂轉為硬碟存取，也造就線上音樂服務的興盛，不只是技術、產品出現變革，同時推動經營方式的轉變，具有極大的影響力，創造龐大商機。（中國時報，2011 年 11 月 3 日，A3 版，康文柔）

蘋果公司賈伯斯參與 iPod、iTunes 的研發過程

階段	iPod	iTunes
一、研發		
1. 人機界面	每天晚上 9 點到凌晨 1 點，賈伯斯都固定參與 iPod 魔法操作板的研發過程，一直到自己能夠肯定整個品質之前，他不曾缺席過一天。	操作面板部分，賈伯斯非常注重操作性能，他要求研發小組想辦法拿掉電源鍵，對於整個介面需要的按鍵數量也要求甚嚴。
2. 音質	賈伯斯年輕時代就酷愛音樂，是搖滾民謠人巴布・狄倫（Bob Dylan）的歌迷，還經常拿吉他彈唱來紓解工作壓力。	賈伯斯對音樂的感受力敏銳且要求極高，研發小組為滿足賈伯斯的耳朵並達成嚴苛的要求，必須不斷改善音質，盡全力做到符合賈伯斯在品質上的要求。
3. 音樂	「線上音樂商店」的成功與否取決於所能提供的音樂數量。賈伯斯親自與各唱片公司與歌手協商，最後順利跟全球五大唱片公司（環球、華納、索尼、EMI、BMG）結盟。把全球五大唱片公司的 100 萬首歌曲放在一個「空間」裡販售的驚人之舉，因為是賈伯斯才有這不可思議的結果。	2003 年 4 月音樂商店（iTunes Music Store）線上啟動，然而早已經習慣於非法免費下載音樂的人們，對此付費（每首歌 0.99 美元，蘋果公司把其中的 0.65 美元上繳給唱片公司）機制議論紛紛，但直到 2010 年 2 月 24 日為止，音樂商店一共被下載百億次以上的付費歌曲，顛覆整個唱片產業。
二、生產	主要是外包，但外包副總盯得緊	同左
行銷	行銷方面，賈伯斯展現積極的熱誠，固定每週 2 到 3 次會跟行銷小組開會，在命名這產品的過程中，行銷小組提出各式各樣名稱，從數十個名單之中賈伯斯選定「iPod」。 I 代表 internet Pod 是指豆莢、繭	由 4 名成員組成的行銷小組，負責籌畫產品的宣傳，例如廣告標語中「把一千首歌曲裝進你的口袋」（1,000 songs in your pocket）。

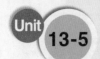

Unit 13-5 美式速食餐廳的產品戰

　　競爭會刺激進步，在漢堡方面的競爭，有關新產品的推出，跨業競爭扮演著催化的效果。2011 年 11 月，麥當勞推出重量級漢堡商品，對手紛紛跟進，本單元詳細說明。重點在於說明「市場」、「同業」不是涇渭分明，而是重疊的。

一、來自便利商店的競爭

　　由於人口三化中「少子女化、老年化、單身化」中有單身化、老年化，對餐飲的需求使外食人口增加，聯合利華飲食的「世界飲食趨勢」及「臺灣外食族飲食調查」報告就指出，每人每週外食次數超過總用餐數的一半，每年會花 13 萬元，平均每個月就有超過 1 萬元花在外食上。

　　2007 年，統一超商推出漢堡，由 18 度 C 的米食往西式餐點擴充，強調要成為臺灣最大的漢堡連鎖店。之後，三家對手也加入。面對四家便利商店相繼推出熟食商品搶攻市場，速食餐廳多數是以「超值」或「折扣」方式以鞏固市占。

二、麥當勞的「四英兩漢堡」

　　每年每人食用牛肉量，從 2008 年的 3.87 公斤成長到 2010 年的 4.91 公斤，顯見人們對牛肉需求增加。臺灣麥當勞 2006 年時賣出 1,270 萬個牛肉漢堡，此後雖然便利商店也推出熟食漢堡搶市，但麥當勞牛肉漢堡銷量仍逐年成長，至 2010 年時售出 3,150 萬個牛肉漢堡，五年共售出 1 億個。

　　2011 年 11 月 30 日，麥當勞推出來台 28 年，規模最大的新商品上市活動，並推出份量最重的「四英兩牛肉漢堡」，希望以「厚牛肉」與「濃起司」的訴求，爭取全新客源。四英兩（1 英兩等於 31 公克）牛肉漢堡的售價 79 元，只比麥香堡多 4 元，牛肉份量增加了 25%。以「原味」為訴求發動廣告行銷攻勢，全力建立麥當勞「牛肉漢堡專家」的品牌形象。

　　麥當勞產品線上牛肉漢堡原本分為：「超值」（漢堡、吉事堡與麥克雙牛堡）與「核心」（雙層牛肉吉事堡與麥香堡）兩大系列，銷售比約為 4:6。四英兩牛肉漢堡定位在「高優質」系列，麥當勞希望此一系列漢堡未來在銷售占比中達到 30%。麥當勞總裁陳麒亦 (Lynn Tan) 表示，2017 年時，總店數由 2011 年的 353 家擴為 500 家。

三、對手紛紛跟進

　　獨占性競爭、寡占市場中，每家公司地盤重疊，一旦有人「輕舉妄動」，對手基於「守土有責」的考量往往會採取防禦措施，由表可見，同業間的反制措施，其中以市場老二摩斯漢堡力道最大，因為賭注較大。

2011 年速食餐點的新漢堡爭霸戰

速食店	基本產品	進餐環境
麥當勞	2011 年 11 月 30 日，麥當勞主打可嚐到牛肉原味且多汁的「四英兩牛肉堡」，大受歡迎，尤其中午優惠時段人龍湧現。這次推出美國風行四十年的「四英兩牛肉堡」，而且投資 2 億元更新設備，各店同步換裝高效能煎爐，採雙面香煎封存肉汁，以「厚牛肉」、「濃起司」組合，重現美國漢堡的經典風味。助理副總裁李意雯表示，四英兩牛肉堡，長年熱銷關鍵在於「簡單，但有濃厚牛肉原味」。有網友形容這款牛肉堡「盒子拿在手上，就可以明顯感受到它的份量」、「肉比麵包還大塊，一口咬下，嘴裡充滿牛肉香和牛肉汁，超滿足！」、「很有吃牛排的 fu」。	麥當勞走主題化路線，像搭配凱蒂（Hello Kitty）活動、推出四英兩牛肉堡，並在各據點更新店面。臺北光復、臺中文心二、高雄五福等北中南三家旗艦門市全面換裝，以突顯產品特色。裝修部分，2011 年底 22 家店完成，2012 年改裝 30 家店。麥當勞限時免費供應送出 10 萬個四英兩牛漢堡，促銷手筆非常大。
摩斯漢堡	臺灣第二大連鎖速食店的摩斯漢堡（公司名稱為安心食品，1259），2012 年 1 月 5 日，推出全球限定商品的「澳洲和牛堡」50 萬個，預計一個月內賣光，帶進麵包類漢堡五成營收。以 A9 等級的澳洲和牛製成，這是摩斯漢堡年度全球商品，跟日本、新加坡、泰國、印尼、中國大陸等地同步上市，也是摩斯漢堡創業以來等級價位最高（臺灣售價 100 元）的特級漢堡。	沒在店內特別強調。
肯德基	肯德基的因應之道，行政總裁黃錦鴻表示，回復核心價值為主軸，強化「雞」與「肯德基」的關聯，打出「新鮮手作」，透過每位餐廳經理重新檢視員工炸雞時「7-10-7 裹粉步驟」，並授予員工烹雞達人的證書，強化肯德基專家的市場地位，讓顧客都能吮指回味。菜單也全面調整，拿掉雞肉以外產品，陸續推出雞湯、手扒雞、烤全雞等。	2011 年怡和集團接手臺灣肯德基，行政總裁黃錦鴻投入 700 萬美元重新裝修臺北市各店，以源自法國設計概念加入本地風格，採用熱情色彩和材質，營造充滿活力的用餐環境，2011 年投資 1000 萬美元重新裝修 34 家店。
漢堡王	漢堡王的核心商品是美式火烤的牛肉漢堡，牛肉堡有十種以上，也有四英兩的漢堡，強調「火烤」，突顯淡雅的焦香味與嚼勁。	漢堡王在臺北車站一樓微風廣場設櫃，採完全外帶，迷你店不到六坪，是一般速食店五分之一的開店成本，但「坪效」驚人。

資料來源：整理自聯合報，2011 年 12 月 15 日，A9 版，羅建怡。

Unit 13-6　獨占性競爭武器之一：廣告

「廣告」(advertising) 這個詞顧名思義是指「廣」泛「告」之，在獨占性競爭市場其效果在於塑造產品獨特性。

一、廣告具有產品溝通效果

唐朝詩人白居易在描述楊貴妃的「長恨歌」中提到：「養在深閨人未識」，形容在古代，女性被禮教規範「大門不出，二門不邁」，因此國色天香之姿只能孤芳自賞。古代女性會在元宵節等節日，盛裝出遊，此外，進廟掛香也是對外展示機會。對於沒讀過「行銷管理」書的讀者，我們主觀結論是如此：「廣告只有錦上添花效果，沒有雪中送炭功能」，產品功能是必要條件，廣告是產品成功的充分條件。

二、廣告的效果：圖示

由右圖可見，在對手不跟進（即打廣告戰）情況下，A 公司打廣告有二方面效果。

1. 需求曲線

需求曲線會呈現二種改變。

· 需求曲線往右移動（AR_0 到 AR_1）

由於產品知名度增加，購買的人會增加，對 A 公司產品需求增加。

· 需求曲線斜率變陡

廣告會塑造產品差異化，塑造出「指名購買」的寵顧性，即需求彈性變小。

2. 供給曲線

以供給曲線來說，隨著 A 公司「市場擴大」（但可能是搶占 B 公司市場），因此對其供給曲線會有二方面影響。

· 規模經濟效果更強（即 AC_0 到 AC_1）

平均成本曲線會往下移，但仍在長期平均成本曲線最低點的左邊，即生產效率並不是最優。為了簡化圖形起見，圖上不標示出平均成本曲線。

· 邊際成本曲線（MC_0 到 MC_1）

廣告預算慣常採「營收百分比」，可稱為變動成本，但由於產能也擴充，使得邊際成本曲線往右移動。

2016 年 9 月，蘋果公司 iPhone 7 上市，連續 2 年消費者認為缺乏亮點，採一波全球鋪貨、打廣告，由圖可見，這是我們的舉例。

三、廣告的效果：「表」示

表把圖的廣告前後結果整理出來，這是 A 公司的如意算盤：價格提高、數量變大。其中廣告後產品價格變高，代表獨占力變強（套用 Unit11-7 中的獨占力衡量方式），且如果搭配平均成本降低，那麼打廣告具有一箭雙鵰效果。

四、三星手機的挑釁式廣告

2012 年第一季，三星電子已打敗諾基亞，成為全球最大手機公司。該公司衝著蘋果公司推出挑釁意味濃厚的廣告，展現稱霸市場的信心。2012 年 4 月 27 日，位於澳大利亞雪梨市中心的蘋果公司商店門口，來了兩輛黑色巴士，十幾個人突然跳下車，把蘋果商店的櫥窗團團包圍，手上拿著標語開始大喊：「醒醒吧！」5 分鐘後，這群人走到街上遊行。這個廣告噱頭出自三星電子，主要為了宣傳 5 月 3 日在英國倫敦市上市的智慧型手機 Galaxy S3。

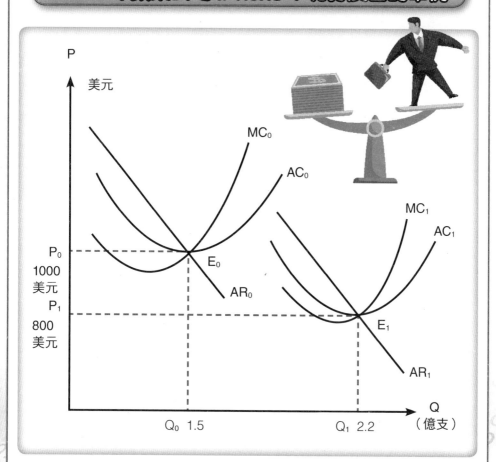

2016 年蘋果公司 iPhone 7 有打廣告的舉例

廣告對蘋果公司 iPhone 7 銷售的影響（舉例）

時間 影響	廣告前		廣告後
需求曲線	AR_0		AR_1
供給曲線	MC_0		MC_1
均衡			
· 均衡點	E_0		E_1
· 均衡數量	Q_0	<	Q_1
· 均衡價格	P_0	>	P_1

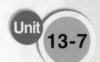

產品廣告以塑造產品差異化——以林書豪替富豪汽車代言為例

Unit 13-7

經濟學強調差異化足以塑造公司「獨占」優勢,至於差異化的方式則點到為止,在這方面,研發管理、行銷管理接棒接力演出。

一、品牌價值主張

經濟學強調公司透過產品功能以塑造產品差異化,透過產品以向消費者傳達此訊息。這跟行銷管理中的品牌價值主張一一對稱。

1. 硬性訴求

這是人們碰到產品的實體面,包括三項。

- 產品創新:主要是產品主功能和附屬功能;
- 工程技術:主要是產品的可靠度;
- 設計美學:主要是產品外觀、顏色、材質。

2. 軟性訴求

透過廣告內容(例如家庭幸福)、代言人,以向消費者傳達品牌圖像 (brand image)。

二、林書豪替富豪汽車當代言人

2012 年 2 月 5 日,華裔美人林書豪 (Jeremy Lin),因在美國職籃 (NBA) 中紐約尼克隊 (Knicks) 救援成功,引發全球林來瘋 (Linsanity) 現象。

2012 年 3 月 19 日,富豪汽車 (Volvo) 公司在紐約市,跟林書豪舉行簽約儀式,林書豪成為富豪汽車的代言人,期間二年。

由右表中,富豪汽車公司全球行銷副總裁蒙特羅 (Richard Monturo) 的說法,可見找林書豪代言,偏重產品差異化中的軟性訴求。尤其是偏重其華裔身分,以便打進中國大陸市場。

三、運動行銷

喜歡看美國職籃、職棒的球迷,會體會到球隊中一定有中國大陸、日本甚至歐洲(法國)、中南美洲的選手,主要是美國職籃 (NBA) 等把全球看成一個市場,利用各國的選手拉近距離,讓各國球迷為自己「某國之光」而收看,以此「強龍壓地頭蛇(各國當地職籃、職棒比賽)」。

瑞典富豪汽車公司(Volvo)小檔案

成立:1927 年
地址:瑞典哥德堡
母公司:2010 年 3 月 28 日,中國大陸中國吉利汽車收購全部股權
員工數:2.5 萬人

林書豪代言富豪汽車

項目	林書豪	富豪汽車的說法
一、 代言契約	林書豪一派輕鬆地現身記者會，身著格子襯衫、黑色休閒褲，笑笑地從後台進來。林家爸媽和哥哥、弟弟全都出席，他們低調坐在第一排，看著林書豪面對眾多媒體侃侃而談。	這是富豪汽車首度有全球品牌大使，林書豪在美國、中國、臺灣及華語區域進行宣傳，以他的哈佛大學學歷、NBA 球員和家庭價值等的形象，吸引中產階級消費者，提升富豪汽車全球知名度和銷售成績。
1. 期間		2012 年 3 月至 2014 年，
2. 區域	林書豪擔任富豪汽車公司全品牌和產品代言人，重點合作市場為中國大陸、香港、澳門、臺灣、美國和亞洲其他華語區域。	
3. 代言 費用	根據雙方簽署的協定，林書豪出席富豪汽車在上述代言區域的市場和品牌活動，拍攝電視和平面廣告，並親自駕駛富豪汽車參加美國的 NBA 比賽，以及出席在中國大陸的所有個人和商業活動。	第一年的簽約金為 400 萬美元，第二年約有基本保障代言費，另還包含激勵獎金。 富豪公司的母公司中國吉利汽車希望富豪汽車在中國大陸的銷售量能在 2020 年時成長 1 倍，達到 80 萬輛的目標。
二、 合作理念	林書豪說：「很榮幸能成為富豪汽車品牌大使，我們努力要做得更好、更聰明，用我們自己的方式去做。」 林書豪表示，希望他的奮鬥激勵更多年輕人，去追求他們在體育、教育的理想，就像富豪汽車的設計是繞著人們生活的理想。（中國時報，2012 年 3 月 21 日，A3 版，王良芬） 他提到，富豪汽車建立的價值觀和基礎跟他完全符合，兩者都不停尋求進步，「對我來說，我會試著朝著更好的籃球員努力；對他們來說，他們的風格、設計、性能和安全也一直進步。」（聯合報，2012 年 3 月 21 日，A3 版，曾思儒、史榮恩）	富豪汽車公司全球行銷副總裁蒙特羅（Richard Monturo）表示，邀請林書豪擔任全球品牌大使，緣於雙方有共同理念，林書豪的衝勁及創新的熱情，對於富豪汽車積極爭取年輕客層的努力而言，是非常重要的媒介，且透過林書豪在球場上展現的運動精神和智慧，正可突顯富豪汽車「設計以人為本－ Designed Around You」的全新品牌宣言。（經濟日報，2012 年 3 月 27 日，B6 版） 富豪汽車全球高級副總裁、中國區董事長沈暉提到，「林書豪是全中國人的驕傲，我們很興奮與他共事。」 2010 年 8 月，在吉利集團董事長李書福主導下，吉利以 18 億美元的價格從美國福特公司手中收購了富豪汽車，創下汽車大陸資企業最大的一筆海外收購案。富豪汽車 2012 年在中國大陸市場的銷售目標是 6 萬輛，2016 年目標要上衝至 20 萬輛，林書豪的知名度將扮演重要角色。等到球季結束後，展開廣告拍攝工作，林書豪拍攝的廣告在夏天登台。

Unit 13-8 廣告不實的案例

　　廣告要有效果就要「殺很大」，但是「吹」過頭，就容易被公平會以「廣告不實」、「引人錯誤」予以罰款。

一、中國大陸的網購不滿原因

　　中國大陸電子商務研究中心統計，2011 年網路零售市場快速成長 56%，交易金額人民幣 8,019 億元。零點研究諮詢集團的調查顯示，受訪對象中有近八成曾有過網路購物經歷；其中 81.3% 的網購者對過去一年的網購經驗表示滿意，僅有 8% 的網購者表示「非常滿意」。

　　2012 年 3 月初中國大陸中央電視台發布的消費投訴榜顯示，網路購物投訴量已經成為各類消費糾紛的榜首。對網購不滿的首要原因是「實物和想像差異太大」(63.2%)，詳見圖。（經濟日報，2012 年 3 月 26 日，A11 版，林則宏）

　　2016 年，淘寶網「假貨」橫行的問題無法解決，阿里巴巴集團董事長馬雲接受電視台記者訪問時表示：「各省市政府不處罰賣假貨的網路商店（中國大陸稱為電子商店，簡稱電商），令我痛心」。

二、公平會的處罰案例

　　網路團購很夯，但是，團購時，要注意小心受騙，特別是網頁的廣告宣稱。2011 年 11 月 30 日，公平會連罰三團購案、五家公司廣告不實，詳見表。

三、悠遊卡的廣告不實

　　時間：2016 年 2 月 24 日
　　對象：臺北悠遊卡公司
　　罰鍰：50 萬元
　　法條：公平交易法第 21 條第 1 項
　　說明：2015 年 8 月底，悠遊卡公司發售以日本 AV 女優波多野結衣為封面代言的悠遊卡。有民眾檢舉，悠遊卡公司網站宣稱販賣 15,000 套，但實際只有賣 12,000 套，顯然數量不足。
　　　　　公平會指出，電話預購活動本身屬限量搶購活動，具有攬客效果，顧客因相信公告數量進行搶購，悠遊卡公司提供 12,000 套悠遊卡供電話預購，另 3,000 套保留給公司員購或公關目的的預購，以致顧客有錯誤認知與決定之虞。
　　　　　公平會強調，悠遊卡公司在廣告時，未揭露實際可提供銷售數量，未盡廣告主真實表示商品數量的義務與責任，因此挨罰。（工商時報，2016 年 2 月 25 日，A17 版，呂雪彗）

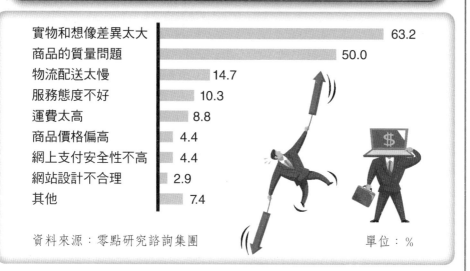

2012 年中國大陸消費者對網購不滿的原因

項目	百分比
實物和想像差異太大	63.2
商品的質量問題	50.0
物流配送太慢	14.7
服務態度不好	10.3
運費太高	8.8
商品價格偏高	4.4
網上支付安全性不高	4.4
網站設計不合理	2.9
其他	7.4

資料來源：零點研究諮詢集團

單位：%

三個不實團購廣告的處罰案例

公司	廣告	公平會發現「事實」
渥奇公司及正暉公司	在 Groupon 團購網站合作銷售「加州陽光美國西北華盛頓櫻桃」商品時，在廣告中，讓人以為只要支付 900 元即可購得加州陽光水果有限公司原以 1,649 元價格出售的櫻桃 3 台斤。	公平會發現，事實是 1,649 元原價是由渥奇公司及正暉公司共同討論所得，而供貨公司加州陽光水果有限公司從來就不曾以 1,649 元銷售過。「3 公斤」是連同外包裝盒總重，不是淨重 3 台斤。用來裝櫻桃商品的外包裝盒重量有 6.9 台兩，占商品總重（3 台斤）的比重 14.38%。進而被公平會認定為廣告不實。並分別罰渥奇公司 50 萬元、正暉公司 10 萬元。
渥奇公司及鎮隆公司	渥奇公司及鎮隆公司在網頁宣稱郭元益百年中秋經典錦風三層 30 入禮盒「超值優惠 5 折」。	公平會調查發現，民眾根本無法找到相同的禮盒可以比較價格，而且，「原價」是參考網路上禮盒內容各品項單價總和。進而被公平會各罰 10 萬元。
一起行銷公司及旺德公司	一起行銷公司及旺德公司在夠麻吉（GOMAJI）網站刊載「傑夫的燒肉」團購廣告，載有「團購憑證有效期為 2010 年 11 月 14 日至 2011 年 3 月 14 日」、「週一至週四全時段可使用、週五至週日限用中午時段……須預先訂位」等語。這表示購買團購憑證的顧客，就可以在有效期間內經訂位使用餐點服務。	公平會指出，一起行銷公司在 2011 年 2 月 18 日以電子郵件通知消費者因訂位已滿、所購團購憑證將無法繼續使用訊息。公平會調查後發現，依旺德公司陳述團購憑證實際使用份數統計資料，難認 2011 年 2 月 18 日至 3 月 14 日店內有至到期日前訂位均滿以致無法提供服務情形，因此，被公平會認定為，廣告表示與實際給付內容不符，各罰兩家公司 15 萬元。

資料來源：整理自工商時報，2011 年 12 月 1 日，A19 版，譚淑珍。

第 14 章
寡占市場公司行為

Unit 14-1　寡占市場時的經營環境分析

Unit 14-2　寡占的成因與行業

Unit 14-3　企業目標與對策

Unit 14-4　公司角色與競合關係

Unit 14-5　寡占市場中的公司角色

Unit 14-6　寡占市場的公司定價

Unit 14-7　19 世紀法國學者對寡占市場的數學分析

Unit 14-1 寡占市場時的經營環境分析

市場為何只能容得下屈指可數的公司經營（寡占與獨占），獨占原因留待單元 Unit16-1 回答。在本單元先說明寡占市場時，公司宜如何自處。

一、寡占市場

獨占、寡占市場看起可以「關起門來當皇帝」，以整個產業來說，好似「可以吃定消費者」，一定有獨占（或寡占）淨利可賺。實際上，天下沒有那麼好的事，本單元以圖說明寡占市場內各公司的舒適區 (comfort zone) 並不大──詳見圖二的第一象限。

二、以古代皇帝的外憂內患比喻

看古代宮廷劇，當皇帝似乎威風凜凜，操生殺大權於一身，但是皇帝因為位高權重（即經濟學中的獨占淨利），因此有二股力量一直想取而代之。

1. 外族（在經濟學中稱為替代品）

以古代中國為例，一直到明朝，北方外族的威脅一直不斷，戰國北方各國（燕齊秦等）各自建築長城，一直到明朝以磚造長城取代。蒙古（元朝 90 年）、滿族（清朝268 年）二次入主中原。漢高祖被匈奴大敗於白登山、北宋徽欽二宗被擄走，可說是許多皇帝帝位飄搖中。

2. 國內

從皇帝的皇族到藩鎮、諸侯甚至農民，許多人都有著皇帝夢，而且前仆後繼的付諸執行。

三、從 SWOT 分析延伸

企管中最普遍使用的分析方法為 1960 年代麥肯錫顧問公司提出的 SWOT 分析 (SWOT Analysis) 許多人在念「管理學」、「企業經營概論」、「行銷管理」、「策略管理」等書中都讀過。由圖一可見 SWOT 分析圖，其中同業內 A 公司比 B 公司的差異稱為「優勢」、「劣勢」。

我們借用 SWOT 分析的圖形，推導出圖二寡占市場的環境舒適度分析。

四、寡占市場的環境舒適度分析

由圖二可見，只有第一象限時，寡占公司才有「好日子」可過，因為其他象限可是敵意環境。

• **第二象限**

當市場進入門檻低時，潛在競爭者（potential entrants）隨時會捲起褲管「撩下去」分一杯羹。

• **第三象限**

在第三象限時，即（X 軸）進入門檻低，（Y 軸）產品替代品高，寡占公司面臨雙壓力，此時產業的寡占淨利最低。

• **第四象限**

在第四象限，替代品虎視眈眈，一看 X 產業有暴利，也會以替代品之姿來蠶食市場。2007 年 6 月，蘋果公司推出 iPhone，2010 年起已局部取代筆記型電腦、掌上型遊戲機。

寡占市場面臨的競爭

一、SWOT 分析：以中國大陸泡麵為例，康師傅 PK 統一企業

機會（opportunity）：
營業地區商機

2013 年起

2017 年

劣勢（weakness）：
相對於對手，本公司弱項

1. 財務資源
2. 商譽

優勢（strength）：
相對於對手，本公司強項

1. 品牌市占率第一
2. 成本低

威脅（threat）：
替代品（即跨行競爭）

二、寡占市場的環境舒適度分析：以百貨公司為例

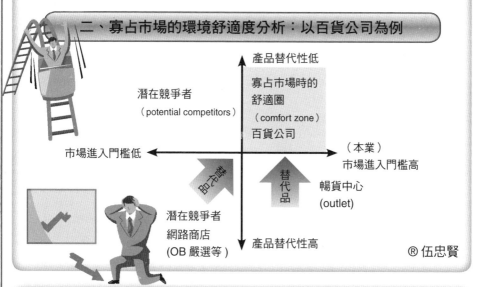

產品替代性低

潛在競爭者
（potential competitors）

寡占市場時的
舒適圈
（comfort zone）
百貨公司

市場進入門檻低

（本業）
市場進入門檻高

即可取得

替代品

暢貨中心
(outlet)

潛在競爭者
網路商店
(OB 嚴選等)

產品替代性高

® 伍忠賢

2013~2014 年統一企業與康師傅的泡麵爭霸戰—中國大陸市場

中國大陸泡麵市場占全球市場約 5 成，2013 年銷售值人民幣 558 億元，市占率第一康師傅 56%、統一企業 9%。

2013 年統一企業以一支老壇酸菜牛肉麵削價熱銷，把原本僅 9% 多的市占一舉提升至 15%，超過今麥郎。康師傅推出相似產品與削價應戰。

2014 年，康師傅與統一企業均打出「滷肉」口味的泡麵（定價人民幣 5.5 元），統一推「滷肉麵」，康師傅推「滷香牛肉麵」。因人民幣 5~30 元的泡麵仍正成長。

2014 年，尼爾森（AC Nielsen）報告指出，2011 年起，泡麵逐年衰退，主因是健康意識抬頭，因此主力消費群（學生和勞工）轉向冷凍食品（例如水餃、魚丸）。再加上高速鐵路等交通建設的完成，也縮短大家的運輸時間，讓習慣在出差或長途運輸途中吃泡麵的人口變少。（本段摘修自商業周刊 1480 期，2016 年 3 月，第 34 頁）

2007 年，銷量達 498 億包，2012 年 440 億包，2015 年衰退 12.6%。

寡占的成因與行業

每天報刊上常有下列報導。

- 公平會調查、處罰某行業的一些公司聯合漲價;
- 證券分析師認為某個行業的市場結構因屬「寡占」,四大公司有默契「穩穩」的賺,寡占利潤極高。

本單元「畢其功於一役」把寡占的成因與行業一次講明白。

一、自然因素

因自然因素以致「供給」有限情況下,少數「占地為王」的公司就容易享受「物以稀為貴」的好處。

1. 礦產

水泥、鐵礦、銅、原油等礦產集中在少數國家、少數公司,在臺灣比較明顯的有表中第二欄的水泥公司等。

2. 電信公司

電信公司、無線電視台、廣播公司皆面臨空中無線傳輸頻譜有限,行政院國家通訊傳播 (NCC) 委員會,藉由頻譜拍賣方式,開放經營執照給 7 家以內公司。

二、人為因素

1. 工業零組件市場

經濟學中稱「(內部)規模經濟」或規模報酬遞增的公司,擁有成本優勢,可以透過降價以搶占市場。許多行業都有「大者恆大」趨勢,俗稱行業內「一哥賺大錢,二哥賺小錢,三哥損益兩平,四哥以下等著被收購」。

一般來說,零組件公司比較「唯價是論」,比較易有此情況。

2. 消費市場面

在消費品市場,公司可以透過產品功能、廣告等兩種方式,逐漸把市場結構由寡占往獨占性競爭去推。簡單的便是藍海策略,而不是採取削價戰的紅海策略。

歐盟跟蘋果公司跟出版公司和解篇

蘋果公司的平板電腦很適合閱讀電子書,由於銷量大,該公司 iPod 下的 iTunes 賣線上音樂,也賣電子書。但是出版公司覺得蘋果公司濫用獨占地位,要求出版公司壓低售價(尤其比亞馬遜公司電子書低)。

2013 年 12 月,法國四大出版公司向歐盟執委會申請調查,2014 年 9 月蘋果公司跟四家出版公司和解,包括出版公司可撤銷跟蘋果公司簽約等。(參考經濟日報,2014 年 9 月 22 日,A11 版,陳穎芃)

寡占市場常見市場

產品市場	自然	人為：主要是公司規格
一、 商品市場		
1.食		・便利商店：統一超商 市占率 48%、全家 30% ・泡麵：統一企業、維力
2.衣		・網路商場：主要是中國阿里巴巴集團，例如淘寶網
3.住	水泥公司：臺灣、亞洲等 砂石公司：各縣市	銀行在信用卡循環利率方面
4.行	・電信公司：中華電信、臺灣大、遠傳三家市占率 80% 以上 ・汽油：中國石油市占率 80%、台塑石油占 15%	・航空公司等 運輸路線是政府特許的 ・機車公司：三陽、光陽與山葉是三大公司
5.育		電子書：美國蘋果公司
6.樂		第四台（系統業者）可能占地為王 KTV：錢櫃、好樂迪市占率高，公平會不准其結合
二、 工業品市場	主要是礦產原料	1. DRAM：南韓三星電子占 30%，前四大占 85% 2. 電腦作業系統 　美國微軟全球市占率 80% 以上 3. 個人電腦中央處理器 　美國英特爾全球市占率 80% 以上
	1.汽油 石油輸出國組織（OPEC，14 國）是「限制」卡特爾	
	2.鐵礦石	

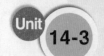

Unit 14-3 企業目標與對策

在全球化過程中「大者恆大」的趨勢下，市場結構逐漸由獨占性競爭向寡占市場演進。由於公司數目少，又有規模大（即領導者，leader 或 dominant firm）、小（即跟隨者，follower）之分，在行為上又可分為聯合行為、獨立行為，因此針對各情況：皆有許多學者提出分析數學模型，詳見 Unit 14-7 表。

一、第一層（大分類）：公司目標

各公司目標可分為三大類：營收類、獲利類與股價類，各分析方法以營收、獲利類為主。

1. 營收類

追求營收成長，市占率可說中短期目標，總要占有一席之地，站穩市場，才能談淨利。

2. 淨利

經濟學中的立論主要指經濟淨利，但損益表上的淨利（即會計淨利）還是最常用的指標。

二、第二層（中分類）

在中分類情況，以公司目標為「淨利」情況下，公司間行為可分為二中類。

1. 聯合行為

在「團結賺最多」的認知下，公司們採取聯合行為，包括顯性或隱性勾結，槍口一致對「外」（此處主要指對手、消費者）。

2. 彼此行為獨立

有些情況下，公司間各玩各的，看似彼此經營行為各自獨立，但是由於「市場就這麼大，你多賺，我就少賺」，因此必須「見招拆招」，最常見的招式有二種：價格改變、產量改變，詳見 Unit 14-7。

三、第三層（小分類）

在獲利極大目標（大分類），公司採聯合行為（中分類之一），公司間的競爭行為又可依公司規模大小再分類。

以中分類中的「猜測變量模型」為例，由右表中附圖可以看出，以 A、B 公司的合計淨利來說，由高低依序為「跟隨者、跟隨者」，最差為「領導者、領導者」。這個結果符合邏輯，當二家公司彼此相讓，形成默示的聯合行為，對雙方皆有利，這也是法國學者柯諾 (A. Cournot，1801~1877)1838 年推出的柯諾模型 (Cournot model)。

1934 年德國經濟學者史塔科爾柏格 (H. V. Stackelberg) 與 A. Hilter 考慮四種情況，其中 A、B 公司強出頭皆想當領導公司，反倒淪入寡占市場的衝突行為，結果是兩敗俱傷，例子詳見 Unit15-5。

寡占市場中公司經營行為的分類

大分類	中分類	小分類
一、營收		
	（一）營收極大化（revenue maximization）例如鮑模爾（Baumol）模型 （二）市占率模型（market share model），可視為下列 Stackelberg 模型中「領導者，跟隨者」情況特例	註：威廉・鮑模爾（William Baumol，1922~） 
二、獲利：即淨利	（一）聯合行為（即勾結，collusion），即複占情況： $\pi_{A+B} > \pi_A + \pi_B$ 獨占 即聯合淨利極大模型（model of joint profit maximization） 右述 barometric 的英文字義如下： barometer：氣壓計 barometric：氣壓計的	1. 有「領導者、跟隨者」之別 ・領導者.價格領導模型（dominant firm price leadership） 例如量販業中的家樂福、好市多是領導者、大潤發與愛買是跟隨者。 例如便利商店中，統一超商是領導者，其餘（全家、萊爾富、OK）是跟隨者。 2. 沒有「領導者、跟隨者」之別 ・指標式的價格領導（barometric price leadership），例如水泥業 ・1933 年張伯倫模型（Chamberlain model），E. H. Chamerlin，1899~1967），二家公司相互依賴
	（二）彼此行為獨立：猜測變量模型（models of conjectural variation） 	＊ 1934 年，德國 H. V. Stackelberg 與 A. Hilter 考慮下圖四種情況 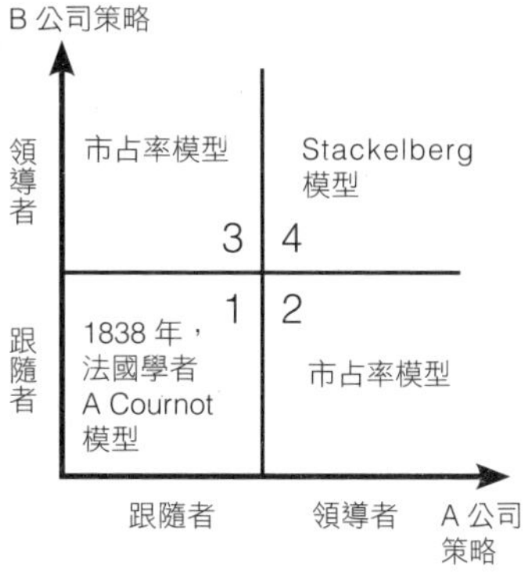

B 公司策略

	跟隨者	領導者
領導者	市占率模型 3	Stackelberg 模型 4
跟隨者	1838 年，法國學者 A Cournot 模型 1	市占率模型 2

跟隨者　領導者　A 公司策略

| 三、股價 | 省略 | |

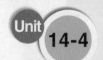

公司角色與競合關係

由於寡占市場公司家數少，牽一髮而動全身，因此，經濟學者在這方面找到發揮舞台深耕，發展出多種情況的數學模型，再搭配圖形，弄得很複雜。本書採取深入淺出方式，同樣能了解理論與實務。

一、鳥瞰全局

在像便利商店、筆電、手機等產業，只有幾家公司經營，要如何「安身立命」、「持盈保泰」，必須考量對手的反應。由表可見公司間的行為方式。

二、大分類

表中第一欄是寡占市場中，公司間可能的三種行為，這是「三一律」（大於、等於、小於）的自然結果。

1. 聯合行為
一般來說，聯合行為大都發生在單一國內，因為想法比較相似，比較容易達成共識，像 Unit15-10 的日本公司的聯合行為是比較少見的「跨國合作」。

2. 無關行為
當公司間的規模相近或經營地區重疊性低時，公司間盡量不會去做「大動作」，以免「無故挑起戰端」。

3. 衝突行為
當公司間規模有大有小或經營地區重疊性高時，強勢公司會頻頻發動戰役，以求擴大領土。

三、中分類

三大類型各有幾種中分類行為方式。

1. 聯合行為下二中類
以聯合行為來說，依公司間達成合意的過程，可分為「明示」或「默示」二種。

2. 無關行為下分成三中類
在無關行為下可分為三中類行為：猜測變量（最常見的便是反應函數，詳見 Unit14-7）、市場占有率模型與營收最大模型。

3. 衝突行為
比較常見的切入角度是從市場定位、行銷組合切入。

四、小分類

各中分類下有些有小分類，詳見本章末說明。

寡占市場中公司間競爭行為分類

大分類	中分類	小分類
一、合作行為（cooperation）：1+1>2 合則兩利，分則兩害	（一）最大聯合淨利模型（model of joint profit maximization）	
	（二）明示聯合行為（collusion）例如卡特爾（Cartel）	1. 配額制度 協商各公司產量（即銷量配額制，sale quota）、營業地區與價格（即 price fixing） 2. 欺騙（chisel 或 cheating）
	（三）默示聯合行為 美國經濟學者張伯倫（Edward Chamberlain，1899~1967）	1. 領導公司的價格領導模型（dominant firm price leadership） 2. 指標式的價格領導（barometric price leadership）
二、無關行為：1+1=2 你走你的陽關道，我過我的獨木橋	（一）猜測變量模型（model of conjectural variation）	1. 猜測對手的產量 (1)1838 年，法國 A. Cournot 模型 (2)1934 年，德國 H. V. Stackelberg 模型 2. 猜測對手的價格 例如艾吉渥斯（Edgeworth）提出等產量曲線模型
	（二）市場占有率模型（market share model）	
	（三）營收最大原則（revenue maximization） 由鮑模爾提出	
三、衝突行為：1+1<2 鷸蚌相爭，漁翁得利，「漁翁」指消費者	（一）產品戰	
	（二）價格戰	1. 促銷式價格戰：常見的是「買第二件，打85折」 2. 割喉戰（cut-throat competition） 例如屈臣氏「我最便宜」
	（三）推廣戰	1. 廣告效果 2. 促銷

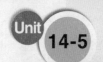

Unit 14-5 寡占市場中的公司角色

在寡占市場中，公司究竟採取合作、互不侵犯或衝突行為，往往跟其市占率、相對資源有關，依此可分為四種市場角色 (market role)。

一、套用電影中的角色

在電影中有男主角、男配角、女主角、女配角，其他還有童星、客串演出等，主要是依戲份而定。同樣的，在經濟學、企管中（主要是行銷管理、科技管理、策略管理）都有相似的說法，只是企管中分得更細，由圖可見，公司在獨占、寡占市場中的角色約可分成四類。

二、X 軸：擁有資源

市占率考量是現況，但影響公司競爭行為的還有「資源雄厚」程度，在 Y 軸上依序列出，以市場領導者 (market leader) 中作為標竿，可分「過多」、「中」、「少」。

三、Y 軸：市場占有率

X 軸是依市場占有率 (market share) 高低來區分。

1. 跟進入市場時間早晚有關

市占率往往是日積月累的，也就是蠶食市場；有革命性產品才可能有「鯨吞」效果。

2. 一、二線公司

實務上，把市占率第一、二名公司稱為一線公司，第三～五名稱為二線公司等。

四、綜合來看

由圖綜合來看，可把公司角色所採取的競爭行為分成三類，2016 年以年銷量15 億支的智慧型手機為對象說明。

1. 挑戰者採取衝突策略

市場挑戰者 (market challenger) 往往「來者不善，善者不來」，市占率雖低，但由於資源雄厚，直接槓上市場跟隨者，先清掃路障，再一階一階往上爬。

2. 跟隨者採取妥協策略

市場跟隨者 (market follower) 資源居中，無力挑戰市場老大，只好採取老二主義 (me-tooism)。典型做法是在產品方面採取快速複製，撿現成的，省得花錢作研發或砸大錢宣傳新產品。

3. 市場利基者偏安一隅

市場利基者 (market nicher) 往往找個市場一、二線公司不屑的產品、市場去耕耘，自得其樂。

市場角色——以 2016 年智慧型手機為例

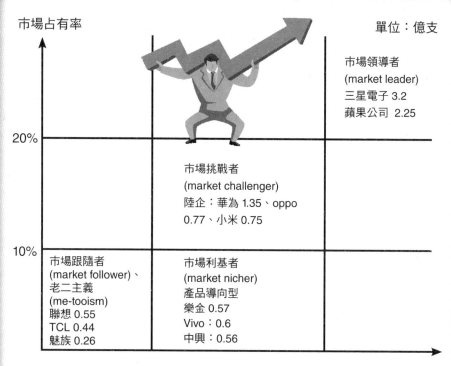

市場占有率

單位：億支

市場領導者
(market leader)
三星電子 3.2
蘋果公司 2.25

20%

市場挑戰者
(market challenger)
陸企：華為 1.35、oppo
0.77、小米 0.75

10%

市場跟隨者
(market follower)、
老二主義
(me-tooism)
聯想 0.55
TCL 0.44
魅族 0.26

市場利基者
(market nicher)
產品導向型
樂金 0.57
Vivo：0.6
中興：0.56

少	中	多	公司
第六名以後	第三～五名	第一、二名	擁有資源
三線公司	二線公司	一線公司	市場占有率排名
			俗稱

資料來源：IC Insight, 2016.6.11

四家陸企手機公司

項目	TCL	魅族（MEIZU）	OPPO	Vivo
公司	TCL	魅族科技公司	歐珀移動通信	維沃移動通信
成立	1985 年	2003 年 3 月	2004 年	2011 年
地址	廣東省惠州市	廣東省珠海市	廣東省東莞市	同左
董事長	李東生	黃章	陳明永	沈煒

Unit 14-6 寡占市場的公司定價

在衝突行為時，雙方「至死方休，在無關行為時，公司間彼此牽制，不易有簡單的定價方式。只有合作行為時比較好討論。

一、套用圖

在合作行為時，依寡占市場中公司大小，分為二種情況。在 Unit4-7 中，我們說明 1939 年美國學者斯威齊 (Paul M. Sweezy，1910~2004) 提出的「拗折」(kinked) 的市場需求曲線，以解釋價格僵固性 (price rigidity)，例如冰箱價格冬天與夏天應有差異，但實則不然。1950 年，賽局理論推出後，此分析方式已遭放棄。

二、較接近獨占市場時：公司大小涇渭分明

當寡占市場中公司營收規模 (可算出市占率) 差距很大，市占率高的稱為「主導公司」(dominant firm)。

1. 主導公司

有一家公司由於歷史悠久、生產規模特別大、生產成本最低或企業經營風格等因素，成為同行公認的指標公司或價格領導者 (price leader)。領導公司可能依據利潤最大化方式、平均成本加成定價法或其他方法定價。

2. 跟隨公司

其他公司就是價格跟隨者 (price follower)，依據領導公司的價格為基準來決定自己產品的價格。為什麼甘願屈居人後呢？原因有二：(1) 避免獨自定價的麻煩；(2) 怕引起對手的不良反應

此時 A 咖公司採取「價格領導模型」(dominant firm price leadership)，B 咖、C 咖公司「唯馬首是瞻」，不會有 B 咖公司白目的去採取削價戰，因為 A 咖公司奉陪，總有一天會把 B 咖公司拖垮，但 A 咖公司也不喜歡打這種「七傷拳」，奪人命，但自己不死也賠了半條命。由表二可見，三家電信公司 2016 年 5 月起，停止削價戰，電信資費向中華電信看齊。

三、較接近獨占性競爭時，公司規模相近

在 A 咖公司規模沒有差很多情況下，大家會找具有指標性的公司來作指標，再加加減減。銀行業符合此狀況。

1. 存款利率由臺灣銀行擔任指標

銀行中存款市占率最高的是臺灣銀行，因此其他銀行的存款率定價大都以臺銀為指標。

2. 貸款利率由合作金庫銀行擔任指標

2003 年，合作金庫銀行放款市占率破 8%，超越臺銀，居放款金額第一，2004 年 2 月土地銀行市占率也超越臺銀。因此其他銀行基準利率一般以合庫馬首是瞻，或五大銀行（包括土地、臺灣加上華南、第一銀行）的平均基準利率。

以市占率與公司資源分析行業市場結構

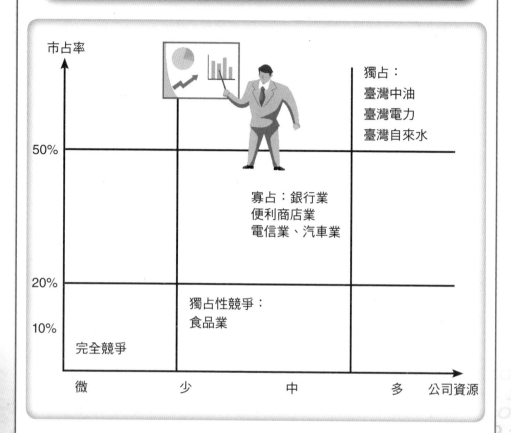

市占率

獨占：
臺灣中油
臺灣電力
臺灣自來水

50%

寡占：銀行業
便利商店業
電信業、汽車業

20%

10%

獨占性競爭：
食品業

完全競爭

微　　　　少　　　　中　　　　多　　公司資源

常見的二個寡占行業

行業	銀行	便利商店
說明	銀行業是寡占市場，因前五大銀行存款、放款市占率35%。 1. 本國銀行39家（2017年） 2. 外商銀行分行30家	統一超商市占率48%，是主導公司（dominant firm）決定商品價格（price leader），其他公司（全家、萊爾富、OK）跟隨定價（price follower）

Unit 14-7 19 世紀法國學者對寡占市場的數學分析

秦始皇在西元前 221 年統一六國，成立秦朝，只歷時二世（一世 12 年、二世 3 年），秦始皇逝世後，因苛捐暴政，陳勝、吳廣等農民兵揭竿起義，群雄並起。如同球賽的初賽、準決賽、決賽一樣，最後只剩下楚漢相爭。

元代末年歷史重演，只是換成朱元璋跟陳友諒相爭，產業也是如此，往往一開始時可能雙雄對抗，壓迫潛在競爭者不得進入；或者到了產業成熟期，只剩「魏蜀吳」三國鼎立，魏滅蜀後，只剩魏吳對峙，這在寡占市場中公司經營 (oligopoly) 中是個特例，只有兩家公司在經營，稱為「雙占」(duopoly)，在日常生活中稱為「雙龍」搶珠。

一、當池塘裡只有兩隻魚

在雙占的情況，雙方任何行為都會影響彼此，所以都會臆測對方的行為或反應，作為己方應該考慮的因子而作出反應或行動，經濟學者稱此為「策略」(strategy)。

二、19 世紀，法國學者的猜測變量模型

1750 年左右，工業革命在英法逐漸展開，法國經濟學者在兩個階段各提出「雙占相關理論」(theory of duopoly)，我們認為背後反映時代背景如下。

1. 1838 年，柯諾處於生產導向階段

此時處於工業革命初期，工業製品（主要是布）比手工製品便宜，英法的布搶占全球市場，由表可見，此時產品同質所以價格相近，雙雄能決定的是產量。

2. 1883 年，伯特蘭德處於銷售導向階段

1865 年，美國南北戰爭結束，生產力恢復，憑藉地大（種棉花）物博（五大湖煤礦等），透過出口以發展經濟。英法德等國在紡紗織布走向式樣多變等做法，以差異化進行「市場定位」，因此雙雄面對不同需求函數，價格成為公司經營的決策因素。

三、柯諾「價格不變」的臺灣例子：臺灣中國石油與台塑石化

1. 決策變數：產量

臺灣中油浮動油價公式 2006 年 9 月試辦實施，按照國際杜拜（7 成）與布蘭特（3 成）的週均價，每週調整國內汽柴油價。2007~2011 年，政府為了照顧人民生活，油價「凍漲」，在此之前，台塑石化市占率 3 成；之後，出口價（主要去中國等）較高，減少臺灣的供料，由表可見，市占率只剩 15%。臺灣中油每週日下午 1 點宣布週一凌晨油價，2 分鐘後，台塑石化跟進，價位一樣。

2. 決策變數：時間與價格

2015 年 7 月 15 日，台塑石化週六宣布油價，並且在週日凌晨實施，三種汽油（92、95、98）約比中油每公升便宜 0.1 元以上。

3. 漲價延後，降價提前

2015 年 7 月 15 日台塑化總經理曹明指出，未來可能「降價比臺灣中油早，漲價比臺灣中油晚」。（工商時報，2015 年 7 月 15 日，A2 版，彭暄貽）

雙雄搶珠下的經濟相關分析

項目	變動產量	變動價格
年	1838 年	1883 年
學者	法國柯諾（Antoine Augustin Cournot）是現代數理經濟學的主要創始人，對後世經濟學者 Leon Walras、Alfred Marshall、William S. Jevons 等人有很多的影響。	法國伯特蘭德（Joseph L.F. Bertrand，1822~1900），1889 年愛爾蘭的艾吉渥斯（F. Y. Edgeworth, 1845~1926）以數學模式表現。
書	《財富理論的數學原理研究》（Researches into the Mathematical Principles of the Theory of Wealth）	在《學者雜誌》上發表「偽數學家」的文章
主張	兩家公司	兩家公司
商品	同質商品	同質商品，每家公司有自己的需求函數
公司決策變數	產量	價格
・需求函數	$P=D(Q)$　其中 $\dfrac{dP}{dQ}<0$，$Q=Q_A+Q_B$。	$Q_A=Q_A(P_A,P_B)$ $Q_B=Q_B(P_A,P_B)$
・成本函數	$C_A(Q_A)$ $C_B(Q_B)$	同左
・淨利函數	$\pi_A=PQ_A-C_A(Q_A)$ $\pi_B=PQ_B-C_B(Q_B)$ 一旦雙方所決定的產量確定，透過市場需求函數即可決定價格。	$\pi_A=P_AQ_A(P_A,P_B)-C_A(Q_A)$ $\pi_B=P_BQ_B(P_A,P_B)-C_B(Q_B)$ 一旦雙方公司的定價確定，透過各自需求函數可決定各自數量。

臺灣汽油柴油「一大一小」的經營狀況（2015）

項目	臺灣中油	台塑石化（6505）
市占率		
・汽油	85%	15%
・柴油	82%	18%
加油站數	1363 家	500 家
營收	1.2 兆元	6295 億元

第章

獨占、寡占市場中的公司競爭策略
——以賽局理論來分析寡占市場

Unit 15-1　寡占市場中的公司競爭策略

Unit 15-2　賽局理論

Unit 15-3　賽局理論發展進程

Unit 15-4　寡占市場情況下的公司處境：囚犯困境

Unit 15-5　納許均衡

Unit 15-6　重複賽局的最佳解：奧曼的無名式定理

Unit 15-7　寡占市場中的雙贏解：聯合行為

Unit 15-8　同業公司間的聯合行為

Unit 15-9　公平會反制公司間「壞的」聯合行為

Unit 15-10　公平會裁罰電容器十家公司 58 億元

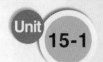

15-1　獨占、寡占市場中的公司競爭策略

　　在商、管理學院中，有許多課，例如大二「行銷管理」、大四「策略管理」等，投入很多篇幅討論在獨占、寡占市場時，公司的策略（競爭 vs. 消費者策略）、行銷策略（STP，市場區隔、市場定位與行銷組合）。從這角度作為「起手式」便可掌握個經中對這兩種市場結構的公司行為，不會因數學（尤其是賽局理論）、圖形障礙而妨礙學習。

一、獨占市場時

1. 大哥願意跟小弟分享市場

　　當市場中小弟表現乖馴，大哥基於許多考量：對公平會有交代，去公司投標時有三家公司、對客戶，甚至對自己員工培養「競爭意識」，也會容忍市場上有些小弟「喝湯」，只要不搶大哥嘴裡的肉便可。

2. 大哥想獨占市場時

　　當小弟不乖想篡位，或是大哥想法（例如換董事會）改變，臥榻之側，不容他人鼾睡，於是來個清掃戰場。

二、寡占市場時：當產品同質時

　　當產品天生同質（主要指電子業標準品例如 DRAM、面板等），這時行銷組合中的商品、促銷策略施展空間有限，公司間依下列順序應對。

1. 能合作就合作

　　像 Unit15-10 的電容器公司體會到能合作才最賺，彼此兵戎相見，只是「親痛仇快」罷了。

2. 不能合作，看看能不能忍

　　像銀行間，大抵以龍頭臺灣銀行的定價（貸款、存款利率）為「瞻」，少數小銀行採取騷擾戰，調高存款利率、調低放款利率，往往撈不到多少業務，反倒侵蝕淨利，玩不下去。

3. 不能合作且不能忍，那就訴諸殺價

　　像統一超商跟全家間喜歡「捉對廝殺」，以至集點行銷、霜淇淋殊死戰。

四、寡占市場時：當產品異質時

1. 彼此相忍為財

　　既然「拖死不了你」，那就不會蠢到以死相搏；彼此「井水不犯河水」，採取行銷組合中的商品策略、促銷策略（例如廣告）；盡量不採取割喉戰的價格策略或「降價式」促銷策略。

2. 小不忍則亂大謀

　　2015 年 10 月，《商業周刊》1455 期報導日本大型超市（例如伊藤華洋堂、UNY）等閉店二成，一哥永旺 (Aeon) 也賠。原因是「什麼都有賣，卻沒有特色商品，到哪裡都一樣」。只能拚「全年最低價」，但顧客往往不那麼在乎差兩三元，顧客要的是有特色的商品：像優衣庫服裝店、宜得利（Nitori，400 家店，營收 2,000 億日圓）平價家飾。

賽局理論跟獨占、寡占市場的公司決策

賽局理論	市場結構	公司策略
一、重複賽局 奧曼的「無名式定理」，即兩家公司合作，即聯合行為。詳見 Unit 15-8。	一、獨占市場	1. 大公司有野心 採取削價戰拖垮產業內「三哥」，再來對付「二哥」 2. 一哥跟二哥相安無事
	二、寡占市場 （一）產品差異化	1. 差異化策略 2. 差異化集中策略
	（二）產品為標準品	1. 聯合行為，詳見 Unit15-7 2. 不合作行為
二、一次賽局 1951 年納許均衡，即兩敗俱傷的「衝突」（即不合作），俗稱"不合作賽局"，詳見 Unit15-5		

臺灣新車市場結構小檔案

2016 年新車銷量 44 萬輛，市占率詳見下表，日系汽車占 64%，其次是歐洲汽車，本土（裕隆、納智捷）市占率 5% 以下。

1. 進口汽車 vs. 國產汽車
由於臺灣 2000cc 市場流行休旅車（suv），轎車銷量減少在台組裝量很少、成本高，許多日本汽車改以進口取代在台組裝，進口汽車 2016 年市占率 40%。

2. 市占率
馬路上到處都是「制服車」。但三輛車就有一輛是豐田汽車，銷量第一是 1,800cc Altis，俗稱「神車」。

汽車公司	市占率
和泰豐田	31.7%
中華三菱	10.5%
裕隆日產	10%
臺灣本田	6.15%
臺灣賓士	5.7%
臺灣馬自達	5.47%

資料來源：交通部數據所

Unit 15-2　賽局理論

　　人與人間的關係，往往有輸贏、有得失，例如子女向父母「申請」零用錢，學生向教授針對考試範圍「討價還價」；甚至平行單位中，一組同學做報告、男女朋友選擇今晚的休閒活動（看電影或去看球賽）。如何達到雙贏，不要落到雙輸，就是賽局理論的範圍。人生無處不權謀，策略選擇隨時隨地出現在每一個生活的小細節，了解賽局可以加強了解人性與現實，理解周遭的人碰到不同處境時，為什麼會有這樣的策略選擇（即決策）與行為。

一、人生處處是賽局

　　1950 年代以來，賽局理論發展快速，也應用甚廣，它原本是數學的分支，成為經濟學、政治學等社會科學的主流。賽局的基本元素包括：參賽者、策略和結果、參賽者的策略選擇影響到結果。賽局理論就是一種策略思考，透過策略推估，尋求自己的最大勝算或利益，從而在競爭中求生存。賽局直譯自 game 這個字，本意是「互動決策理論」。加州大學洛杉磯分校的大衛·萊文從心理學角度認為賽局理論是社會條件理論。

二、大學課程

　　既然人生處處是賽局，尤其是管理學院、商學院處理的是公司間賽局（為主），公共事務學院處理的是政黨與政黨、國家與國家間的賽局，因此排了相關課程，詳見圖。美國主流經濟系的博士班個體經濟課程中至少有一半以上是賽局理論和它衍生出來的機制設計 (mechanism design) 理論。

三、巫和懋的看法

　　臺灣大學國際企業系、中國大陸北京大學管理學院（2006 ～ 2015 年）教授巫和懋，是賽局理論的著名學者，在經營管理碩士班開「賽局與產業競爭策略」課程，他有下列主張。

1. 賽局策略研究的精神有五個重點，突顯各企業的獨特性、強調最佳策略的內生性、重視演繹的思考架構、依企業互動找出相關公司，以及注重動態過程與訊息結構如何影響策略。
2. 賽局策略是指把賽局理論引入產業競爭分析，從錯綜複雜的環境中，抽離出最重要的因素，提供一個思考的框架，以尋找企業的最佳策略。
3. 以架構來研究企業案例，進而綜合賽局理論與產業經濟學的發展，提出合理的假說，在案例中再作修正，從多個模型中尋找規律，並用演繹法與歸納思考法，制定出最佳策略。（摘修自工商時報，2007 年 2 月 4 日，A4 版，張正）

大學各學院跟賽局有直接關係課程

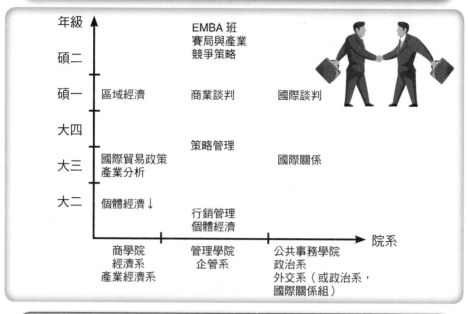

年級			
碩二		EMBA 班 賽局與產業 競爭策略	
碩一	區域經濟	商業談判	國際談判
大四		策略管理	
大三	國際貿易政策 產業分析		國際關係
大二	個體經濟↓	行銷管理 個體經濟	
	商學院 經濟系 產業經濟系	管理學院 企管系	公共事務學院 政治系 外交系（或政治系， 國際關係組）

院系

各成員間利益攻防的賽局

組織層級		舉例說明
一、 跨國	1. 外交	國與國之間討論「建交」、「斷交」，甚至針對在國際組織（主要是聯合國）特定議題的合縱連橫
	2. 軍事	2012 年 1~4 月，美國針對伊朗的核彈發展，予以經濟制裁，伊朗威脅封鎖霍姆斯海峽，造成原油價格上漲到 130 美元；2016 年解除經濟制裁
		2012 年 4 月，中國大陸跟菲律賓在南沙群島的黃岩島對峙；中國大陸跟日本重申對於釣魚台列島的主權。
	3. 經濟	國與國間簽訂「自由貿易協定」（FTA）
二、 國內	1. 政黨間	2012 年 4 月起，國民黨與民進黨針對「證所稅」法案的拔河。如何透過朝野協商以讓法案過關。
	2. 政府與 人民間	2012 年 4 月中，經濟部宣布 5 月 15 日電價二階段上漲，引發萬物齊漲，在輿論反映下，5 月 2 日，政府妥協，改成三階段漲價，減輕對人民衝擊。更直接的是政府（例如國家通訊傳播委員會 NCC）對產業的管理（包括核准執照、頻道拍賣等），
三、 商業	1. 公司間	2011 年 10 月，三家乳品公司一併漲價，四家便利商店一併調高現煮咖啡五元。
	2. 公司內	部門間爭預算，事業部間爭產品的主導權。
	3. 消費者 與公司	例如顧客買車時，跟業務代表殺價、拗贈品
	4. 員工跟 公司	例如 2012 年 5 月，護理師向醫院、政府爭取合理待遇（包括加班費與薪水、工作時數與排班等），針對第四台公司的出售，也怕陸資企業收購。
四、 商業 以外	1. 夫妻 （或男女 朋友）	爭取感情、爭取權力地位
	2. 路人間	爭道路使用權

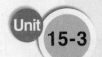

賽局理論發展進程

　　既然寡占、獨占公司間經常處於賽局之中，因此吸引許多經濟學者以複雜的、高深的數學去求解，以諾貝爾經濟學獎得主來說，很大比重是數學博士，畢業後教經濟學，本單元說明賽局理論發展，詳見表。

一、導入期

1. 18 世紀

　　在 18 世紀就有學者討論兩人的撲克賽局。

2. 1928 年，馮‧紐曼

　　馮‧紐曼把撲克牌賭局以邏輯和數理規則加以分析。

3. 1944 年，兩人

　　一般認為經濟學界是在數學學者馮‧紐曼（John Von Neumann，1903~1957）和經濟學者摩根斯坦（Oskar Morgenstern，1902~1977），二人 1930 年在普林斯頓大學相遇，自此，普林斯頓大學盡全力發展賽局理論，例如舉辦三場大型研討會、出版四本經典之作。1944 年出版合著的《賽局理論與經濟行為》(*Theory of Games and Economic Behavior*) 之後，許多學者才開始注意到賽局理論可以用來分析許多經濟問題。

　　1950 年代是賽局理論破繭而出、初試啼聲的年代，這段期間許多學者突破馮‧紐曼和摩根斯坦的格局，為賽局理論奠定下基礎；其中最重要的貢獻首推納許所定義的「納許均衡」。

二、成長期

　　1951~1970 年是賽局理論的成長期，其中 A 咖學者有三位於 1994 年獲得諾貝爾經濟學獎，詳見右表中第三欄。

三、成熟期

　　到了 1971 年以後，賽局理論進入成熟期，運用領域已進入政治學等，比較突出的包括冷戰解析、兩岸關係、環保議題等。

四、美國學者靠賽局理論拿諾貝爾經濟學獎

　　2007 年諾貝爾經濟學獎三位得主赫維茲、馬斯金及邁爾森是把賽局理論跟機制設計理論結合，因此發展出跨領域的應用，以邁爾森為例，著有《博弈論：矛盾衝突分析》及《經濟決策的概率模型》。多年來因賽局理論而獲諾貝爾經濟學獎的學者，清一色是美國籍，詳見表。

賽局理論發展與諾貝爾經濟學獎得主

階段	導入期	成長期	成熟期
1. 期間	1910~1950 年	1951~1970 年 1994 年諾貝爾經濟學獎頒給三位得主，偏重「不合作賽局理論」（非零和賽局）。	1971 年以後 2005 年諾貝爾經濟學獎頒給二位得主之一，主要貢獻在「不合作賽局理論」。
2. 學者與主張	1.1928 年馮・紐曼「團體遊戲之理論」 2.1944 年馮・紐曼跟摩根斯坦合著《賽局理論和經濟行為》，使賽局理論成為理論。提出「零和賽局理論」，「零和」是指一方有所得、另一方即有所失的經濟行為。	1.1951 年約翰・納許（John F. Nash）提出二個理論，詳見 Unit15-5。 (1) 一般性非合作理論在「囚犯困境」情況下，推導出「納許均衡」（Nash Equilibrium）也稱為不合作均衡。 (2) 合作協商理論 2.1959 年德國波昂大學教授澤爾騰（Reinhard Selten，1930~2016）進一步精化「納許均衡」，推導出「完美均衡」。 3.1967 年侯尚義（John C. Harsanyi，1920~2000）建立「資訊不對稱賽局理論」，促進資訊經濟學蓬勃發展。	1. 奧曼以色列經濟學者奧曼（Robert J. Aumann），用數學等方式證明，在長期來說，公司間合作比較容易維繫，詳見 Unit15-6。 2.1950 年代末期美國經濟學者謝林（Thomas C. Schelling，1921~），把賽局理論運用於美蘇核子武器競賽等冷戰。

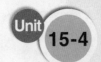

寡占市場情況下的公司處境：囚犯困境

Unit 15-4

在寡占市場中，公司規模相近時，此時只要有公司想打破均衡擴大市占率，勢必是挖對方的客戶，這是你贏我輸的「零和遊戲」(zero-sum game)。

一、天人交戰

從大二的個體經濟到「產業經濟」、「策略管理」課程，談到寡占市場時的公司行為，一定會談到「囚犯困境」(prisoner's dilemma，有譯為囚犯兩難)。表達方式有「表」、「文字」說明，在右上圖，我們以圖方式來呈現 A、B 兩位共犯被檢察官（含調查局）隔離審訊時，當檢察官提出汙點證人（即認罪協商之一）的要約時，希望能找到一個人「坦白從寬」，以避免案件陷於泥淖。由圖可見，2 人為自保出賣對方，結局雙輸。

囚犯 (prisoner) 這個字廣泛的說是指犯罪嫌疑人（簡稱嫌犯），未定罪的關在「看守所」，已定罪的關在「監獄」

二、有此一說

囚犯困境是個歷史悠久的高深數學問題，有此一說，納許（詳見 Unit15-5）的博士論文指導教授塔克（Albert W. Tuchen, 1905 ～ 1995，加拿大籍）提出，只是其情況比圖中上圖還嚴重，「0」指的是「無罪」、「9」指的是死刑；至於「1」指的關 20 年。

三、從囚犯困境到史塔科爾柏格模型

乍看之下，囚犯困境如何轉換為寡占市場的二家公司行為呢？由下圖可見，適度轉換，尤其是把囚犯困境的報償矩陣 (pay-off table) 轉成 A、B 公司的淨利值便可。我們把史塔科爾柏格模型中 4 個象限任意給予一個值。只想說明在第三象限「追隨者，追隨者」情況下，合則兩利，雙方賺最多。

在第一象限，A、B 公司都「強出頭」、「不願屈就」情況，龍爭虎鬥必有一傷，可說是「分則兩害」。

四、生活用詞

在下圖四個象限對 A、B 雙方的意義，可用生活用詞來記憶，不過這個圖不符合座標圖的數字涵義。

1. 雙贏 (win-win)

第三象限可說是 A、B 公司加起來賺最多，各賺 600 萬元，加起來賺 1200 萬元。

2.「我贏你輸」的零和遊戲

以第四象限來說，A 公司賺 800 萬元，B 公司賺 200 萬元，跟第三象限剛好狀況相反，有人多賺，就有人少賺。

3. 雙輸

第一象限，可說是 A、B 公司雙輸。

囚犯間行為與寡占公司行為

一、囚犯間行為

單位：年，以第三象限來說，A、B 囚犯皆不認罪，檢察官以一年刑期來
起訴

B 囚犯行為

認罪 （即當汙點 證人）	0，9 同第四象限	分則兩害的雙輸 （lose，lose） 6，6
不認罪	1，1 合則兩利的雙贏 （win-win）	9，0 此部分可稱「我贏，你輸」的 零和遊戲（zero-sum game）

不認罪（即   認罪（即當
不出賣犯罪   汙點證人）
夥伴）

A 囚犯行為

二、公司間行為

史塔科爾柏格模型
單位：萬元，以第三象限為例，當 A、B 公司皆「好相處」，一年一家
公司各賺 600 萬元

B 公司行為

想當領導 公司	同第四象限 （200，800）	分則兩害 （300，300）
當追隨者	（600，600） 合則兩利（可說 合作行為）	（800，200） 此部分可稱「我贏，你輸」的 零和遊戲（zero-sum game）

當追隨者   想當領導公司

A 公司行為

在只能玩一次的賽局（例如公司去投標，只有一家能勝出），大部分的公司面臨「有你沒我」的情況，比較會採取「割喉割到斷」的必殺技，在這方面的賽局理論以納許較著名。

一、1994 年諾貝爾經濟學獎三位得主

德國經濟學大師澤爾騰（Reinhard Selten, 1930~2016）、夏仙義（John Harsanyi, 1920~2000）與納許 (John Nash) 率先針對不合作賽局理論進行平衡分析，並於 1994 年共獲諾貝爾經濟學獎，可應用在預測公司在市場的行為與表現，也證實可應用在人類許多議題。

二、納許因電影而聞名

大部分人的生活都是平凡的，諾貝爾經濟學獎的得主都是學者，生活大都平淡（教學、研究寫論文），只有少數因寫文章（例如 2008 年得主的保羅・克魯曼）、書（例如 2015 年得主的迪頓）而有一般知名度。

納許因患精神分裂症，經過長期治療才痊癒，重回職場且獲得諾貝爾經濟學獎，反差極大。美國好來塢掌握此賣點，於 2001 年拍成電影《美麗境界》（A Beautiful Mind，由羅素・克洛擔任男主角），該片於 2002 年 2 月獲得奧斯卡金像獎四個獎項。

三、納許均衡

1951 年，納許在 28 頁博士論文，提出表中兩種情況的數學模型，俗稱納許均衡 (Nash equilibrium)。

1. 一次賽局時「一般性不合作理論」

在一次賽局中，囚犯會走上認罪，結果是「分則兩害」，即兩人皆吐實，以致雙輸，屬於「不合作賽局」(noncooperative game)。對人的基本假定是：人是理性的或者說是追求自利的，而理性的人是指他在具體策略選擇時的目的是使自己的利益最大化。雙輸的原因是人們相互間缺乏信任和透明度，以及人的私心作梗。

2. 多次賽局時「合作協商理論」

納許認為，一旦賽局達到均衡的狀態，應該沒有任何人有誘因改變他的策略選擇；也就是說，在「納許均衡」之中，已知其他人的策略，每一位成員所選的策略都是其他人策略的最適反應 (best response)。「納許均衡」描述所有人最適策略的組合，根據均衡的策略，我們可以推斷均衡的結果。

納許（John F. Nash）小檔案

出生：1928~2015.5. 23，美國西維吉尼亞州
經歷：普林斯頓大學訪問研究員、麻州理工大學副教授
學歷：普林斯頓大學數學博士
榮譽：1994 年諾貝爾經濟學獎三位得主之一

一次與多次賽局的可能解答

賽局次數	第一次或只能玩一次	第二次或可以玩多次
定理	納許均衡（Nash equilibrium）：囚犯在作奸犯科前，都指天發誓，萬一出事絕對不會吐實，一旦被逮，往往為了自保出賣同夥，人同此心，結果是「雙輸」。	無名式定理（Folk Theorem）：謝林與奧曼認為囚犯們會走上「雙贏」的結果。
說明	**1. 一次賽局** 當兩位犯罪嫌疑人抵死不認罪下，兩人均無法被定罪；但如果被告之一先認罪並供出共犯者可被減刑，而不認罪者會被加重其刑時，通常兩位嫌犯都會搶著認罪並供出共犯。 （認罪，認罪）才是「納許均衡」策略，因為假設對方認罪，自己的最適反應必然是認罪（在 9 與 6 中選擇 6）；而且一旦到達（認罪，認罪），雙方均無單方面認罪的誘因。因為沒有任何機制可以讓兩人互信，一次互動的均衡只得到（6，6），陷入「囚犯困境」。	**2. 兩次（以上）賽局** 把囚犯困境重複多次，就是二個囚犯以後還有可能再結夥，他們就可能採用動態獎懲策略。例如跟隨策略（Tit for Tat），就是跟隨對手上期所採行動，只要對手上期不認罪，自己這期就不認罪。採這樣的策略，任何一期的認罪都會受到對手下一期的報復（認罪），因為短期的認罪獲利不高（從 1 到 0），而下期的損失可能更大（從 1 到 6 或 9），所以在重複賽局中有可能走出囚犯困境，獲得（1，1）的報酬。 囚犯困境賽局在重複多次之後，囚犯考慮到以後還有很多合作的機會，在單次賽局中會傾向合作以換取對手的信任和未來的合作。
	2. 商場情況 在商場競爭中，也很容易陷入囚犯困境。一旦有一家公司殺價競爭，可以造成自己銷售量上升、對手受損，要是兩家公司都殺價，則造成雙方均受損，陷入囚犯困境。	**2. 商場情況** 在一定的條件下，長期的互動與策略的運用可能讓兩家公司走出囚犯困境；這就是「無名氏定理」的應用：各公司只考慮私利，但是經由動態的獎懲策略，有可能達到長期的（雙贏）合作解。

資料來源：整理自工商時報，2005 年 12 月 11 日，A7 版，巫和懋。

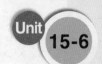

Unit 15-6　重複賽局的最佳解：奧曼的無名式定理

　　納許均衡的限制是討論只有一次機會情況，但是現實生活是同一情況重複發生（例如蘋果公司 iPhone 委由鴻海、和碩長期代工），因此在重複賽局中，合作會有「合則兩利結果」，本單元說明奧曼的這方面主張。

一、賽局理論的限制

　　在此處，我們說明賽局理論的限制。賽局理論比較注重在規模相近的公司，因為在大鯨魚與小蝦米的戰爭中，賽況大都是一面倒的。

　　有人批評賽局理論太「現實」，只看那種情況對自己有利，例如在聯合行為中爾虞我詐的欺騙。本單元以奧曼的說法，來說明在長期賽局中，彼此間「誠信」合作似乎是兩全齊美之策。

二、奧曼

　　奧曼是猶太人，8 歲隨著父母逃離希特勒統治的德國，在美國成長，取得數學博士後，在賽局理論的大本營普林斯頓大學作博士後研究。

　　26 歲的奧曼帶著新婚的妻子回到以色列耶路撒冷市任教於希伯萊大學。奧曼教導出好幾代優秀的經濟學者，都在國際學界展露光芒，為全球頂尖大學爭相聘請。二十五年的時光流逝，奧曼的學術聲望日隆，而以色列的經濟學研究也提升到世界強國的水準，奧曼的辛苦耕耘到 1980 年代開花結果。

　　奧曼的研究幾乎是點石成金，觸及的題材都帶動了後起的研究風潮，處處可見他的天才洋溢。

三、無名式定理

　　奧曼最為人稱道的是他對「重複賽局」的奠基之作。重複賽局的應用很廣，像二家公司長久面對對方，每期都要決定是否要打價格戰；或像二國對峙，每期都要互動。詳見表第二欄。

羅伯特‧奧曼（Robert J. Aumann）小檔案

出生：1930 年，具有美國、以色列雙重國籍
經歷：以色列希伯萊大學等教授、普林斯頓大學博士後研究
學歷：美國麻州理工大學數學博士
榮譽：2005 年諾貝爾經濟學獎兩位得主之一

奧曼在賽局理論的貢獻

定理	無名式定理 （Folk Theorem）	不完全資訊的 重複賽局	共同知識（common knowledge）
年	1959 年論文	1960 年代	1976 年
說明	1. 無名式定理 重複賽局的策略相當豐富，可依對手過去行為而制定相應的獎勵或懲罰策略，重複賽局的納許均衡報酬也因此大幅擴充，可以包含單次賽局中的合作解報酬，雙方合作在長期中可能獲得更佳的報酬。它可以表述成：「任何在單次賽局中優於個人最低報酬的報酬組合，均可成為重複賽局中的納許均衡。」他認為這個結果在學界已廣為流傳，在文章中謙虛的命名為「無名氏定理」（Folk Theorem），說是它像民謠（folklore）一樣已不知原創者。 2. 聯合行為形成 奧曼增加允許部分公司可以形成「聯盟」（例如卡特爾），此時聯合行為都不能得到較高的報酬時，達到「強均衡」（strong equilibrium，本書註：類比柏瑞圖最適），推廣了納許均衡觀念，也啟發了之後對聯盟形成（coalition formation）的研究。	奧曼著手研究美蘇的限制核子武器談判，發展出「不完全資訊的重複賽局」理論。長期談判是個重複賽局，在談判中如何由對手行動中推估他所擁有的資訊？什麼是揭露或隱藏資訊的最佳策略？ 本書註：以 2008 年美國電影「謊言對決」（Body of Lies），美國中央情報局約旦特派員（由李奧納多・狄卡皮歐飾），最後體會到打擊恐怖分子（例如 2015 年的伊斯蘭國 ISIS），最好的策略是跟約旦情報局共享資訊，不要藏匿。奧曼證明了不同形式的無名氏定理，也用這個架構對限制核武談判提出很多建議。	他對賽局理論基礎「共同知識」（common knowledge）也有開創性的貢獻。主要是指多層次的預期（我預期你預期我會如何做）。 本書註： 在 1969 年時由美國教邏輯的教授路易斯（C. I. Lewis）提出，以討論達至「合約」階段的過程。 後來奧曼（1976）、其他學者發揮，成為賽局理論、人工智慧中常用的觀念。  資料來源：整理自工商時報，2005 年 12 月 4 日，A7 版，巫和懋。

Unit 15-7 寡占市場中的雙贏解：聯合行為

企管書中的公司間策略聯盟 (strategic alliance) 比經濟學中的聯合行為寬廣太多，所以本單元先從廣角鏡看全景。

一、公司間聯合行為的前提

人結婚最好門當戶對，否則會出現「齊大非偶」的一方強勢情況。同樣的，公司間要達成聯合行為的合意，往往須符合必要條件與充分條件，詳見表一。

二、聯合行為的範圍

個經中所討論的公司間聯合行為只指同業，至於企業管理課程（主要是「策略管理」）中，對公司間策略聯盟，可依波特的「價值鏈」或稱「企業活動」來分類，詳見表二第一、二欄。

表二中日本豐田跟美國通用汽車在全球汽車市占率第一、第三，銷量相近（1,000 萬輛），營收 2,700 億美元。看似龐然大物，但是淨利低（100 億美元）。碰到發展電動汽車龐大的研發費用，兩家決定一部分技術共同研發，只要汽車、品牌差異便可。一哥、三哥合作，可以抗衡二哥（德國福斯汽車集團）與一堆競爭者（例如美國特斯拉、中國大陸比亞迪等）

三、默示的聯合行為

默示的聯合行為中定價有二種方式。

領導公司的價格領導模型：最常見的是量販業中的家樂福、超市業中的全聯實業與便利商店業中的統一超商，「規模」（以店數來說）是其他業者之和，因此對手往往惟馬首是瞻。

指標式的價格領導：在同業「A 咖」（或一線）公司規模相近情況，往往會由一家公司扮演領頭羊，詳見 Unit 14-3。

2016 年全球新汽車銷售數量

總銷量：9,146 萬輛，成長率 2%（2015 年 2%），「新車」中 74% 是乘用汽車
區域分佈：亞太 48%、北美 24%、歐洲 22%
資料來源：世界汽車組織（OICA），比 Wards Auto.com 多 10 萬輛
市占：全球前三大，合計市占率 34%

汽車公司	銷量（萬輛）	說明（2015 年）
日本豐田集團	1,015	年增率 -0.8
德國福斯集團	993	2014 年 1,014 萬輛 衰退是因柴油汽車油耗造假
美國通用	984	成長率 2%

寡占市場中公司間聯合行為的條件

條件	說明
一、充分條件	例子詳見表二
1. 策略	針對產品的產量、銷量、銷售地區、售價等
2. 遊戲規則	針對開會頻率、履約稽核、履約保證（主要是繳交違約時罰款）等皆明確規範。
3. 欺騙	對於欺騙行為的會員要依遊戲規則予以懲處，如此卡特爾才會有威信。
4. 寬恕	針對欺騙的會員，如果認錯且改過，政府予以寬恕
二、必要條件	門當戶對
1. 產品成本	接近
2. 參與公司數	幾家且固定
3. 競爭次數	數次甚至到期日不確定

公司間聯合行為的範圍

企業活動	說明舉例
一、核心活動	
（一）研發	
1. 產品	
(1) 零組件	自行車 A-Team
(2) 引擎	多家汽車公司出資成立華擎公司
2. 製程技術	例如豐田汽車跟通用汽車聯合研發電動汽車的電池
（二）生產	以沙拉油為例
1. 採購	合船採購，向美國採購黃豆
2. 生產	幾家公司合資成立生產公司，以達規模經濟門檻，例如大統益（1232）是由「大」成長城（1210）、「統」一（1216）、益華合資成立。
（三）銷售	這是個經中公司間聯合行為的焦點
1. 石油輸出國組織	石油輸出國組織（OPEC）共十四國，以最大輸出國沙烏地阿拉伯為主，限定各國產量。2016 年 11 月 30 日，該組織達成減產協議，原油價大漲至 60 美元。
2. 聯營	臺北市聯營公車，劃分路線，到全球航空的天河集團等
二、支援活動	
（一）資訊管理	例如共同承租通訊衛星、電腦等
（二）財務管理	上中下游公司組成「中心─衛星體系」，以汽車業為例，裕隆汽車公司替零、組件公司的發行商業本票提供發行保證。
（三）人資管理	最多只能聯合上課，一碰到「禁止用跳槽人士」、「薪資水準資料、意見交換」便會違法

Unit 15-8 同業公司間的聯合行為

寡占市場結構中的公司體會到「團結力量大」，可以「眾」暴「寡」（其他公司）、強凌「弱」（指寡）。本單元說明公司間聯合行為的種類與公平會的例外許可。

一、三種聯合行為

由表可見由高到低，公司間聯合行為有三種，這三個字當初都是直譯，甚至像「trust」還轉了一圈，從日文再轉到中譯。

「以訛傳訛」且積非成是，以致報刊國外組在翻譯外電時直譯如下。

· 某國「反托拉斯部會」，宜譯為公平會；
· 某國「反托拉斯法」、「競爭法」，宜譯為公平交易法。

二、寡占公司間的聯合行為

卡特爾 (cartel) 是音譯，意譯為聯合行為，公平交易法把聯合行為 (collaborative behavior) 定義為具競爭關係的同一產銷階段公司，以契約、協議或其他方式，共同決定商品或服務的價格、數量、技術、產品、設備、交易對象、交易地區等，將影響生產、商品交易或服務供需的市場功能。

由於公司間聯合行為會限制市場競爭，各國對此行為多有公平交易法等法律規範。

三、聯合行為的例外

如同人體的膽固醇有分「好的」、「壞的」一樣，公平會只反制「壞的」聯合行為，支持「好的」聯合行為。

針對聯合行為例外許可，公平法列舉七種情況，在有益於整體經濟與公共利益前提下，經向公平會申請許可者，即可為之，公平法所列情況，其中重要五種如下。

· 為改良品質而統一商品規格或型式者；
· 為提高技術而共同研究開發商品或市場者；
· 為促進事業合理經營而分別作專業發展者；
· 為確保輸出而專就國外市場的競爭予以約定者；
· 為加強貿易效能而就國外商品輸入採取共同行為者。

四、以合船採購為例

由「合船採購小檔案」可見，由於臺灣的黃豆、小麥及玉米等自產不足，主要是向美加等進口，船運有規模經濟，公平會有鑑於此，開放食品公司合船採購。依地理位置，分成兩組。

· 中部組：福懋等 8 家公司；
· 南部組：大統益（「大」指大成長城、「統」指統一，華泰油脂等五家），位於臺南市官田區。

聯合行為的程度

程度	說明
一、信託：英文為「trust」日文音譯為「托拉斯」	在 1879 年，美國俄亥俄州的標準石油公司（Standard Oil）為了迴避俄亥俄州禁止企業交叉持股以避免壟斷的法案，想到了一種創新的辦法，把想合併的公司股票用信託的方式，不直接持有，卻可以間接控制，達到單一壟斷的效果。1890 年，俄亥俄州參議員約翰・雪曼（John Sherman）提出《雪曼反托拉斯法案》（Sherman Antitrust Act）。法案的宗旨是反壟斷行為，希望能確保企業之間互相競爭，藉此保護消費者。到了 1910 年 3 月，雪曼反托拉斯法用來對付它原本的對象：標準石油公司，1911 年 5 月定案。
二、公司間聯合組織（syndicate）	各公司交由合資公司銷售
三、公司間聯合行為（cartel）	源自德國，後來依其聯合行為分為四種。 ・價格聯合行為； ・銷售條件聯合行為：價格折扣率、付款條件； ・限制聯合行為：限制產量或價格為主； ・銷路聯合行為：以劃分市場為準。

合船採購小檔案

食品業者向國外進口大宗物資，常採合船採購，以一艘貨運船聯合裝運，降低進口運輸費用，減少倉儲損耗、資金利息負擔，以及採購成本與風險。合船採購屬於公平交易法管轄的「聯合行為」，公司可向公平會提出申請，合船採購成員不得限制其他成員自由參與其他的組合船，也不可限制成員自行進口大宗物資。經公平會審查，考量產品市占率、公司規模，和對經濟有利才可通過。合船採購限期三年，到期前三個月，公司可提延期申請。

公司必須按季向公平會申報黃豆製品加工、進口、庫存與銷售量。合船採購價、採購量與抵港時間，須如實申報，公平會全面掌價格機制，防止公司私下聯合哄抬價格。

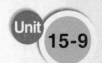

公平會反制公司間「壞的」聯合行為

Unit 15-9

公平會的天職便是「維持公司間公平競爭，保護客戶權益」，其中針對「壞的」聯合行為採取表中三種反制措施。

一、公平會對壞的聯合行為的認定

公平法中聯合行為是企管中的非股權式策略聯盟，公平法中的結合是企管中所指的公司收購與合併。

公平法對「聯合行為」的定義，指公司以契約或其他方式合意，與有競爭關係的其他公司，共同決定商品或服務價格，或限制數量、交易對象、交易地區等，相互約束公司活動的行為，該行為必須足以影響生產、商品交易或服務供需市場功能。企業間有獨占與聯合行為發生，將限制公司間的公平競爭，且有害經濟的安定與繁榮。

二、上策：鼓勵告密者

由表第一欄，政府人力有限，以環保違規的取締來說，便是鼓勵人民告發違法公司。同樣的，政府對公司間聯合行為的上策是希望「重賞之下必有勇夫」，員工為了上千萬元獎金勇於檢舉自己公司的不法行為。

三、中策：自首無罪或減輕其「罰」

大部分聯合行為是秘密進行，會員公司才會知道開會時進行怎樣的協商與約定，公平會調查有一定困難。

「寬恕條款」（leniency policy），是指讓違法公司可透過「窩裡反」舉發聯合行為減輕自身罰則，美國、歐盟於 1978 年、1996 年頒訂，日本在 2005 年修法，臺灣公平交易法 2011 年 11 月修法引進。公平會須對申請寬恕者的身分保密。第一案是光碟機公司聯合行為案，共罰 5,400 萬元，第二案是冷凍冷藏櫃公司聯合行為案共罰 150 萬元，電容器國際聯合行為案為第三案，詳見 Unit15-10。

四、下策：公平會調查

公平會透過調查，找到證據以裁罰違法的公司，有兩種方式。

1. 公平會「人贓俱獲」的調查

公平會有「準」司法機關性質（即可以行政處罰違法公司），但為了能向法務部的檢察官一樣，一直努力向立法院爭取立法授予「行政搜索、扣押權」，但基於保障人民權利考量，一直不被獲准。

2. 公平會的「自由心證」

公平會「合理推定」公司間聯合行為，1999 年以來便使用數次。公平會一直希望立法院能給予其法源依據作為尚方寶劍。

公平會對反制「壞的」聯合行為的三策

程度	說明
一、上策： 公司員工檢舉	聯合行為有暗默不易查察的特性，公司員工較易獲得消息，英韓在法律中皆設有檢舉獎勵。 2015 年 5 月 18 日，立法院經濟委員會增修公平交易法第 47 條之 1，在公平會下設立檢舉基金，希望能鼓勵聯合行為公司員工勇於揭露公司的違法行為。（整理自工商時報，2015 年 12 月 7 日，A19 版，譚淑玲）
二、中策： 聯合行為的公司 擔任「汙點證人」	2011 年 11 月，公平會發布「聯合行為違法案件免除或減輕罰鍰實施辦法」，俗稱寬恕條款，鼓勵公司「告密」，只要參與聯合行為的公司擔任汙點證人，逕行舉發，就能獲得「寬恕」。 首位出面檢舉的公司可免除所有罰鍰，第 2 到 4 家公司可減去 50%、30%、20% 及 10% 罰鍰，且「告密者」可以選擇是否要公開其身分，美國強制公開身分。
三、下策	
1. 調查	公平會下設調查處，針對「壞的」聯合行為調查。 調查進行過程中，被調查的公司提出可令公平會滿意的條件且承諾停止違法行為，公平會可終止調查。
2. 我說你是， 你就是	這是公平會的「合理懷疑」、「自由心證」，在符合市場狀況、商品或服務特性、成本及淨利等的條件下，公平會可以「合理推定」公司有聯合行為，公司要自清，就得自己提出證明「我無罪」。

Unit 15-10 公平會裁罰電容器十家公司 58 億元

書本上的例子要挑怎樣的？
- 金額夠大，本單元案例為第二大；
- 涉及國家數較多者，本單元涉及美日台等，號稱 1992 年公平會成立以來，對「國際聯合行為」行為處罰金額第一大。

一、電容原料情況

電容器有兩種材質幾乎 100% 進口，且以日商為主，至於美、港、台公司多為日商子公司。以華碩來說，電容占主機板的原料成本約 3~4%、占筆電的原料成本約 1~2%。以陶瓷電容為大宗，鋁質電容比率不高，這主要是鋁質價格低、品質、耐用性較差。

二、檢舉與公平會調查

自 2013 年 10 月起，公平會陸續接獲兩、三家公司「自首」檢舉，發現電容器業者間有聯合行為。

因此跟歐盟、美國、新加坡等國自 2014 年 3 月同步啟動調查，發現日商 NCC、NEC、TOKIN 等 10 家公司，至少從 2005 年至 2014 年 1 月間，藉著在日、港等地開會，透過電子郵件、電話、聚會等方式交換價格、數量、產能，以及對未來調價計畫及訂單狀況等資訊。

三、公平會裁罰

為什麼處罰金額這麼高？公平會發言人邱永和說，因公司違法期間至少十年，且在臺灣違法利益相當高，鋁質電容器在台總銷售金額 500 億元，其中鉭質電容器 160 億元。屬於情節重大案件，依公平交易法規定，得以該事業年營收 10% 以下罰鍰予以論處。（工商時報，2015 年 12 月 10 日，A4 版，潘姿羽）

2015 年 12 月 9 日，公平會通過十家鋁質、鉭質電容器業者有聯合壟斷行為，已嚴重影響市場秩序，總計處以 58 億元的罰鍰，是公平會史上第二高的開罰金額。

四、中國大陸的案例

2016 年 4 月 20 日，公平會以長榮國際儲運等 21 家公司涉及聯合行為，影響貨櫃集散服務供需市場功能，違反公平交易法，共處 7,260 萬元罰鍰。（經濟日報，2016 年 4 月 23 日，A11 版，潘姿羽）

基於金額與國際觀角度，本單元小檔案以中國案例來說明。

公平會裁罰國際電容器公司

類別	鋁質電容器	鉭質電容器
遭開罰家數	7 家	3 家
開罰金額達年營收 10%	3 家	2 家
總罰鍰金額	45.229 億元	12.737 億元
在台市占前三高（註）	(1). 日商 NCC，15% (2). 日商 Rubycon，12% (3). 日商 Nichicon，10%	(1). 美商 Kemet，26% (2). 美商 AVX，23% (3). 日商 Sanyo，15%
應用產品	家電、電源供應器、桌上型電腦	手機、筆記型電腦、掌上型遊樂機
因外商聯合行為遭受衝擊之臺灣公司	台達電、鴻海、光寶	仁寶、廣達、緯創

註：市占數字是公平會根據 2013 年日本產業情報調查會而提供。

資料來源：公平會　工商時報，2015 年 12 月 10 日，A5 版，郭建志。

中國大陸裁罰聯合行為的案例

時間：2015 年 12 月 28 日

主管機關：國家發展和改革委員會，類似臺灣的行政院國發會另加公平交易委員會。

對象：日本等八家散裝貨物國際海運公司。

罰金：人民幣 4 億元

違法：國家發改委官員表示，歷時一年多的調查，這八家散裝貨物國際海運企業達成並實施價格壟斷協議的行為，排除、限制相關市場競爭，抬高散裝貨物國際海運費率，損害相關散裝貨物進出口公司和消費者的利益。

國家發改委根據價格壟斷協定行為的違法性質、程度等因素，對八家公司分別以 2014 年相關的散裝貨物國際海運服務營收比率的罰款。（經濟日報，2015 年 12 月 29 日，A10 版，汪莉娟）

賽局理論導入階段

1. 賽局理論有 5 個基本要素。
   (1) 參與者 (players)
   (2) 附加價值 (added values)；
   (3) 規則 (rules)；
   (4) 戰術 (tactics)；
   (5) 範圍 (scope)。
2. 名師出高徒
   美國普林斯頓大學數學系教授塔克 (Albert W. Tucker，1905~1995，加拿大籍)
   是兩位諾貝爾經濟學獎得主的主要教授。
   ・納許詳見 Unit 15-5；
   ・2012 年諾貝爾經濟學獎得主之一

沙普利 (Lloyd Shapley，1923~2016) 主要貢獻在注重聯盟結構分析的合作賽
局領域。

石油輸出國組織小檔案（OPEC）

成立：1960 年 9 月
地址：奧地利維也納市（1965）
OPEC：Organization of the Petroleum Exporting Countries
成員國：14 國，7 國在亞洲（中東 6 個，東南亞印尼），5 個在非洲，2 個
在美洲的南美（厄瓜多爾、委內瑞拉）

第 16 章

獨占市場公司行為
——產業經濟學

Unit 16-1　產業獨占的原因

Unit 16-2　差別定價導論

Unit 16-3　差別定價圖示

Unit 16-4　政府對獨占市場的管制

Unit 16-5　管制的相關經濟理論

Unit 16-6　公平法對濫用獨占地位的處理

Unit 16-7　政府對獨占市場的價格管制

Unit 16-8　提霍勒對獨占、寡占產業的政策研究
　　　　　　—產業經濟學中政府的管制政策

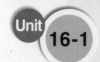

Unit 16-1 產業獨占的原因

　　民營獨占公司往往有獨占淨利的「暴利」，長久以往，一定會有「見獵心喜」的公司懷著「彼可取而代之」的心態而衝進來。因此，獨占公司的行業不常見，本單元先說明出現獨占公司的原因，詳見表。

一、進入市場門檻

　　門檻或稱進入障礙 (entry barrier) 最常見的是液晶面板廠，一座九代線廠，動輒 1,200 億元，要「口袋夠深」（即資金雄厚）才玩得起。以晶圓代工為例，2015年，台積電資本支出金額 84 億美元，比晶片龍頭英特爾還高，其目的便是維持市場第一（2015 年市占率 48%，比第二名的 14% 高太多，可說是獨占公司）。

二、人為獨占

　　由表第二列可見，出現「一家獨大」、「只此一家」情況，往往是人為的，具體的說是「政府」造成的。分成二種情況。

1. 公營公司

　　政府基於稅收、產業政策、規模經濟（例如郵政、電信、鐵路、網路）考量，往往對某些產業經營執照的取得採取核准制，甚至為了擔心由民營公司經營會「魚肉鄉民」。於是由裁判跳下來當球員，但全球情況大都是公營公司經營缺乏效率，虧損累累，拖垮國庫，到最後只好民營化。

2. 專利保護

　　「專利保護」是對財產權保障，少數情況下有一種情況「例外」，即可以強制授權使用：因為國家緊急情況、增進公益之非營利使用。

三、自然獨占

　　「水到渠成」這句成語貼切說明「自然」獨占中的「自然」形成，由表可見，自然獨占可分為二種情況：掌握生產因素市場或商品市場。

　　如本單元開場所說，自然獨占不易持久，高薪厚祿會吸引很多公司逐利而來，假以時日，有可能把獨占公司拉下寶座。這是臺灣 IC 設計公司聯發科技公司董事長蔡明介所主張的「一代拳王」的說法，甚至獨占公司自己搞砸了，例如下錯決策，也可能把「煮熟的鴨子」讓別人「整碗捧走」。

一代拳王理論

時間：1997 年

人：蔡明介，聯發科技董事長

地：臺灣

事：獅群中的獅王在位約 3 年，同樣的晶片（IC）業競爭激烈，用舉重、拳擊比喻，拳王大都只能當一任。

產業內出現獨占公司的原因

獨占原因		說明	評論
一、人為獨占	（一）政府政策：例如台電、中油、臺灣自來水	1. 政策考量 基於產業變相補貼（例如低電價）的政策考量，所以一些基礎設施公司由公營公司獨家經營 2. 規模經濟 鐵路的路軌、號誌系統宜全國統一，例如台鐵。	「公共選擇」派的學者認為「政府失靈」比市場失靈的代價更高，因此最後，公營企業只好民營化，回歸市場機制。
	（二）專利保護	專利種類與年限如下 1. 發明，20 年 2. 設計（新式樣），12 年 3. 新型，10 年	發明型專利的保護期 20 年，此偏重財產權的保障，以法律經濟學的角度來說，可提供公司進行研發的動機，有助新產品推出，促進經濟成長。 1991 年諾貝爾經濟學獎得主寇斯（R.H.Coase）不承認有自然獨占這回事，隱含著「所有的獨占」都是政府造成的，間接批評政府力量過於膨脹。
		1. 微軟 微軟在辦公室軟體市占率85%，因此在歐美常遭受「公平交易法」調查。	
		2. 藥業 例如瑞士羅氏製藥公司的「克流感」。	
二、自然獨占	（一）掌握市場	最簡單的生活例子是一個封閉且郊區的社區，顧客人數只能容忍一家商店（例如超市）存在，只要第一家卡位，其他家就不會進來。	在網路商店「萬物皆可賣」情況下，實體商店「占地為王」的機會越來越少。 比較常見的政府措施是開放進口，某公司取得國外品牌公司在臺獨家代理時，開放平行輸入，俗稱「水貨」。
	（二）掌握生產因素	最常見的掌握農「工」（主要是原油、礦），以臺灣來說，很多石化公司因掌握臺灣中油獨家供應原料，所以供料無虞。	

Unit 16-2 差別定價導論

　　由於「只此一家，別無分店」，所以在獨占情況下，可用「人（獨占公司）為刀俎，我為魚肉」來形容，因此獨占公司常採取「差別定價」、「價格歧視」方式來賺更多（跟單一價格相比），差別定價是公司在生產成本相同的情況下，對不同顧客或不同購買數量訂定不同單價的行為。

一、學者

　　英國庇古教授在 1920 年出版的書中，對差別定價就有相當精闢完整的討論，把差別定價分為三種，詳見圖，包括一級或完全 (first degree or perfect)、二級 (second degree) 和三級 (third degree)，詳見表，以最嚴格的一級差別定價為例，消費者被公司榨光，毫無「消費者淨利」可言。

二、差別定價的前提

　　「差別定價」（price discrimination，有譯為價格歧視，套用種族歧視中的歧視一詞）顧名思義，即是同一商品「針對不同情況，採取不同定價」（決「定」「價」格）方式。

　　由表可見，以三級差別定價來說，必須符合二個條件。一般來說，一級差別定價條件很嚴格，可說「可遇而不可求」，而三級差別定價則舉目可見。「服務」是不太容易轉售的商品，因此也比較容易產生差別定價。

庇古（Arthur Cecil Pigou）小檔案

出生：1877~1959 年，英國懷特島
曾任：英國劍橋大學經濟系教授，
貢獻：可說是劍橋學派的建立者，尤其是福利經濟學（welfare economics）。
著作：1920 年，出版《福利經濟學》（*The Economics of welfare*）。

經濟學中「學派」(school) 小檔案

school：學校，尤其指大學
主要是某一個同樣主張的人都在同一大學的經濟系教書。
例如「芝加哥學派」(Chicago School)，是指在美國芝加哥大學經濟系教授，以重貨幣理論為主。

三級差別定價的情況：以電費為例

第一級 (first degree) 或完全 (perfect)	(3)=(1)+(2) 雙管齊下，按消費者屬性和購買數量來定價
第二級 (second degree)	(2) 按消費數量來決定電費、水費等累進級距費率，用得越多，費率越高
第三級 (third degree) 1. 時間差別定價 2. 空間差別定價 　(spatial price discrimination)	(1) 依家庭用戶，商業與工業用戶區分 ・夏季較貴 (夏季電費) ・白天較貴 (尖峰電費) ・離島較貴

三級差別定價存在的先決條件

條件	說明
一、商品不可能轉售	
（一）跨國間	商品不可能轉售最代表性的情況便是依國界來「因地制宜」，有時兩地對某商品有相同的需求，但是由於運送商品到兩地的運輸費用不同，兩地就可訂定不同的價格。這種因地理因素造成的三級差別定價稱為空間差別定價（spatial price discrimination）。
（二）同一國內	各市場區隔間不可轉售，例如政府補貼漁船用柴油。但有不肖業者向漁船船主買油（為避免轉賣，加染料染成粉紅色），2012 年 4 月，高雄市橋頭區便有此地下油行。
二、顧客	
（一）可以辨識	例如身分等
（二）可以分群： 尤其是依需求彈性	1. 公司（企業客戶）與家庭（家庭客戶） ・美國量販店好市多的會員年費依公司、家庭而有別 ・證券公司稱為法人經紀與一般經紀 ・銀行稱為企業金融與消費金融 2. 依年齡 成人票 vs. 兒童票

16-3 差別定價圖示

　　差別定價的定義很明確「同樣商品但因人因時因地」賣不同價格,這看起來很好舉例,但分析宜特別注意。本單元以表方式把第一～三級差別定價的消費者盈餘呈現。

一、排除政策補貼

　　差別定價情況宜先排除政府補助情況,尤其是公營的公用事業,常見基於社會救助的考量,依身分(例如學生)、年齡(例如老人半價)而給予補貼;中央銀行推動的青年購屋優惠貸款(200 萬元以內)、教育部補貼銀行舉辦的學生助學貸款等都是。

二、第一級差別定價

　　第一級差別定價是指同時按不同消費者及其購買數量的不同,收取不同的價格,所以又稱為完全差別定價 (perfect price discrimination),它使得消費者只能在「接受那種無法享受消費者盈餘的票價」或「完全不購買」二選一。

　　航空公司的機票分為頭等艙、商務艙和經濟艙,但是不能算是差別定價。因為頭等艙的空中小姐和空中少爺的人數比較多而且座位較寬、餐飲比較好,其成本因而較高。

三、第二級差別定價

　　第二級差別定價是指按不同購買數量訂定不同的價格,所以又稱為階段式定價。這在行銷管理書中主要是指數量折扣,像便利商店喜歡採取「第一杯咖啡全價、第二杯八折」的定價方式,主因是同一顧客會有邊際效用遞減情況,為了刺激顧客買多一些,只好「第二件打折」。

四、第三級差別定價

　　第三級差別定價是指按消費者的不同屬性,例如年齡大小、身分、就業狀況、所得高低、居住地區等特性,收取不同的價款。例如,醫生對於貧戶收取比較低醫療費用,學生看電影搭公車的票價較低,家庭用電跟工商業用電的電價不同和商品的內外銷價格不同等,都屬於第三級差別定價。

　　採用第三級差別定價是試圖按消費者的不同屬性,劃分出不同的市場區隔,並且按不同市場需求價格彈性的高低收取不一樣的價格。在需求價格彈性較低的市場的定價有所提高,而彈性比較高的市場的定價有所降低,總的來說,差別定價下,淨利是增加的。

差別定價圖示

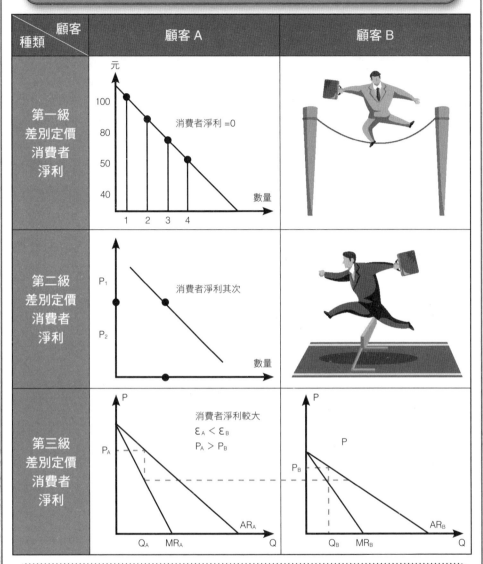

顧客種類	顧客 A	顧客 B
第一級差別定價消費者淨利	(圖) 消費者淨利 =0	
第二級差別定價消費者淨利	(圖) 消費者淨利其次	
第三級差別定價消費者淨利	(圖) 消費者淨利較大　$\varepsilon_A < \varepsilon_B$　$P_A > P_B$	(圖)

差別取價的案例：全身健康檢查
主角：中國醫藥大學附設醫院健康檢查中心，人數全台第一，第二是長庚醫院。
收費：1. 高檔

項目	男	女
尊爵	125000 元	128000 元
豪華	57000 元	59000 元
套裝	23000 元	25000 元

二、一般：・婚前健檢 3500 元　　・勞工體檢 870 元　　・健保健檢 120 元
三、單項：針對檢查器官、方式而不同。

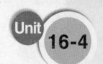

政府對獨占市場的管制

獨占公司目標顯著，政府、立法院等有可能基於維護消費者盈餘的考量，想方設法予以干涉。

一、上策、中策與下策

由表可見，政府對市場機制不健全時三個層次（站在消費者淨利的考量）的政策。本處討論上策「回歸市場機制」，這可依商品性質（貿易品、非貿易品）與公司所有權型態（公營公司、民營公司）分情況討論。

二、貿易品開放進口

針對貿易品，透過開放進口，便可引進（部分）市場機制，底下以「鹽」為例來說明。

1. 開放進口前

2003 年，臺鹽營收 35 億元，鹽品約占 21 億元，其中，食用鹽和工業用鹽各占七成、三成，獲利 9 億多元；其中鹽品獲利貢獻逾 5 億元。

2. 2004 年開放進口後

2004 年起鹽政條例廢除，食用鹽和工業用鹽全面開放進口，泰國、越南及墨西哥、中國大陸等地鹽品進口。臺鹽因此把鹽品銷售目標調為 15 億元。為了迎戰進口鹽品，臺鹽 2003 年起陸續推出胡椒鹽等新產品，豐富產品組合。（經濟日報，2004 年 5 月 15 日，第 7 版，趙珮如）

三、非貿易品時

獨占行業涉及的是非貿易品時，政府、消費者者無法「挾外制內」，只好在內部尋求解決，依獨占公司的所有權歸屬可分為兩種情況。

1. 當獨占公司是公營公司時

當獨占公司是公營公司時，往往針對業務分拆予以民營化，第一波郵政、電信民營化，未來台電、臺灣中油走向民營化。

2. 當獨占公司是民營時

當獨占公司是民營時，往往透過「眾建諸侯而少其力」的公司分割方式，把大公司四分五裂成中型公司，1986 年，美國司法部跟貝爾公司行政和解把貝爾電話公司分拆成八家地區性公司便是少見的案例。在臺灣，有些人呼籲要提高上網服務品質，其中殺手鐧是把中華電信的「最後一哩」部分分拆出來，讓臺灣大、遠傳甚至第四台業者都可利用。（詳見工商時報，2012 年 4 月 15 日，A2 版，社論「實現寬頻基本人權繫於政府的作為」）

政府對獨占市場的處理方式

消費者淨利	說明		
一、上策：回歸市場機制	商品性質＼財產權	公營公司	民營公司
	貿易品	開放進口	開放進口
	非貿易品	1.開放民營公司進入，稱為「自由化」	1.公司分割 1981 年，美國把貝爾電話公司分拆成 8 家
		2.公營公司民營化	
二、中策：民營公司但政府管制價格	公司民營 但定價由政府予以管制，例如臺灣高鐵 詳見 Unit16-7		
三、下策：公營企業但政府不管制	公司由公營，但一開始是民營公司時，此時稱為「公司國有化」，公司低效率經營，因此縱使依平均「成本定價法」，平均成本往往比民營公司高。		

臺灣高鐵票價的管制小檔案

- 營運時間：2007 年起，
- 搭車人數：一年約 5600 萬人次，2016 平均一天 15.3 萬人次
- 票價：依臺灣高鐵公司跟交通部高鐵局簽約，規定票價公式如下。
  基準：機票價七成，以北高航線 2150 元為例，臺灣高鐵 1490 元
  彈性空間：臺灣高鐵可依基準價加 20%，但須跟物價指數連動

Unit 16-5 管制的相關經濟理論

經濟學的相關理論絕大部分來自歸納，即針對現實的經濟行為予以彙整，針對市場結構中的獨占情況「管制」也是如此，只是「管制相關理論」(theories of regulation) 範圍較廣。

一、公共利益導向的管制理論

最常見的管制相關理論的主張便是政府基於「公共利益」(public interest) 的考量，可以「強制」獨占企業做些事。例如 2003 年 4~7 月非典型肺炎 (SARS) 期間，衛生福利部曾考慮擁有全球流行性感冒藥「克流感」專利權的瑞士羅氏 (Roche) 製藥公司，交出配方，以便在臺就近製藥，全量供給醫院與藥房。

這種「緊急情況」打破羅氏製藥公司向經濟部智慧財產局申請專利的智慧財產保障。

二、史蒂格勒的管制相關理論

經濟學者喜歡「戴帽子」，例如把同是美國芝加哥大學經濟博士、教授們的主張冠上「芝加哥學派」或「某某」理論，在管制相關理論方面也是以「芝加哥學派」為主。

1. 史蒂格勒

史蒂格勒是芝加哥大學經濟博士，繞了一圈後，回校任教，他於 1971 年發表「管制經濟理論」一文。

2. 貝克

1992 年諾貝爾經濟學得獎主貝克跟史蒂格勒的生涯類似。

這些主張最大的特點，是以新古典經濟學的分析方法運用於管制市場中，以供需來決定價格與數量。

· 需求方：受益的一方

各式利益集團 (interest group) 因這種立法而受益，例如興建捷運系統、建快速道路、建自行車道、爭取重型機車上快速道路、要求對農業補助、對年老者補助等。但這些立法有人受害，例如興建道路即對兩旁住戶會有噪音、空氣汙染等、重型機車上快速道路對汽車駕駛會有行車干擾。對某些人的補助必須要有稅收的來源或排擠某些公共建設的經費，則納稅人是受害人。

· 供給方：立法院、行政院

立法院通過立法，針對某些行業進行管制，由行政院依法制定相關管理條例，外表看來，公權力成為「管制」行業的「供給方」。

兩個學者對管制相關理論主張

項目	管制理論類學者	史蒂格勒
時間	1970 年	1971 年
學者	偏重政治、公共行政系學者	史蒂格勒（George Stigler，1911~1991），1982 年諾貝爾經濟學獎得主
主張	主要是針對自然壟斷造成的市場失靈，政府基於公平利益的考量，必須對公司等管制。 政府管制分兩類 1. 經濟管制 例如下列小檔案 2. 社會管制 以維護勞工、消費者的健康和安全。	擴大討論範圍到兩種提供管制的人，稱為經濟管制理論。 1. 立法院 有些立法委員有可能提出「管制大鯨魚，保護小蝦米」的政見，當選後並且動員利益團體以求立法，但立法委員有可能「從中牟利」。 2. 行政院

管制理論小檔案（government regulation theory）
或管制經濟學（Economics of Rgulation）
主旨：政府透過對市場的管制以彌補市場失靈（外部性、資訊不對稱、市場結構等）。
管制手段：
1. 價格管制（price control）
2. 法律基礎：法律是社會控制的手段
管制對象：
1. 獨占產業：尤其是 BOT 的。
2. 公用事業：電力、自來水、交通、管道運輸業。

Unit 16-6 公平法對濫用獨占地位的處理

要達到市場獨占地位可說是鳳毛麟角，因此要濫用獨占地位而被公平會處罰的案例就更稀如晨星，本單元舉 2012 年案例說明。

一、獨占無罪，濫用獨占地位才可能犯法

什麼是獨占「狀態」？公平法的定義是「謂事業在特定市場處於無競爭狀態，或具有壓倒性地位，可排除競爭之能力者」。獨占「狀態」本身並不違法，濫用獨占狀態的市場地位，進行某些特定「行為」才是公平法譴責的目標。什麼是公平法所要禁止的獨占「行為」？簡單的說，就是「濫用獨占市場地位」的行為。公平法允許獨占公司享有獨占的好處，但是禁止獨占公司濫用其優勢市場地位，進行阻礙參與競爭、控制價格、強索不正當的利益（主要是零售公司要求品牌公司付出高額的上架費用等）等行為。最常見的「濫用獨占地位」行為是採取「掠奪式定價」（持續的破盤價）以造成小型公司撐不住而退出，清理戰場後，再採取高價來賺暴利。

二、以不正當方法排除同業競價，公平會罰新世紀廣告 300 萬元

勞動部規定雇主聘僱外國勞工必須先辦理國內招募的廣告，俗稱「外勞稿」。由表可見，新世紀廣告社設法使自己成為「獨占地位」，因濫用獨占地位而遭公平會處罰。

破盤價小檔案

本意：超低價，指低到不能再低的價格
中國大陸：又稱破冰價
著名公司：燦坤 3C、全國電子。

掠奪性定價小檔案（predatory pricing）

主導公司以低於成本的定價，去逼迫小咖公司跟進，把小咖公司拖垮，再來收拾其市場，進而往獨占之路邁進。

公平會對濫用獨占地位的處罰案例

機構	公司（新世紀廣告社）的作為	公平會意見
說明	原本各家報紙的外勞稿廣告稿件來源是透過多家各自獨立的廣告代理業者招攬。2009 年 1 月間新世紀廣告社分別跟蘋果日報、中國時報、聯合報及自由時報接洽商談合作，並跟三家報社就外勞稿業務達成協議。蘋果日報承諾報社外勞稿每件最低繳社價 3,360 元（當時其他代理商給付給報社之繳社價約為 600 至 800 元），附帶條件是蘋果日報要給新世紀「包版」（即獨家代理蘋果日報的外勞稿），獲得蘋果日報同意，並希望在 3 個月後能把繳社價提高至 12,000 元。	這起案件是經由檢舉，並經公平會調查，發現外勞稿多半是透過新世紀廣告社代理發刊給各報紙刊登，且集中度相當高，因此是形同「實質獨家代理」，然後，新世紀廣告社以其優勢地位排除其他廣告社參與競爭。新世紀經由上述合作後，形成實質獨家代理，也抑制蘋果、中時及聯合報間價格競爭，造成外勞稿刊登費用的巨幅上漲。新世紀廣告社因以不正當方法使其他廣告社無法參與競爭，被公平會以違反公平法罰 300 萬元。

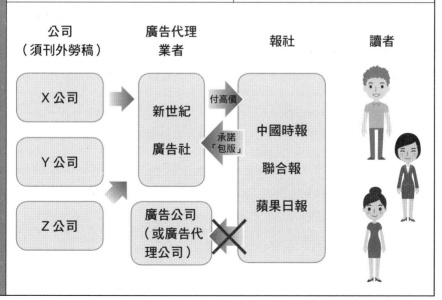

資料來源：整理自工商時報，2012 年 1 月 31 日，A18 版，譚淑珍。

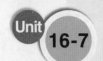

政府對獨占市場的價格管制

在自然獨占情況下，政府對民營公司大都只能透過公平會去約束獨占公司「謹言慎行」。除此之外，必須依法行政，對獨占公司能夠規範的空間有限。

一、對獨占公司的價格管制

當獨占公司屬公營時，此時主管部會便可以行政指導。但是當獨占公司是民營公司時，往往必須取得法源，才能依法對獨占公司的定價予以管制。

其中有二個例子，一是臺灣高鐵，其費率必須交由交通部審核，才可往上調。大部分的公共交通甚至計程車，其交通費率大都是由縣市府的交通費率審議小組決定的。政府的價格管制方式有三，圖討論其中二種。

二、二種定價法的結果

由圖下的表可見，跟政府價格管制前相比，兩種價格管制方法對社會福利的影響，以「臺北－高雄」的臺灣高鐵的「臺北－高雄」線為例。

1. 對消費者淨利

由圖、表一眼便可看出，邊際成本定價法時消費者淨利最大。縱使只看兩軸結果，也可看出。

> 數量：$Q_1 < Q_2 < Q_3$
> 價格：$P_1 > P_2 > P_3$

站在消費者角度，當然選擇價低量大的邊際成本定價法。

2. 對公司淨利

公司跟消費者間有嚴重的「零和遊戲」的性質，所以對消費者有利的情況，往往對公司不利，由表可見，在邊際成本定價法時公司虧損，如此，公司勢必無法長期經營，政府必須予以補貼。

要是政府不予補貼，那只好採取平均成本定價法，對消費者淨利次高，而且獨占公司也有正常淨利。

三、平均成本定價法之一：成本加成法──兼論報酬率管制

平均成本法常採取「成本加成法」(mark-up)，即在平均成本外加「6%」（舉例）的報酬率來定價。這外加報酬率是由主管機構的費率審核小組決定。

四、最高價格管制

第三種方式是政府對商品採取「最高價」(maximum price) 的價格管制，但跟任何價格管制一樣，下列問題將層出不窮。

1. 黑市交易
2. 正常供貨時，偷工減料

政府對獨占公司二種定價管制

臺北市水價調漲小檔案

- 時間：2015 年 3 月 1 日起
- 地區：大臺北，152 萬戶
- 主管機關：臺北市政府自來水事業處
- 定價方式：

月用水量	戶數（萬戶）	每度
0~20	94.1	5 元
21~60	51.6	6.7 元
61~200	5.4	8.5 元

政府對獨占公司二種定價管制—以臺灣高鐵臺北高雄直達車為例

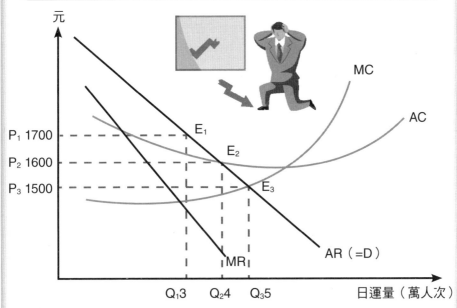

政府管制狀態	政府管制前	政府的價格管制方式	
管制定價修法		平均成本定價法 （average cost pricing）	邊際成本定價法 （marginal cost pricing）
決策準則	MR=MC	AR=AC	AR=MC
均衡點	E_1	E_2	E_3
均衡價（格）	P_1	> P_2	> P_3
均衡（數）量	Q_1	< Q_2	< Q_3
公司淨利	獨占淨利	>正常淨利	>公司虧損

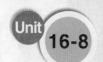

Unit 16-8 提霍勒對獨占、寡占產業的政策研究 —— 產業經濟學中政府的管制政策

　　針對獨占、寡占的市場結構政府該採取什麼政策，在諾貝爾經濟獎出現頻率低。

一、寇斯的主張

　　在 Unit9-4 中曾說過 1991 年諾貝爾經濟學獎得主寇斯主張政府透過「公平交易法」等，以管制獨占、寡占產業，但「法令多如牛毛」的結果，可能限制了公司經營的自由。

二、提霍勒的主張

　　提霍勒研究重心之一在產業獨占和資訊不對稱，恰如瑞典皇家科學院所言：「提霍勒的研究協助政府瞭解如何「馴服」支配鐵路、公路、電信等一度為公營壟斷產業的優勢大企業，2014 年經濟學獎是有關馴服強大企業的科學」。

　　提霍勒的研究在幫政府「設計」如何處理企業併購與聯合行為，以及該如何管制獨占企業。2014 年 10 月 19、20 日，提霍勒在臺灣有兩場演講。

提霍勒（Jean Marcel Tirole）小檔案

生辰：1953 年 8 月 9 日，法國
現職：法國土魯斯大學經濟學院教授
經歷：法國土魯斯大學產業經濟研究所科學部主任、美國麻州理工大學經濟系教授
學歷：美國麻州理工大學經濟博士（1981 年）、法國第九大學數學博士（1978 年）
榮譽或貢獻：2014 年諾貝爾經濟學獎得主

臺灣的電業自由化

時：2016 年 10 月 17 日
人：臺灣政府
地：臺灣臺北市
事：1991 年，政府推動電業自由化，民營電力公司可以賣電給公司、家庭。政府把這視為第二階段，且沒有時間表。

提霍勒對政府管制獨占、寡占產業的建議

市場經濟	政府的做法	提霍勒的研究
一、獨占 *		
（一）電力公司 	德州是美國唯一從消費端改革，即先從配電、售電分離開始進行大改革，其他實施電改的州，則都是從發電輸電端開始，即以電廠、電網分離為出發點。	1981 年提霍勒博士畢業後，在美國教了 8 年書，提霍勒和美國電力經濟學者 P.L.Joskow（1947～）認為，在沒安裝智慧電錶的情況下，市場資訊不完全，針對這種自然獨占產業市場施予「擴大競爭化改革」的結果，出現了公司合謀跡象，以共同享有更豐厚利潤。 提霍勒認為相類似情形出現在臺灣的油氣市場，台塑石化價格釘住臺灣中油價格，台塑石化享有了高額的利潤。
二、寡占 **		
（一）電信公司 	幾家公司進行表面上競爭，因為電話必須互通等技術因素，以及客戶價格維持的考量，電信公司的合作甚至可能大過競爭。 底下是本書的說明：以無線電話的頻譜為例。 1. 拍賣制 臺灣參與最早拍賣制度的美國 C-Band 頻譜競標反映的頻譜價值，推估臺灣第二代行動通訊（2G）業務的頻譜使用費，每 MHz 為 1067.5 萬元。2001 年公式出爐，2002 年改以拍賣方式釋出第三代（3G）業務、無線寬頻接取業務執照與頻譜使用權。頻譜標金一路走高，以第四代行動通訊（4G）為例，漲為 1465 億元。還須繳納後續 17 年、每年 120 億元的頻率使用費，頻譜平均取得成本每年 MHz3000 萬元，是第三代行動通訊頻譜使用費的 3 倍。	1990 年起，提霍勒與吐魯斯大學同事拉豐（J-J Laffont，1947～）開始研究政府採購與管制，寫出十多篇論文後，整編成教科書。依照諾貝爾獎委員會的說法，這方面的貢獻是提霍勒得獎的主因。認為不同的寡占產業、不同的公司，都有不同的特性，政府不能只「靠一支螺絲起子」修理所有的寡占行業，而是必須針對不同的產業，備好「存放各種工具的工具箱」，稱為「激勵性法規管制法案」，以激勵工具進行管制。 到 2000 年代初期，隨著網路的普及，政府該如何修改電信公司既有的收費模式、管理電信產業的競爭。提霍勒受法國政府委託，與拉豐發表一系列論文，也把研究成果集結成一本小書。 政府面對電信公司，必須先推動資訊透明，避免電信公司以高價格大賺。

	2.電話號碼可攜 2004 年 12 月 24 日，交通部電信總局宣布自 2005 年 10 月 15 日起實施行動電話號碼可攜服務。行動電話號碼可攜服務（Number Portability，NP）消費者可享受更自由、更多元、更開放的電信服務，不必再看電信公司臉色。	
（二） 針對價格 管制	早年各國政府對於寡占產業的管理只有一招：「價格管制」，白話的說，就是費率審議，臺灣等各國政府對於自來水、電力、交通費率管理，使用的都是價格管制，並且在寡占事業的成本大漲、出現虧本問題時，給予大量補貼。	透過其他的政策工具，例如要求電信公司加大對基礎建設的投資等等，來確保電信公司之間存在強大的競爭壓力。 價格管制帶來的負面影響，經常高過正面效益。 政府或是人民沒有能力管理寡占企業，寡占產業的公司享有「資訊不對稱」的優勢，各種原物料成本、基礎建設的投資，或是營運的專業，政府都缺乏足夠的資訊，也就無法對寡占產業進行有效管理。
（三） 針對聯合 行為		1.專利聯盟 專利聯盟（patent pool）等合作方式使整體產業得減少專利授權金的支付，因而降低製造成本支以造福大眾。

* 資料來源：整理自聯合報，2014 年 11 月 15 日，A14 版，林起。

** 資料來源：整理自今周刊，2014 年 10 月 27 日，第 59~60 頁。

政府各生產因素、商品市場的價格管制

生產因素市場	主管部會與管制措施
1. 自然資源	
(1) 土地	科技部管科學園區　經濟部工業局管工業區租金
(2) 空氣	行政院環保署
(3) 水	臺灣自來水公司
(4) 電	經濟部能源局
2. 勞工	勞動部勞動條件司，管最低月薪、時薪
3. 資本	行政院金管會管銀行的貸款最高利率
4. 技術	省略
5. 企業家精神	省略
商品市場	**主管部會與管制措施**
1. 食	
水	各縣市自來水處的水價
2. 衣	省略
3. 住	省略
(1) 電	經濟部能源局
(2) 垃圾	各縣市政府收垃圾處理費
4. 行	
(1) 交通	交通部高鐵局管臺灣高鐵 各縣市政府　各縣市捷運、公車
(2) 電信	行政院通傳會（NCC）
5. 育	
(1) 醫院	衛福部中央健康保險署管醫院的醫療給付
(2) 教育	教育部管學費
6. 樂	
第四臺	行政院通傳會

職場專門店

 五南文化事業機構
WU-NAN CULTURE ENTERPRISE

 書泉出版社
SHU-CHUAN PUBLISHING HOUSE

國家圖書館出版品預行編目資料

圖解個體經濟學 / 伍忠賢著. -- 初版. -- 臺北市：五
南, 2017.03
　面；　公分
ISBN 978-957-11-8983-3(平裝)

1.個體經濟學

551　　　　　　　　　　　　　　105024756

1MOB
圖解個體經濟學

作　　　者：伍忠賢

發 行 人：楊榮川

總 編 輯：王翠華

主　　　編：侯家嵐

責任編輯：劉祐融

文字編輯：林靖原、許宸瑞

封面設計：盧盈良

內文排版：theBAND · 變設計 — Ada

出 版 者：五南圖書出版股份有限公司

地　　　址：106 台北市大安區和平東路二段 339 號 4 樓

電　　　話：(02)2705-5066

傳　　　真：(02)2706-6100

網　　　址：http://www.wunan.com.tw

電子郵件：wunan@wunan.com.tw

劃撥帳號：01068953

戶　　　名：五南圖書出版股份有限公司

法律顧問：林勝安律師事務所　林勝安律師

出版日期：2017 年 3 月初版一刷

定　　　價：新臺幣 380 元